빈

중 中

심 心

빈 중심― 예술과 타자에 대하여

초판 1쇄 발행 2008년 5월 20일
초판 3쇄 발행 2016년 8월 25일

지은이 박준상
펴낸곳 (주)그린비출판사 • **신고번호** 제25100-2015-000097호
주소 서울 은평구 증산로1길 6, 2층 • **전화** 02-702-2717 • **이메일** editor@greenbee.co.kr

ISBN 978-89-7682-311-3 03100
이 도서의 국립중앙도서관 출판시 도서목록(CIP)은 e-CIP홈페이지(http://www.nl. go.kr/ecip)에서 이용하실 수 있
습니다.(CIP제어번호: 2008001542)

나를 바꾸는 책, 세상을 바꾸는 책 www.greenbee.co.kr

빈
주
심

빈
중심中心

예술과
타자他者에
대하여

박준상
著

응B
그린비

우리는 지성에 의해 파악할 수 없는 것이
지성으로 파악할 수 있는 것보다
훨씬 실재적임을 지성에 의해 알고 있다.
—시몬 베유

이따금 참을 수 없는 고통을 느낀다.
그러나 아직도 내 안에는 평온함, 순수한 조화
그리고 음악이 존재한다.
—반 고흐

머리말

이 책은 여러 작가와 사상가에 대해 또한 한 역사적 사건에 대해 말하고 있지만, 사실 이 책에서 주제는 하나이다. 그 주제는 책의 제목 '빈 중심' 에 주어져 있는데, 빈 중심이 의미하는 바는, 중심은 비어 있다는 것, 비어 있는 것이 중심이라는 것이다. 빈 중심이 하나의 사물에 대한 경험에서, 언어에서, '나'와 타인 사이에서, 나아가 윤리적·미학적·정치적 지평에 서 어떻게 작동하는가를 살펴보는 것이 문제이다.

중심의 비어 있음, 비어 있음으로서의 중심, 이는 결코 신비주의적이 거나 형이상학적이거나 초월적인 어떤 것을 의미하지 않으며, 다만 '나' 와 사물들 사이의, '나'와 공간 사이의 그리고 '나'와 타인들 사이의, 구체 적으로 경험에 들어오는 관계의 사건을 가리킨다. 사물들과 공간과 타인 들은 대상으로 간주될 때 언어 안에 갇힐지 모르겠지만, 그 모두와 '내'가 맺는 관계는 보이지 않고 원칙적으로 언어 이전이거나 언어 이후이다. 그 사실을 아마 반 고흐는 "내 안에 음악이 존재한다"라는 표현으로 암시했 을 것이다. 그리고 그는 자신의 음악을 말로 설명한 게 아니라 그림에 담 아 두었다. 그래서 우리는 그의 작품을 볼 때 이미지만 보지 않고 음악을, 들리지 않는 음악을 듣는 것이다. 우리가 반 고흐의 작품에서 음악을 듣는 다면, 이는 과장도 신비주의도 아니고 다만 구체적 경험의 사실일 뿐이다.

우리의 경험의 토대는 보이고 명제화할 수 있는 명사적 항('나' 또는 대상으로서의 사물·공간·타인)이 아니라 관계의 동사적 사건이다. 그 사건은 완전히 언어 안에 포착되지 않거나 경우에 따라 때로는 언어에 대립해서 그것을 파괴하거나 초과한다. 언어가 소쉬르가 말한 대로 "사회적 사실"이고, 나아가 언어체계와 사회체계(체제)가 동근원적이라면, 관계의 사건(또는 간단히 관계, 관계란 명사적으로 지정할 수 있는 '무엇'이 아니라 이미 동사적 사건이 아닌가)은 사회라는 테두리 안에 갇혀 있지 않고 결코 사회적 관계로 환원될 수 없다. 이 책에서 우리는 사회의 '빈 중심'을, 사회 안에 있지만 사실은 사회 바깥에 있기에 비어 있는 중심을 가리켜 보고자 했다.

관계의 사건 가운데 불거져 나오는──언어와 사회의──외부가 타자이며, 바로 비언어적 표현수단인 예술(예술이란 본질적으로 비언어적이자 반언어적이며, 언어 예술인 문학도 언어를 거부하거나 언어에 역행해야 한다──문학의 그 역설적 사실을 말라르메는 "글쓰기라는 이 미친 짓"이라는 말로 표현했다)이 타자에 대해 '말하지 않고' 타자로 하여금 '말하게 한다'. 우리가 여기서 언어를 부정하는 타자에 대해 말하는 모순을 범한 것이 사실이지만, 이는 다만 "지성에 의해 파악할 수 없는 것이 지성에 의해 파악할 수 있는 것보다 훨씬 실재적"이라는 사실을 "지성에 의해 알기" 위해서였을 뿐이지 그것을 증명하고자 했기 때문은 아니었다. 그것 자체가 아니라 다만 그것이 우리에게 설정해 놓는 한계에 대해 말하고자 했기 때문이었다. 타자는 모든 책 바깥에서 스스로 말할 것이다.

이 책에서 여러 외국 작가와 철학자(니체·말라르메·데리다·메를로-퐁티·블랑쇼·사드·바타유·소포클레스·레비나스)의 사상들을 나름대로 충실하게 따라가고자 했지만, 그렇다고 그것들을 이곳에 '알리려는' 의도를 갖고 그랬던 것은 아니다. 이 책의 의도는 다만 그들의 어떤 경험들을 공유하고자 하는 데에 있다. 또한 이 책에는 '여기 지금'의 상황에 대한 반성이 담겨 있는데, 그 반성의 의도는 '우리의 것' 또는 '한국적인 것'을 추구하는 데에 있지 않다. 그것 또한 마찬가지로 어떤 경험들을 공유하고자 하는 데에 있을 뿐이다. 이 책의 페이지들은 한 사람이 자신에게 나름대로 중요하게 다가왔던 문제들을 따라가서 나온 결과일 뿐이고, 자신 안에서 울림을 가져왔던 경험들을 나누고자 원하면서 드리는 요청일 뿐이다.

이 책은 두 부분으로 나뉘어져 있고, 이러한 구분이 정확하지는 않겠지만, 1부는 대체로 독서의 결과들이고 2부는 대체로 '여기 지금'에 대한 반성의 결과들이다. 그린비 편집부에서는 1부와 2부의 순서를 바꾸면 어떻겠냐는 의견을 전해 왔지만, 이대로 놔두는 것이 생각이나 이야기의 과정이 드러나는 데에 무리가 없을 것 같았다. 그린비 편집부가 그렇게 권유했던 이유는, 2부 ── 특히 맨 마지막의 「환원 불가능한 (빈) 중심, 사이 또는 관계」── 가 보다 전체적으로 책의 내용을 전달하고 있다고 보았기 때문이었다. 당사자는 그 사실에 대해 알지 못했고, 이후의 일에 대해서도 전혀 모른다. 그래야만 하리라. 독서는 썼던 자가 썼던 것 ── 그것이 무엇이든 ── 을 읽는 것이 아니라 자신 안에서 쓰여지고 있는 것을 읽는 행위일 수밖에 없으며, 결국 그렇지 않다면 독서는 필요 없는 일일 것이다. 그 사실 덕분에 어떻게 보면 부끄러운 일일 수밖에 없는 출판이 정당화되는 것인지도 모른다.

이제 봄볕 따뜻하기만 한 빛고을에서, 그러나 그러한 만큼 잊을 수 없는 도시 광주에서 전남대학교 철학과의 학생들과 선생님들, (사)철학아카데미의 회원 분들과 선생님들, 도서출판 그린비의 모든 분께 그리고 모든 벗에게 감사의 인사를 올린다.

2008년 4월 19일
박준상

:: 차 례

1. 언어와 예술의 관계
—니체로부터

니체(F. Nietzsche)는 플라톤 이후로 철학을 오랫동안 주도해 온 주류의 흐름인 의식철학과 관념론을 밑바닥에서부터 거부한 최초의 사상가일 것이다. 그의 그러한 거부의 배후에는 이성보다는 감각·감정을, 정신·의식보다는 몸을, 사유보다는 본능을 더 근본적이며 가치 있는 것으로 보는 관점이 깔려 있다. 물론 그러한 관점은 경험론이나 비합리주의 계열에 서 있는 한 철학자가 선취한 것일 수 있다. 그러나 니체의 급진성은, 그 관점을 합리성·사회성과 더불어 합리성과 사회성의 결합이 낳은 사회적 규범성이 와해되는 지점까지, 규범적 기준으로서의 철학(또한 종교)이 부정되고 예술이 비규범적 삶의 동반자로서 부각되는 지점까지 밀고 나아갔다는 데에 있다.

그의 합리주의(이성주의·정신주의)에 대한 비판은, 단순히 이성과 정신의 합리성에 대립하는 감각·감정의 가치를 옹호하는 '비합리주의'(irrationalisme)를 주장하는 데에 있지 않으며, 감각과 감정이 이성과 정신의 토대이자 '그 너머'임을 말하는 '초합리주의'(sur-rationalisme)로 나아간다. 그 증거는 예술이 철학(소크라테스주의에 기원을 두는 '학문')의 비밀을 간직하고 있으며 철학의 길을 인도할 수 있다는, 결국 예술이 철학보다 근본적이고 우월하다는(「자기비판의 시도」에서의 니체의 유명한 명제를 되돌려 보자—— "학문을 예술가의 견지에서 보고, 예술을 삶의 관점에서……") 그의 입장에서 드러난다.

사실 니체의 입장은 『비극의 탄생』(Die Geburt der Tragödie)에서 부터 명확했다. 그는 처음부터 근대의 허무주의(관념에 갇혀, 관념을 통해 삶을 평가하고 판단하려는 일종의 의지Wille)의 기원이 저 멀리 소크라테스주의(의식·정신 중심주의, 학문·철학 중심주의)에 있다고 보고, 삶과 생명에 대한 절대적·급진적 긍정의 모델을 소크라테스 이전에 문화를 주도했던 예술인 그리스 비극에서 찾았다. 그는 철학과 학문이 필요의 한도를 넘어서서 지배하는 문화는 필연적으로 허무주의에 빠질 수밖에 없다고 판단하고 예술이 문화의 토대였던 시대를 탐색했고, 바로 예술이 문화를 이끌어야 한다고 보았다. 그의 입장은 애초에 철학과 학문 전체를 비판하거나 교정하고 나아가 부정하면서 예술이 보여 주는 가치(그것이 정확히 무엇인지는 다시 살펴보아야 하지만, 거칠게 말해 '여기 지금' hic et nunc의 삶에 대한 긍정)를 옹호하는 데에 있었다.

우리는 여기서 예술과 철학을 대립시키고 급진적인 관점에 따라 전자에 주목하는 니체를 참조해서 다음과 같은 예술과 관련된 물음들을 제출해 보려고 한다. 예술은 다만 일요일에 필요한 여흥 또는 교양인가, 아니면 삶에서 요구되는 어떤 절실한 것인가? 예술과 인식의, 예술과 언어의, 예술과 철학의 관계란 어떠한 것인가? 좁은 관점에서 다시 묻는다면, 예술은 인식될 수 없고 언어로 표현할 수 없는 것과 관계하는가? 예술과 사회의 관계란 어떠한 것인가? 왜 지금까지 예술가들은 자주 반사회적인 존재들이었는가? 예술은 본질적으로 반사회적인 것인가?

1. 사유와 언어

이러한 물음들을 염두에 두고 니체의 「비도덕적 의미에서의 진리와 거짓에 관하여」(Ueber Wahrheit und Lüge im aussermoralischen Sinn)[1]를 살펴보자.

사실 이 텍스트는 예술에 대한 직접적인 논의를 담고 있지 않다. 이 텍스트는 정확히 말하자면 인식론 또는 언어철학의 주제들을 담고 있으며, 다만 그것들 안에 예술과 연관된 논의가 배아처럼 함의되어 있을 뿐이다. 또는 보다 명확하게 이렇게 말할 수 있다. 「비도덕적」에서 우리가 마주하게 되는 인식론·언어철학은 인식의 근거를 정당화하기 위해——인식의 타당한 근거를 확보하기 위해——제출된 것이 아니라, 오히려 모든 인식의 정당한 근거가 필연적으로 부재한다는 사실을 고발하고 예술활동(예술의 창조, 예술작품의 경험)의 필연성을 증명하기 위해 전개된다. 그러한 점에서 니체의 이 텍스트가 보여 주는 인식론·언어철학은 매우 특이하다. 그것은 인식의 근거와 과정의 논리적 정당성을 해명하기는커녕 오히려 인식의 한계와 무근거성을 폭로하고, 나아가 인식 너머의——그 이하의——예술활동의 필연성을 강조한다. 그것은 '궁극적으로 본다면' 인식과 언어를 부정하고 그것들 이전의 예술을 옹호하는 인식론·언어철학이다. 다시 말해 그것은 개념적 활동(철학)의 한계를 지적하고 감각적·정서적 활동(궁극적으로, 예술)의 불가피성과 가치를 옹호하는 인식론·언어철학이다.

「비도덕적」의 가장 기본적인 전제는 이 텍스트와 같은 시기에 쓰여

---

1) 니체, 이진우 옮김, 「비도덕적 의미에서의 진리와 거짓에 관하여」, 『유고(1870년~1873년)』, 책세상, 2001. 이하 「비도덕적」으로 표기.

진 「언어의 기원에 관하여」(Vom Ursprung der Sprache)에서 발견된다. "각각의 의식적 사유는 언어의 도움으로만 가능하다."[2] 이러한 니체의 말은 다음과 같이 이해될 수 있다. 언어가 없다면 우리는 사물들을 의식에 지속적으로 내면화·관념화(또는 표상화·일반화—'고양이'라는 단어는 서로 색깔도 자태도 다른, 눈앞에서 웅크리고 있는 이 고양이들을 의식에 일반적인 하나의 존재로 고정시킨다)시킬 수 없으며, 사물들(나아가 사물들의 상태들, 또한 현상들, 사건들)을 규정할 수 없다. 의식적 사유라는 것이 사물들의 '무엇임'과 '어떠함'을 능동적으로 밝히는 작용이라면, 그것은 언어로 사물들을 번역하고 포착하고 고정시키는 작용과 결코 분리될 수 없다. 그러한 니체의 관점은 언어 이전에 아무것도 없다는 것을, 즉 언어 이전에 감각·이미지·감정에 따르는 어떠한 내면의 움직임도 없다는 것을 의미하지 않는다. 그것은 다만 우리가 사물들을 감각이나 감정의 차원에서 수동적으로 받아들이는 위치에서 벗어나 사물들을 능동적("의식적")으로 이해하기 위해서는—즉 사유하기 위해서는— "언어의 도움"을 받아야만 한다는 것을 의미한다. 간단히 말해, 사물들에 대한 불분명한 느낌들로부터 분명한 파악으로 넘어가기 위해 반드시 언어를 거쳐 가야만 한다. 이러한 니체의 통찰은, "미리 정해진 관념들이란 있을 수 없으며, 언어의 출현 이전에 아무것도 분명하지 않다"[3]는 소쉬르(F. de Saussure)의 언어학적 견해를 미리 보여 주고 있다. 언어 이전의 관념이란 있을 수 없으며, 따라서 언어 이전의 사유도 있을 수 없다. 그러한 결론을, 니체는 자신의 사유체계를 구축한 후 유고로 남긴 한 단편에서 이렇게 다시 확인한다. "이제 우리는 사물들 안

---

2) F. Nietzsche, "Vom Ursprung der Sprache", *Nietzsche Werke II-2*, Walter de Gruyter, 1993, p. 185.
3) F. de Saussure, *Cours de linguistique générale*, Payot, 1976, p. 155.

에서 부조화와 문젯거리를 읽는데, 왜냐하면 우리는 언어의 형식 내에서만 사유하기 때문이다. [⋯] **만일 우리가 언어의 구속(sprachlichen Zwange) 내에서 사유하기를 원하지 않는다면, 우리는 사유하기를 그친다."**[4]

사유는 전적으로 언어에 규제당하고 있으며 오직 언어를 통해서만 가능하다. 이러한 니체의 관점은 스스로 자신의 철학의 모토로 삼았던 '플라톤주의의 전복'의 기초를 이룬다. 플라톤에게 진리에 이르는 사유란 언어 이전의 이데아라는 관념적 실체에 접근하는 것이다. 이데아는 이 세계의 사물들의 공통적 속성들을 근거 짓고 규정하는 관념적 원형이며, 우리의 정신은 보이지 않는 이데아에 근거한 관념들에 따라 보이는 감각적 사물들을 이해한다. 플라톤에 의하면 사물들에 대한 이해는, 즉 사물들의 본질·법칙·진리에 대한 파악은 언어 바깥에서, 언어의 매개 이전에 관념과 사물의 일치에 이르는 것이다. 그에 따라 플라톤이라면 "자연 속에는 마치 많은 [서로 다른] 나뭇잎들 외에 '나뭇잎'이라는 것이, 즉 하나의 원형이 존재한다는 생각"[5]을 갖게 될 것이다. 이 세계에는 종류마다 크기·색깔·모양이 모두 다른 잡다한 수많은 나뭇잎들이 있지만, 우리는 서로 다른 그것들을 모두 한꺼번에 '나뭇잎'이라고 이해한다. 만일 플라톤의 경우라면, 그럴 수 있는 이유는, 일반적이고 보편적인 나뭇잎의 원형(즉 나뭇잎의 이데아)이 있기 때문이라고 대답할 것이다. 그러나 반대로 니체의 경우라면, 그 이유는 한마디로 우리가 '나뭇잎'이라는 단어를, 언어를 갖고 있기 때문이라고 대답할 것이다. 다시 말해 나뭇잎이라는 보편 관념을 우리 모두가 가질 수 있는 이유는, 눈앞에 보이는 이 서로 다른 모든 나뭇잎들이 갖는 차이들(하나의 나무

---

4) F. Nietzsche, *Nachgelassene Fragmente Herbst 1885 bis Herbst 1887*, *Nietzsche Werke VIII-1*, Walter de Gruyter, 1974, p. 197.
5) 니체, 「비도덕적」, p. 449.

에서 떨어져 나온 나뭇잎들조차 분명 크기·색깔·모양에서 서로 차이를 갖는다)을 제거하고 망각할 수 있게 하는 '나뭇잎'이라는 단어가 있기 때문이다. 그렇지만 나뭇잎의 원형(나뭇잎의 이데아)이 서로 다른 구체적인 나뭇잎들의 근거인 것(플라톤의 견해)은 아니다. 그 개별적이고 감각적인 것들이 '나뭇잎'이라는 단어를 기준으로 동일화되고, 그에 따라 일반화·추상화되어 나뭇잎의 보편 관념이 형성되며, 그에 따라 우리는 나뭇잎의 원형이라는 것이 있다고 허위로 믿게 되는 것이다. 플라톤이 생각한 바와는 반대로, 나뭇잎의 원형이 서로 다른 나뭇잎들의 근거가 아니라, 후자들이, 즉 감각되는 구체적인 나뭇잎들이 나뭇잎의 원형이라는 허구적 존재의 근거이다. 이는, 니체가 나중에 "원인과 결과를 혼동하는 오류"(Irrthum der Verwechslung von Ursache und Folge)[6]라고 지적한 것을 교정했을 때 이르게 되는 결론이다.

우리에게 '나뭇잎'이라는 단어가 없었다면, 나뭇잎의 일반적 보편 관념도 있을 수 없었을 것이다. 또한 나뭇잎의 보편 관념이 없었다면, 우리는 보이고 스쳐 지나가는 감각적 나뭇잎들을 내면에 지속적으로——순간에서 벗어나 시간의 영속성 안에서——붙들어 잡아 둘 수도(표상할 수도) 없었을 것이다. 그런 경우라면 결국 나뭇잎에 대한 일상적, 나아가 학문적 생각(만일 그러한 생각이 요구된다면)이란 있을 수 없다. 한편 나뭇잎에 대해 생각한다는 것은 무엇인가? 그것은 한마디로 나뭇잎의 여러 양태들을 술어들로 규정한다는 것이다(가령 이 나뭇잎은 얇다, 초록색이다, 타원형이다, 나뭇잎은 나무의 영양기관의 한 가지로서 호흡작용과 탄소동화작용을 한다). 간단히 말해 나뭇잎에 대해 생각한다

---

6) F. Nietzsche, "Die vier grossen Irrthümer", *Götzen-Dömmerung, Nietzsche Werke VI-3*, Walter de Gruyter, 1969, §1(p. 82).

는 것은 문법적 주술구조(SP구조)에 따라 나뭇잎이라는 주어에 여러 술어들을 결합시키는 것이다. 생각한다는 것, 사유한다는 것은 단어들을 조립해 나간다는 것, 언어를 구성해 나간다는 것이다. 그것은 언어를 사용해서 말하거나 쓴다는 것이고, 설사 침묵 속에서라도 머릿속으로 문장들을 만들어 간다는 것이다. 사유는 결코 언어의 구성을 벗어나서 이루어질 수 없다. 나뭇잎에 대한 사유를 포함해 모든 사유는 어떤 것을 언어를 통해 규명하고 정의한다는 것이지, 확고부동하고 영원한 관념적 실체를 증명한다는 것이 아니다──그러한 관념적 실체는, 예를 들어 플라톤의 이데아는 존재하지 않으며, 다만 언어가 만들어 낸 허구에 불과하다.

　같은 맥락에서 니체는 '진실성'(Ehrlichkeit)이라는 추상명사도 문제 삼고 있다.[7] 우리는 결코 진실 또는 진실성에 부합하는 실체로서의 확고한 관념적 원형을 소유하고 있지 못하다. 다만 "진실한 행위라고 표시하는 개별화되고 동일하지 않은 수많은 행위들"[8]을 경험하고 있을 뿐이고, 그것들을 '진실성'이라는 단어로 규정해서 이해하고 있을 뿐이다. 그것도 많은 경우 애매하고 막연한 불확실성 가운데. 사실 '진실성'이라는 추상명사의 경우, '나뭇잎'이라는 물질명사와 비교해 볼 때, 문제가 훨씬 복잡하고 심각해진다. 우리는 과연 진실성에 대한 사유를 '확고한 참'으로 이끌 수 있는 명확하고 근본적인 관념적 틀을 갖고 있는가? 어떠한 행위 앞에서도 그 행위를 진실성 또는 비진실성으로 구별할 수 있게 만드는, 언어 바깥의 영원한 관념을 내면에 간직하고 있는가? 가령 '나'는, 또는 '내' 옆에 앉아 있는 철수는 과연 진실한가, 아닌가?

---

7) 니체, 「비도덕적」, p. 449.
8) 같은 곳.

2. 세 단계의 은유

지금까지 철학자들이 집중적으로 관심을 기울여 왔던 것이 바로 '진실성'과 같은 추상명사들, 예를 들어 '진리', '존재', '영원', '무한', '정의'(正義), '사랑', '우정'과 같은 단어들이었다. 수많은 철학자들이 그와 같은 추상명사들에 대해 사유해 왔다. 그러나 그들의 그러한 사유는 다양한 관점에서 말이나 글로 하나의 추상명사에 대해 정의한다는 것에 지나지 않는다. 예를 들어 마르틴 하이데거(Martin Heidegger)의 경우, 존재가 언어를 초월한다는 것을 강조하기 위해 "존재를 위한 낱말도 없고 문법도 없다"[9]라고 '말하면서'도, 그가 존재에 대한 사유를 위해 할 수 있는 모든 것은, 존재에 대해 말과 글로, 자신의 강의와 전 저작을 통해 끊임없이 설명하고 정의하는 것뿐이었다. 그것을 제외하고 하이데거의 존재에 대한 사유에서 남아 있는 것이 과연 무엇이 있는가? 철학이란 하나의 명사에 대해, 특히 추상명사에 대해 언어로 정의한다는 것이다. 왜 지금까지 철학의 문제가 되어 온, 정신적 가치를 담고 있다고 여겨지는 주제들에 대한 '결정적' 답이 주어지지 않고, 다만 그것들에 대한 논란들만이 끊이지 않는가? 철학자들이 아직 관념의 본질적 실체를 드러낼 이상적(理想的)인 언어를 찾지 못했기 때문인가? 그러나 과연 그러한 언어가 있거나, 아니면 언젠가 우리의 손안에 주어질 것인가? 사실은, 언어 자체의 발생 근거가 된다고 여겨지는 어떠한 관념의 본질적 실체도 존재하지 않는 것이 아닌가? 또는 언어 자체가 도달해서 드러낼 수 있는 어떠한 관념적·본질적 실체도 허구에 불과한 것은 아닌가?

니체가 메타퍼(Metapher)라는, 은유라는 표현을 들어 언어 발생

---

9) 마르틴 하이데거, 소광희 옮김, 『존재와 시간』, 경문사, 1995, pp. 56~57.

과정을 설명할 때, 그는 위의 마지막 물음에 "그렇다"라고 대답하고 있다. 사실 그가 자신의 은유이론을 통해 말하고자 하는 바는, 언어가 어떠한 초월적·관념적 실체와 무관하게 인간의 몸의 구조에 따라 사회에서 자의적으로, 확실한(초월적인) 근거 없이 발생한다는 것이다. 그렇다면 니체의 은유이론을 통해 밝혀지는 결론은 분명해진다. 만일 언어가 불확실하고 주관적인 인간의 몸의 구조와 상대적인 사회적 기준에 따라 발생한다면, 그리고 앞에서 본 대로 사유가 전적으로 언어에 의존하고 있다면,──인간의──사유라는 것은 결국 불확실하고 주관적이며 상대적인 것에 지나지 않게 된다. 그러나 이를 확증하기 위해 먼저 니체의 은유이론에 대해 살펴봐야 할 것이다.

　니체에 의하면 모든 경험에서 인간에게 최초로 알려지는 것, 또한 언어 발생의 최초의 근거가 되는 것은 신경자극(Nervenreiz)이다. 니체는 「비도덕적」에서 '신경자극'이라는 말을 일단 과학적·실증적 관점에서 사용하고 있는 것처럼 보인다(그러나, 곧이어 다시 살펴봐야 하겠지만, 신경자극이 무엇인지는 다른 관점에서 이해될 필요가 있다). 말하자면 우선 여기에서 신경자극이 의미하는 바는, 망막의 자극 수용기인 시세포가 받아들여 시신경이 뇌에 전달하는 시각 정보이다. 신경자극에 따라 우리에게 명백하게 감각으로 알려지는 것은 영상(Bild〔이미지〕)이다. 신경자극은 먼저 영상으로 변형된다. 니체는 신경자극이 영상으로 번역되는 이 과정을 첫번째 은유라고 부른다. "신경자극을 우선 하나의 영상으로 옮기는 것! 첫번째 은유(erste Metapher)."[10]

---

10) 니체, 「비도덕적」, p. 448. 「비도덕적」을 번역한 이진우 교수는 Metapher를 '비유'로 옮겼다. 이 책에서는 통례적으로 '은유'라고 번역하였다(F. Nietzsche, "Ueber Wahrheit und Lüge im aussermoralischen Sinn", *Nietzsche Werke III-2*, Walter de Gruyter, 1973, p. 373 참조).

하지만 이러한 물음을 던져 볼 수 있다. 그렇다면 영상을 만들어 내는 신경자극은 어디에서 발생하는가? 니체가 이 물음에 대답할 때, 「비도덕적」의 배경에 있는 기본적인 철학적 입장이 드러난다. 니체는 이미 우리의 몸 내부에 들어온 정보인 신경자극을 촉발하는 외부의 그 무엇을 "물자체의 수수께끼 같은 X"(räthselhafte X des Ding an sich)[11]라 부르고 있다. "물자체의 수수께끼 같은 X", 이 표현은 어쨌든 칸트(I. Kant)가 말하는 물자체를 떠올리지 않을 수 없게 한다. 그러나 니체가 "수수께끼 같은 X"를 "물자체"와 같다고 말할 때, 그는 어느 정도 칸트의 맥락에서 벗어나 있다.

칸트에게 물자체란 시공간 내에서 감각되어 표상된 대상들과는 다른 것이며, 인간에게 경험 불가능한 것이고 인식 불가능한 것이다. 만일 초감성적·초월적 차원에서, 영원의 맥락에서 사물들을 이해할 수 있는—인간과는 다른—완전한 지성적 존재(가령 神)가 있다면, 그 존재는 아마 물자체를 파악할 수 있을 것이다. 그러나 칸트는 비록 물자체가 인간에게 경험 불가능하기는 하지만 그것을 가정해야만 한다고 보는데, 왜냐하면 인간의 지성(오성)은 경험 가능한 것들이 다만 단순한 현상들에 지나지 않는다는 사실을 알고 있기 때문이다.[12] 결국 칸트에 의하면 물자체는 우리가 알 수 없는 것이기는 하지만 존재한다고 가정해야만 하는 것이다.

니체 역시 "물자체의 수수께끼 같은 X", "접근 불가능하고 정의할 수 없는 X"[13]라고 쓸 때, 신경자극의 근거가 될 수 있을 X가 경험 불가능하다는 사실을 강조하고 있다. 또한 그 사실에 대한 증거는, 니체가 X

---

11) 니체, 「비도덕적」, p. 448.
12) I. Kant, *Prolegomena, Kant Werke Band 5*, Insel Verlag, 1958, §59(pp. 236~237).
13) 니체, 같은 책, p. 449.

로부터 신경자극으로의 전이 과정을 고려하고 있지 않다는, 즉 하나의 은유로 보고 있지 않다는 것이다. 말하자면 우리에게 최초에 감각 가능한 것으로 남는 정보는 신경자극일 뿐이며, 우리는 도대체 무엇이 변형되어 신경자극으로 남았는지 결코 알 수 없다. 인간은 신경자극 바깥에서, 그 이전에 무엇이 있는지 결코 알지 못하며, 신경자극에 따라서만, 신경자극을 바탕으로 형성된 영상을 통해서만——즉 첫번째 은유를 거쳐서만——사물을 감각할 수 있을 뿐이다. 한편 니체가 "겉으로 드러난 세계만이 유일한 것이다. 실재 세계란 단순히 부가된 것에 불과하다"[14]라고 단언할 때, 그는 칸트가 말하는 물자체를 비롯해 여러 철학자들이 가정했던 지성적 '실재'(거기에 플라톤의 이데아가 속할 것이다)가 추론에 의해 허위로 구성된 것에 불과함을 분명히 하고 있다. 한마디로, 칸트에게 물자체는 경험될 수는 없지만 가정되어야 하는 것인 반면, 니체에게 물자체(그가 'X'라고 부른 것)는 경험될 수 없기에 존재하지 않는 것과 다름없다. 사실 니체가 X로부터 신경자극으로의 변환 과정을 언급조차 하지 않는 이유는——그 과정을 하나의 은유로 여기지 않는 이유는——, 단순히 X가 존재하지 않는 것이기 때문이다. 신경자극에 들어온 사물들은 **우리 안에서** 감각된 것들이자, 그러한 한에서 또한 **우리 바깥에** 존재하는 것들이다.[15] 사물들은 첫번째 은유를 거쳐 감각 안에, 우리 안에 주어지며, 그러한 한에서 그것들은 단순한 환영이 아니라 외부에 실재하는 것으로 나타난다(정확히 말하자면, 그것들이 우리 안의 것들인지 바깥의 것들인지 우리는 구별할 수 없다——그것들은 안이자 바깥이다). 신

---

14) F. Nietzsche, "Die Vernunft in der Philosophie", *Götzen-Dömmerung, Nietzsche Werke VI-3*, Walter de Gruyter, 1969, §2(p. 69).

15) 니체는 이후에 『선악을 넘어서』에서 이렇게 묻고 있다. "그래서 결국 외부세계가 우리의 감관의 활동 결과가 아니라고——?"(F. Nietzsche, *Jenseits von Gut und Böse, Nietzsche Werke VI-2*, Walter de Gruyter, 1969, §15[p. 23])

경자극을 통해 감각되는 사물들의 세계만이 유일하게 경험 가능한 세계이며, 실제로 존재하는 유일한 세계이다.

감각된 것으로부터 언어가 발생하기 위해, 즉 그것이 이름을 얻기 위해 두번째 은유가 필요하다. "영상을 다시 하나의 음성(Laut)으로 만드는 것! 두번째 은유."[16] 인간은 몸의 구조에 따라 신경자극을 영상으로 옮기고(첫번째 은유), 마찬가지로 몸의 구조에 따라 영상을 음성으로 번역한다(두번째 은유). 이 두번째 은유가 어떻게 이루어지는가를 알아보기 위해, 갓난아기가 어떤 것을 보고 옹알이하는 것을 예로 들 수 있다. 갓난아기는 스스로 본 무엇을 우리가 이해할 수 없는 소리로 바꾸어 표현한다. 그 과정은 다만 본능적인 것이며, 거기에 어떠한 지성적·초월적 필연성도 개입하지 않는다. 두번째 은유, 즉 영상으로부터 소리로의 변형 과정이 어떤 것인가를 보여 주는 또 다른 예는 모든 언어가 감탄사를 갖고 있다는 사실이다. 그 자체 내에 어떠한 명확한 의미도 담고 있지 않은 감탄사의 존재는, 인간이 자신을 자극하는, 보이는 그 무엇 앞에서 몸의 명령에 따라 모든 합리적 근거 바깥에서 소리를 내뱉는다는 증거가 된다. 어쨌든 신경자극으로부터 영상으로의 전환은, 그리고 영상으로부터 소리로의 전환은, 즉 두 단계의 은유는 어떠한 논리적·지성적 합리성과 정확성에 따라 이루어지지 않으며, 더욱이 물자체와 같은 초월적·본질적 실체에 근거하고 있는 것도 아니다. 니체는 그 두 단계의 은유를 거쳐 사물들과 접촉하게 되는 인간을, 모래를 뿌려 놓은 평판 위에 그려지는 음의 진동의 모양을 보고 음이 무엇인지 안다고 믿는 귀머거리에 비유하고 있다.[17]

---

16) 니체, 「비도덕적」, p. 448.
17) 같은 곳.

영상과 신경자극 사이에, 또한 소리와 영상 사이에 무슨 필연적 연관 관계가 있는가? 어떤 것, 어떤 영상을 보고 내뱉는 소리는 사물이 무엇인지 영상보다 정확하고 풍부하게 알려 주는가? 인간은 몸의 구조에 따라 근거 없이 자의적으로 신경자극에 들어온 정보를 영상의 정보로, 영상의 정보를 소리의 정보로 대충 옮겨 놓고 있을 뿐이다. 그 과정을 왜 니체가 은유라고 부르는지 이제 명확해진다. 여기서 은유는 그 일반적인 의미와 관계없다. 즉 여기서 은유는 수사(修辭)의 한 법칙이 아니며, 다만 그리스어 metaphora가 갖는 어원적 의미에서의 **장소 이동**을 나타낸다. 다시 말해 인간은 언어에 이르기 위해 두 단계의 은유를 거쳐 가지만, 그 과정은 사물을 확고한 근거하에 보다 명확하게 전달하는 경로가 아니라, 다만 몸의 정보들을 이리저리 옮겨 놓는 것에, 장소 이동시키는 것에 불과하다. 언어 발생의 근거는——성경에서 말하고 있듯——신(神)도 아니고 인간의 합리적 지성도 아니고 다만 인간의 몸이며, 언어의 발생 과정은 은유, 즉 장소 이동일 뿐이다.

그러나 소리 그 자체는 언어가 아니다. 소리가 언어로 승격되기 위해서는, 소리가 한 사회에서 관습과 약속과 합의를 통해 결정된 기호로, 즉 개념(Begriff)으로 굳어져야만 한다. 소리로부터 개념으로의 전환, 즉 세번째 은유를 통해[18] 언어가 완성된다. 첫번째 은유와 두번째 은유가 인간의 몸의 구조 내에서 발생했다면, 세번째 은유는 사회체제 내에서 발생한다. 첫번째 은유와 두번째 은유가 신체적 은유라면, 세번째 은유는 사회적 은유이다. 전자들을 촉발하는 것이 몸이라면, 후자를 가동

---

18) "특히 개념들이 형성되는 것을 생각해 보자. 모든 낱말은 그것이 전적으로 개별화된 일회적 원체험에——개념이 생성되는 것은 이 원체험의 덕택이다——대한 기억으로 기능한다기보다는, 어느 정도 유사하기는 하지만 엄밀히 말해서 결코 동일하지 않은, 즉 온통 상이한 경우들에 상응해야 함으로써 곧 개념이 된다. 모든 개념은 동일하지 않은 것을 동일하게 만듦으로써 생성된다." (같은 곳)

시키는 것은 사회적 합의와 사회적 결정력, 더 나아가——때로는——사회적 '권력'이다. 갓난아기의 옹알이는 언어가 아니지만, '나뭇잎'이라는 소리는 하나의 개념, 즉 언어이다. 사회라는 언어 공동체에 참여하고 있는 인간이라면 누구도 '나뭇잎'을 '뭇나잎'으로 바꿔 써서는 안 된다. 한 단어의, 한 보통명사의 성립에서조차 사회의 관습·합의가, 나아가 개인적 권력과는 다른 사회적 '권력'이 전제되어야 한다.

그러나 '나뭇잎'이라는 단어는 어떤 효과를 가져오는가? 그 단어는, 앞에서 말한 대로, 자연에서 발견되는——감각되는——서로 다른 수많은 '나뭇잎'이라고 불리는 것들('내' 눈앞에서 '여기 지금' 현전하는 초록색의, 노란색의 '이것들')을 일반적이고 추상적인 하나의 나뭇잎으로 만든다. 하나의 단어, 하나의 언어는 서로 다른 단수적(單數的)이고 구체적인 '그것들'을 추상화시키고 관념화시켜 하나의 전체에 종속시킨다. 나아가 단어들은 서로 조합되어, 주어와 술어로 갈라지고 또한 서로 결합되어 '무엇임'과 '어떠함'을 규정한다. 그 규정이 바로 한 사회집단에서의 사물들·사건들·현상들에 대한 언어적 형식화(가치 부여, 질서 부여, 위계 부여, 관계-목적의 설정), 즉 의미화의 과정이다. 그것이 바로 사회적 인간에게 문화가, 즉 법·과학·철학·윤리·종교가 주어지는 가장 기본적인 틀이다.

3. 언어 또는 칼

언어를 완성시키는 세번째 은유, 즉 소리로부터 개념으로의 전환이 우리 인간을 문화적 동물로, 또한 너무나 사회에 의존해 있고 종속된 동물로 만들었다. "인간을 동물과 구별 짓는 모든 것은 바로 생생한 직관적 은유들을 하나의 도식으로 휘발시키는, 즉 어떤 영상을 하나의 개념으로 용해시키는 능력에 달려 있다."[19] **분명 언어는 인간이 지니고 있는 칼이다.** 분명 언어는 독수리의 날개나 호랑이의 이빨과 같은 자연적 무기를 갖지 못한 연약한 인간이 자연과 사회에 적응하고 자연과 사회를 통제·관리·지배하기 위해, 또한 자기보존을 위해 차고 다니는 칼이다. 만일 언어가 없었다면 인간에게 과학이 없었을 것이고, 법·윤리·종교·철학이 없었을 것이며, 인간은 지금도 카오스 가운데 살고 있으리라——아니 보다 정확히 말해, 인간은 자신이 살고 있는 곳이 카오스인지도 몰랐으리라.

그러나 언어는 또한 인간이 베일 수 있는 칼이다. 하나의 언어로서의 과학은 자연을 의식 안에 구도화(構圖化)시켜 통제 가능한 것으로 만들지만, 반대로 과학이 가능하게 하는, 의식의 힘(사고의 힘)의 극대화는 자연뿐만 아니라 인간을 파괴하기도 한다. 과학은 그 자체로 자율성을 가진 거대한 관념적 시스템이 되어, 인간이 어찌할 수 없는 익명적 절대의 힘으로 군림하고, 그에 따라 그것은 가장 기본적인 자연의 조건인 생명을 위협하기도 한다. 또한 하나의 언어로서의 법은 개인들의 특수한 상황들과 예외적 삶의 조건들을 완전히 무시하고 무한히 확대 적용하게 되면, 마찬가지로 폐해와 파탄을 가져온다. 그 경우 법은 흔히 보편적이라고 여겨지는 의지를 대변하는 객관적 권력(가령 국가권력)의 표현으로 전락하게 되고, 그 권력에 접근할 수 있는 길을 차단당한 개인은 법의 폭력에 노출될 수밖에 없게 된다. 법은 자주 개인의 구체적 실존을 무시하는 익명의 거대한 관념적·추상적 힘으로 작동할 수 있다. 하나의 언어로서의 철학과 윤리와 종교는 다양한 층위에서 우리의 사고와 행동

---

19) 같은 책, p. 451.

을 제약하는 이데올로기로 전환될 수 있다. 특히 철학·윤리·종교의 이데올로기는 어떤 초월적 근거에 기초한 '진리'처럼 통용될 수 있기에 과학이나 법보다 더 음험하고 위험한 권력으로 기능할 수 있다(사실 니체의 「비도덕적」에서 궁극적 비판의 대상으로 나타나는 것은 철학·윤리·종교에 기초해 '진리'처럼 여겨지는 이데올로기이다). 말하자면 그러한 이데올로기를 관리하고 있는 자들은 스스로에게 도덕적 정당성을 부여해서 그 외부에 있는 자들을 적들로 간주하고 극단적인 폭력을 가할 수도 있다.

과학·법·철학·윤리·종교는 모두 언어이며, 그 모두는 '나뭇잎'이라는 하나의 단어와 기본적으로 같은 맥락에서 작용한다. 즉 그 모두는, '나뭇잎'이라는 단어가 서로 다른 단수적인 '그것들'을 추상적이고 관념적인 나뭇잎으로 변형시키듯이, 자연적·개별적 존재자들과 자연의 단수적 인간들을 관념적 일반 존재로 변형시키고 관념의 전체적 질서에 종속시킨다. 그러한 과정은, 인간이 언어를 사용하고 있는 한 피할 수 없으며 또한 필요하고 필연적인 것이다——보다 정확히 말해, 우리는 죽음에 들어가기 전까지는 그러한 과정 바깥으로 완전하게 나갈 수 없다. 그러나 과학·법·철학·윤리·종교를 포함한 모든 언어(여기에 시적詩的 언어는 제외시켜야 할 것이다)는, 즉 "거대한 개념의 건축물은 로마 납골당의 융통성 없는 규칙성을 보여 주고 있으며 또 그 논리에서는 수학에 특징적인 엄밀함과 냉정함을 내뿜고 있다."[20]

관념(의식)의 세계가 미리 형성된 후 언어가 생겨난 것이 아니다. 사유의 지성적 세계가 미리 형성된 후 언어가 그 세계를 정리해서 표현한 것이 아니다. 언어가 사유를 가능하게 하며, 바로 언어가 인간이 스

---

20) 같은 곳.

스로 자부하는 관념의 비자연적 세계를, 즉 문화의 세계를 창조한 것이
다. 언어가 없었더라면, 그에 따라 인간이 사유하지 않았더라면 인간은
자연과 문화 사이에서 "찢긴 존재"(헤겔Hegel의 표현)가 되지 않았으리
라. 언어가 없었더라면, 인간은 자연과 문화 사이에서 항상 불안정하고
불안한 존재로 남지 않았을 것이며, 일반화·질서화·위계화라는 관념
의 폭력에 시달리지도 않았으리라. 모든 한도를 넘는 폭력(과학을 등에
업고 인간이 자연에 가하는 폭력, 이데올로기의 힘으로 인간이 타인들에게
가하는 폭력, 나아가 인간이 저지르는 살해)은, 동물이 갖지 못한 관념과
의식에 기초해서 발생한다. 그 폭력은 언어를 사용하는——차라리, 언어
에 매여 있는——, 그에 따라 사유하는 인간의 비극을 말해 준다. 그 폭
력은 인간이 지금 눈앞에 있는 무규정적인 '그것'을 교만하게 '나뭇잎'
이라고 부르지 않았더라면 발생하지 않았을 것이다.[21)]

---

21) 따라서 수도자들에게 왜 침묵의 수련이 필요한가라는 물음에 대해 생각해 볼 수 있다. 그들
에게 침묵은, 즉 언어를 떠나는 것은 세계의 사물들과 타인들에게 가해지는 관념적 폭력을
경계하는 방법이자, 세계와 타인들과의 온당한 관계를 회복하는 수단이다. 다시 말해 그들
에게 침묵은, 사물들과 타인들을 의식의 한갓 대상들로 규정하는,——결국 언어가 만들어 내
는——고정된 관념으로부터 돌아서서, 관계 가운데에로 들어가는 길이다. 수도자들의 침묵
의 수행에 따르는 고통은 동물에게는 전혀 필요 없는 것이며, 만일 인간이 언어를 습득하지
않았더라면 인간에게도 요구될 수 없는 것이다. 그 고통은 결국 인간이 자신 안에 뿌리박힌
관념성(보다 정확히, 폭력적 관념성——관념이란 근본적으로 폭력적이지 않은가)으로부터 떠난
다는 것의 지난함과 전적으로 같으며, 자연과 문화 사이에서 불완전할 수밖에 없는 인간의
존재 조건을 반증한다. 언어로 인해 인간이 자연과 문화 사이에서 분열된 존재가 되었다는
것은, 한편으로는, 인간이 언어의 도움으로 자신의 감각·본능을 완전히 통제할 수 있는 순
수 지성적인 존재가 될 수 없다는 것을 의미하고, 다른 한편으로는, 인간 스스로가 언어를
바탕으로 법·과학·철학·윤리·종교의 영역에서 구축해 놓은 문화적 질서·범주·위계 가운
데 완전히 안주하지 못하고 오히려 자주 위협당하고 있다는 것을 의미한다("찢긴 존재"로서
의 인간).
　이로부터 또한 인간에게 고유한 에로티시즘이 설명될 수 있다. 인간의 에로티시즘은 결코
자연적 본능인 동물적 성(性, 생식 본능)으로 환원될 수 없으며, 언제나 문화와 자연의 위상
격차에서 발생한다. 그것은 결코 순수한 자연적 충동이 아니며, 문화의 세계에 완전히 동화
되지 못하는 불안정한 인간이 자연으로 '추락'하고자 하는 욕망이다. 그렇다고 인간은 에로
티시즘을 통해 자연을 원본 그대로 복구시킬 수도 없는데——그것을 다시 완전히 소유할 수
도 없는데——, 왜냐하면 인간은 문화의 세계에 일단 발을 들여놓게 되면서 그 무염시태의

4. 은유와 예술

첫번째 은유에, 신경자극으로부터 영상으로의 전환에 어떠한 필연적이고 객관적인 규칙은 존재하지 않는다. "사실 산출된 영상에 대한 신경자극의 관계조차도 그 자체로 필연적인 것이 아니다."[22] 다시 말해 사물을 가장 잘 드러낼 수 있는 유일하고 완전한 영상은 있을 수 없다. 그러한 사실을 회화의 존재 자체와 회화를 창조하려는 화가들의 고투가 증명한다. 만일 사물을 가장 잘 표현할 수 있는 절대적으로 사실적인 영상이 고정되어 있다면, 화가들은 여러 시대에 걸쳐 각자 나름대로 '사실적인' 회화 이미지를 찾아 나서지 않았을 것이고, 그에 따라 회화의 변천사는 있을 수 없었을 것이다. 가령 추상화가는 현실의 사물들의 복제에 관심을 두지 않지만 나름대로 시각의 '사실성'을 표현하고 있으며, 어떤 감상자들은 그가 그린 추상화에서 어떠한 구상화에서도 발견할 수 없는 감각의 '사실성'을 발견하기도 한다. 원근법도 신경자극으로부터

자연을 완전히 잃어버렸기 때문이다. 에로티시즘이 문화로부터 자연으로의 이행이기 때문에, 조르주 바타유(Georges Bataille)가 지적하고 있는 것처럼, "인간의 사랑은 동물적 성행위와는 다른 위반의 의미를 반드시 지니고 있다"(조르주 바타유, 조한경 옮김, 『에로티즘의 역사』, 민음사, 1998, p. 220).

따라서 에로티시즘은 문화에 오염되지 않은 원초적 자연을 문화를 떠나서 되찾는 움직임이 아니다. 우리는 순수한 원초적 자연을 이미 잃어버렸고, 그것이 무엇인지도 '절대로' 알지 못한다. 하지만 에로티시즘의 추구는 언제나 어느 정도는 문화의 파괴로 나아간다. 그것은 원초적 자연의 생명을 향한 움직임이 아니라, 문화 가운데 마지막으로 도래할 자연인 죽음으로 향해 가는 생명(죽음을 예상하는 생명)의 움직임이다. 즉 에로티시즘은 문화와 죽음의 그림자가 없는 순수한 자연이 아니라, 문화의 한계와 끝을 알리는 죽음에 오염되어 있고, 죽음에서만 드러나는 자연을 향해 있다. 또한 에로티시즘을 통해 죽음에 접근하는 과정은 순간적이나마 언어를 망각하는 과정이다. 에로티시즘이 문화로부터, 문화에 침입하는 마지막 결정적 자연인 죽음으로의 이행이며, 에로티시즘에서 죽음은 문화의 반대로서만, 즉 언어의 반대로서만 주어지기 때문이다. 결국 이렇게 말할 수 있다. 인간에게 언어가 없었다면, 인간은 문화도 자연도 그리고 양자의 구분도 몰랐을 것이고, 따라서 문화로부터 자연으로의 추락인 에로티시즘도 몰랐을 것이다.

22) 니체, 「비도덕적」, p. 454.

영상으로의 변환에 대한 법칙이 될 수 없다. 모리스 메를로-퐁티 (Maurice Merleau-Ponty)가 지적한 대로, 원근법은 시각 자체의 법칙이 아니라 사물들 전체가 하나의 시선에 고정되고 통합되어 드러난 세계를 보여 주기 위해 '고안된 것'에 불과하다.[23]

두번째 은유, 즉 영상으로부터 소리로의 전환에도 합당한 규칙이 존재하지 않는다. 만일 두번째 은유를 결정짓는 하나의 경로가 확정되어 있다면 하나의 사물을 가장 잘 표현해 내는 정해진 '자연적'(또는 '초자연적') 소리가 결정되어 있을 것이다. 그러나 어떤 이는 눈앞의 그것을 보고 '사과'라고 부르고, 다른 이는 'Apfel', 또 다른 이는 'pomme'라고 부른다. 영상으로부터 소리로의 전환 그 자체는 인간의 몸에서 발생하지만(갓난아기의 옹알이), 하나의 소리가 객관성(여기서 객관성은 '필연적'·'절대적' 또는 '초월적' 객관성이 아니라 사회적 객관성, 즉 사회적 구속성이다)을 갖기 위해서는 사회라는 그물을 거쳐, 즉 세번째 은유를 거쳐 개념으로 승격되어야 한다.

세번째 은유, 즉 소리로부터 개념으로의 변환도 마찬가지로 정해진 기준에 따라 이루어지지 않는다. 거기서 니체가 특별히 문제 삼는 것은 과학적 개념이 아니라,[24]—위에서 언급했던 '진실성'과 같은—도덕

---

23) M. Merleau-Ponty, *Signes*, Gallimard, 1960, p. 81. 또한 같은 곳에서 메를로-퐁티는 "'객관적인' 회화도 창조된 것이다"라고 말한다.

24) 여기서 먼저 과학적 개념에 주목해 보자. 사실 니체는 과학적 개념을 밑에서 떠받치고 있는 수에 대한 관념, 시간·공간 관념, 그리고 사물들 사이의 연계 관념, 즉 사물들의 양을 나타내는 관념들이 그 자체로 실재성을 갖고 있다고 말한다. "예컨대 시간, 공간, 계승관계와 숫자들처럼 우리가 덧붙이는 것만이 우리에게 실제로 알려진 것이다."(니체, 「비도덕적」, p. 455) 그러나 그러한 관념들을 바탕으로 자연법칙을 설명하는 과학적 개념 역시 사물 자체, 물자체에 결코 접근할 수 없는데, 왜냐하면 그것 역시 인간의 '주관적' 감각에 뿌리박고 있기 때문이다. "우리 모두 상이한 감각적 지각을 가졌다면, […] 어느 누구도 자연의 법칙성에 관해 말하지 않고 그것을 오로지 지극히 주관적인 구성물로만 파악할 것이다."(같은 곳) 과학적 개념 역시 어떠한 초월적 실체의 객관성에 근거하고 있지 않으며, 그것이 어떤 객관성을 보여 주고 있다면 그 객관성은 '주관적' 감각에서 추출된 객관성에 불과하다. 즉 그것은

적·정신적 가치를 담고 있다고 여겨지는 추상개념(예컨대 '진리', '정의', '이성' 등)이다. 그러한 추상개념이 갖는 의미들은 과학적 개념의 의미들에 비해 훨씬 더 사회적·역사적 편차가 크게 나타날 뿐만 아니라, 훨씬 다양하고, 그것이 통용되는 집단의 권력의 방향에 따라 훨씬 더 유동적으로 변할 수 있다. 예를 들어 '사랑'이라는 개념의 의미에 대해 생각해 보자. 과연 조선시대 때 성춘향이 지켰던 '사랑'과 현재 뉴욕에서 어떤 사람이 이해하고 있는 '사랑'이 같은 것일 수 있는가? 추상개념은 과학적 개념보다 훨씬 더 사회적 역학관계에 구속되어 있다. 하나의 추상개념이 개인의 가치 기준을 넘어서 집단적인 사회의 도덕이나 이데올로기로 고정되는 과정에 반드시 사회적 지배권력이 작동하고 있다. 그리고 그 지배권력의 움직임을 결정하는 것은 한 집단의 자기보존의 욕구이다. 집단적 자기보존의 욕구에 합당하도록 의미와 가치가 하나의 추상개념에 확정적으로 부여되면, 그 추상개념은 한 사회에서 '진리'로 통용된다. 그러나 '진리'로 승격된 그 추상개념이 다양한 삶의 양태들을 무시하고 군림할 때, 그것은 개념 일반(다만 추상개념뿐만이 아니라 모든 개념)이 갖는 폭력성을 밑바닥으로부터 드러낸다. 그 경우 비동일한 것들을 동일한 것으로 만드는 관념적 폭력성이, 비동일한 삶들을 동일한 틀에 끼워 맞추고 그 밖으로 나가는 자들을 무시하고 배제하고 제거하려는 의식적 폭력성으로 넘어가는 것이다. 그 의식적 폭력성에서 드러나는 가공할 만한 힘을 우리는 역사를 통해 너무나 잘 알고 있다(수많은 종교전쟁들, 나치의 유대인 학살, 제국주의, 교조주의적 맑스주의 실

물자체의 객관성이 아니며 사물들의 양을 나타내는 관념들(수(數)의 관념, 시간·공간 관념, 사물들 사이의 인과 관념)의 객관성일 뿐이다. 그러나 그러한 관념들 역시 사물들에 대한 다양한 질적 경험에서, 즉 감각의 층위에 들어오는 총체적 경험에서 추출된 것(추상화된 것)에 불과하다.

험, 또한 여기 한국에서 한 집단의 권력욕과 그럴듯한 명목에 따라 행해진 소수자들에 대한 수많은 폭력들……). 추상개념이 갖는 폭력성에는 본질적으로 정치성이 이미 개입되어 있다.

결국 니체의 은유이론에서 확인할 수 있는 것은 신경자극과 영상 사이에서, 영상과 개념 사이에서, 간단히 말해 감각과 그리고 거기서 파생된 감정·정념과 사회적으로 고정된 사유체계 사이에서 결코 완전히 지워질 수 없는 틈·간극이다. 만일 그 틈·간극이 없었다면 과거의 어느 시점에서 완성된 하나의 '참된' 이데올로기나 철학이 모든 사람에게 진리로 간주되고 있을 것이다. 역으로 역사가 보여 주는 이데올로기와 철학의 영고성쇠가 바로 그 틈·간극이 필연적으로 존재한다는 사실을 증명한다. 또한 끊임없는 예술에 대한 욕망이, 또는 간단히 말해 예술의 존재 자체가 그 틈·간극의 필연성을 증명한다. 만일 그 틈·간극이 존재하지 않았다면 하나의 이데올로기나 철학(하나의 언어체계로서의 이데올로기·철학)이 자연스럽게, 폭력에 의존하지 않고 완전히 인간 존재와 인간 사회를 관리하고 있었을 것이고, 완전한 '진리'가 이미 주어져 있었을 것이며, 따라서 '진리'에 대한 어떠한 의문도 인간에게 더 이상 남아 있지 않았을 것이다(그러한 상황을 헤겔은 국가의 완성과 철학의 완성 그리고 예술의 종말을 말하면서 꿈꾸었을 것이다). 그러나 언어가 구성해 낸 어떠한 이데올로기와 철학도 그 자체로 인간이 안주할 수 있는 '자연'이 되지 못했으며, 인간은 '자연'을 찾아 감각과 정념으로 되돌아갔다. 그리고 그때 문제가 되는 것은 언제나 예술이다.

예술은 언어체계·사유체계 배면에 가려진, 그러나 완전히 사라지지 않은 경험의 층위들을 복원한다. 다시 말해 예술은 언어와 관념이 틀 지어 놓은 신경자극과 영상을 시적 이미지를 통해(문학), 색과 선을 통해(회화), 음을 통해(음악), 즉 예술을 통해 자연 상태로 해방시킨다.

예술적 기표가 신경자극의 수준에서 작동할 때, 그것은 음악적인 것이 된다. 니체는 신경자극을 실증적 또는 경험과학적 입장에서 신경이 뇌에 전달하는 정보라고 이해하고 있지만, 다른 한편으로 신경자극은 니체에게 사물들에 대한 몸의 양화될 수 없는 총체적 반응을 의미한다. "예컨대 갑작스러운 공포를 말할 때, 우리는 고통의 '두근거림, 욱신거림, 경련, 콕콕 쑤심, 베이는 듯한 아픔, 간지럽힘'을 말한다. 이로써 의지의 간헐적 신경자극의 형상들이 표현된 것처럼 보인다."[25] 곧이어서 니체는 "의지의 간헐적 신경자극의 형식들"을 "**리듬**"(운율성, die Rhythmik)이라고 다시 정의한다.[26] 신경자극, 즉 우리에게 알려지는 최초의 정보는 리듬이다. 다시 말해 사물들의 물자체는 우리가 결코 경험할 수 없는 것이지만——따라서 물자체는 존재하지 않는 것이지만——, 사물들과의 최초의 관계 맺음의 징표는 음악적인 것으로 주어진다. 그러나 신경자극이 몸에 리듬으로 나타난다는 것은, 신경자극이 음악적이라는 것은 신경자극 그 자체가 들리는 소리를 갖고 있다는 것이 아니다——더욱이 신경자극 그 자체가 들리는 음악이라는 것이 아니다. 신경자극 자체는 들리지 않는 것이며, 다만 사물들에 대한 몸의 원초적 반응이다. 그것은 몸 안의 분위기(기분)를 가져온다. 즉 그것은 사물들을 보이는 것(가시적인 것, 즉 영상)으로 바꾸는 정서적 내면의 떨림, 니체의

---

25) 니체, 이진우 옮김, 「디오니소스적 세계관」, 『유고(1870~1873)』, 책세상, 2001, p. 83. 이진우 교수는 번역문에서 "의지의 간헐적 신경자극의 형식들"이란 표현을 쓰고 있다. "의지의 간헐적 신경자극의 형식들"의 원어는 "Intermittenzformen des Willens"이다(F. Nietzsche, "Die dionysische Weltanschaung", *Nietzsche Werke III-2*, p. 66). "Intermittenzformen"이라는 단어는 엄밀히 말해 '신경자극'이라는 의미를 담고 있지 않다. 그러나 전후 맥락을 볼 때, 그리고 "Intermittenzformen"이 영상 이전의, 즉 "어떠한 덧붙여진 표상도 없이"(ohne jede begleitende Vorstellung)(같은 곳) 주어지는 최초의 자극이라는 점에서, 그것은 니체가 「비도덕적」에서 말하는 "신경자극"(Nervenreiz)를 가리킨다고 볼 수 있다.
26) 같은 곳.

표현에 따르면, "의지의 떨림"[27]이다. 신경자극은 정서적 수준에서(니체에게서 의지는 의식적으로 구획된 의도 또는 의식적 지향이 결코 아니고 오히려 감정적 층위에서 나타나는 생명의 본능적 충동이다) 나타나는 떨림 또는 스크래치이며, 그러한 한에서 경험의 밑바닥을, 경험의 최심층을 구성한다. 신경자극은 소리(음)로 나타나지 않는, 들리지 않는 리듬 또는 음악이며, '의지'를 직접 표현하는 예술인 음악[28](선율과 리듬으로 표현되는 우리가 듣는 음악)이 창조되기 위해 돌아가야만 하는, 즉 모든 음악이 탄생하는 장소인 원(原)-음악(archi-musique)이다.

신경자극은 들리지 않을 뿐만 아니라 보이지도 않는다. 그러나 신경자극이 시각의 층위에서 번역될 때, 그것은 영상으로 변한다(첫번째 은유). 또한 인간은 영상을 본능적으로 소리로 바꾸어 표현한다(두번째 은유). 이 두 단계의 은유가 인간의 목소리를 거쳐 진행될 때 노래가, 악기를 거쳐 진행될 때 기악(인스트루멘탈)이 된다. 이 두 단계의 은유가 언어가 탄생하기 위한 전 단계라면 '언어의 기원에 음악이 있다'는 생각은 옳은 것이다. 그러나 그 두 단계의 은유는 순차적으로, 직선상의 시간에서 격차를 두고 발생하는 것이 아니다. 그것은 신체적 또는 본능적·자연적인 것이며, 동시다발적으로 전개된다. 다만 쇼펜하우어(A. Schopenhauer)를 따라 의지(Wille)가 표상(Vorstellung)보다 근본적이라고 보는 니체에게서, 의지의 수준에서 나타나는 신경자극은 표상으로 이어질 수 있는 영상과 비교했을 때 보다 더 직접적이고 근원적으로 경험의 심층에 자리 잡고 있는 것으로 여겨진다.

니체가 여기서 말하는 영상은 표상이, 즉 사물에 대한 보편적·일반

---

27) 니체, 「비극적 사유의 탄생」, 『유고(1870년~1873년)』, 책세상, 2001, p. 95.
28) "화성의 순서와 그 악기법 그리고 이른바 선율 속에서는 예전에 나타난 적도 없는 '의지'가 직접 드러난다."(같은 책, p. 96)

적(추상적) 관념이 아니다. 표상이 언어 또는 개념과 분리될 수 없다면 (만일 '나뭇잎'이라는 단어가 없다면 어떻게 나뭇잎이라는 일반적 관념이, 즉 나뭇잎의 표상이 있을 수 있겠는가), 영상은 언어 또는 개념 이전의 것이다. 신경자극이 본능적(자연적)으로 번역되어 남은 영상은 사물을 보편적·일반적이 아니라 개별적·단수적으로 받아들인다. 영상은 사물이 관념화되기 이전에, 개념으로 일반화되기 이전에 그 단수적 현전을 포착하고 그 물질성을 보존한다. 다시 말해 영상은 사물이 이해되기 이전에, 표상 내에서 보편화되기 이전에, 단수적·감각적으로 현시(現示)된다는 사실의 증거이다. 만일 그렇지 않다면, 즉 사물이 표상으로서만 이해 가능한 것으로서, 개념화할 수 있는 것으로서 주어졌다면 회화의 존재도, 회화의 역사도 없을 것이다. 회화는 표상이 아니라 현시 가운데 주어지는 사물의 영상을 표현한다. 회화는 사물이 표상 이전에 현시된다는 사실, 사물이 원초적으로 고정된 관념의 틀을 벗어나 다양한 양태로—복수적(複數的)으로—고유의 물질성을 간직한 채 주어진다는 사실의 증거이다. 만일 현시 가운데 주어지는 사물의 현전이 남김없이 개념으로 파악된다면, 완전하게 언어로 표현될 수 있다면, 즉 그것이 개념으로 환원될 수 없는, 말할 수 없는 초과의 '그 무엇'으로 감각과 감정·정념의 수준에 남지 않는다면, 회화라는 것은 존재할 수 없다. 그러한 의미에서 "그것을 말로 표현할 수 있다면 왜 그것을 그리려 하겠는가"라는 베이컨(F. Bacon)의 말은 회화의 존재 이유를 더할 나위 없이 간결하고 명확하게 보여 준다.[29]

니체의 은유이론은 신경자극과 영상이 언어·개념으로 환원되지

---

29) Ch. Domino, *Bacon Monstre de peinture*, Gallimard-Centres Georges Pompidou, 1996, p. 105에서 재인용. 또한 베이컨은 이렇게 지적한다. "회화에 대해 말한다는 것은 불가능하다. 우리는 다만 회화의 주변에 대해서만 말할 수 있을 뿐이다."(같은 책, 뒤표지)

않는다는 것을, 신경자극·영상으로부터 언어·개념으로의 전이 과정에 필연적으로 틈이 있고 환원 불가능한 여분이 남아 있을 수밖에 없다는 것을, 간단히 말해 감각적인 것의 환원 불가능성(irréductibilité du sensible)을 강조한다. 은유이론은 세계에는, 사물들의 존재에는 개념화(언어화)될 수 없는 것, 사유될 수 없는 것, 이해를 초과하는 것이 있다는 것을 입증하고, 감각적인 것과 이해 가능한 것 사이의, 자연과 문화 사이의 영원히 메울 수 없는 간격을 증명한다. 바로 그 간격 때문에 예술이 필연적인 것이 되고, 그 간격에 예술을 위해 마련된 장소가 있다. 예술은 사유 불가능한 것, 이해할 수 없는 것을 표현하고 증거한다.

5. 예술 : 조형적 기표(아폴론적인 것)와 음악적 기표(디오니소스적인 것)

사물들이 사유 가능한 것, 이해 가능한 것(개념화 가능한 것, 언어로 표현할 수 있는 것)의 여분으로 주어진다는 사실을 예술의 영역에서 다시 영상으로 증명하는 것이 조형적 기표이다. 조형적 기표에는 선과 형이 만들어 내는 회화 이미지, 조각 이미지가 속한다. 회화 이미지, 조각 이미지와 같은 조형적 기표는 언어로 개념화 또는 보편화되지 않으며 언어 이전에 현시되는 존재의 단수성을 형상화한다. 그것은, 『비극의 탄생』에서의 니체의 표현에 따르면, 아폴론적인 것(Das Apollinische)인 것이다. 니체는 쇼펜하우어의 『의지와 표상으로서의 세계』(Die Welt als Wille und Vorstellung)의 한 구절을 인용하면서, 아폴론적인 것이 포효하는 산악과 같은 파도에 출렁이는 광란의 바다에서 한 뱃사람을 고요히 있게 만드는 개별화의 원리(principium individuationis)에 놓여 있다고 지적한다.[30] 아폴론적인 것으로서의 조형적 기표는 세계의 잡다하고 혼란스러운 현상들을 조감할 수 있게 해주는 조화롭고 통일적인 이미지, 우리의 시선을 한 곳에 집중시키는 이미지이다. 조형적 기표의 궁극적인 작용은 우리 각자의 개별적·단수적 실존을 보존할 수 있게 하는 베일, 영상을 창조하는 데에 있다.

사유 가능한 것·이해 가능한 것의 초과를, 개념으로 환원될 수 없는 감각적인 것의 존재를, 신경자극의 층위에서 예술을 매개로 드러내는 것이 음악적 기표이다. 니체에게 신경자극은 사물들에 대한 가장 원초적인 반응인 의지의 반응이다. 여기서 의지는 의식의 계획된 의도나 어떤 목표를 이루기 위한 결단 같은 것이 아니다. 니체가 말하는 의지는 의식 이전의 움직임이며, 차라리 감정(Gefühl)의 차원에서 발현되는 생명의 충동 혹은 생명의 본능이다.[31] 예술이 전달하는 신경자극은, 즉 의지를 직접 표현하는 예술에서의 음악적 기표는 개념 이전의 것이자 나아가 영상 이전의 것인 생명의 리듬 자체를 표현한다. 그것은 사유 이전의 비가시적인 것을 드러낼 뿐만 아니라, 신경자극으로 나타나는 한에서, 들리지 않는 것을 드러낸다. 물론 음악적 기표는 어떠한 가시적 이미지도 아닌 음을 매체로 삼는 음악(우리가 듣는 음악)에서 가장 잘 감지된다. 그것은 음악을 창조하게 하는 것이며 동시에 음악이 궁극적으로 전달하는 정서적·감정적 내면의 떨림(정념의 떨림)이다. 그러나 음악적 기표 그 자체는 들리지 않는 것이며, 다만 사물들과 세계와의 원초적 관계 맺음에 대한 보이지 않고 들리지 않는 표식이며, 또한 그 관계 내에

---

30) F. Nietzsche, *Die Geburt der Tragödie, Nietzsche Werke III-1*, Walter de Gruyter, 1972, §1(p. 24).

31) 니체는 "원초적 의지의 동요"(ursprügliche Willensregung)와 "감정"(Gefühl)을 병치시킨다(니체, 「디오니소스적 세계관」, 『유고(1870년~1873년)』, p. 86). 또한 그는 후기 저작에서 "생명 그 자체는 힘에의 의지이다"라고 정의한다(F. Nietzsche, *Jenseits von Gut und Böse*, §13(p. 23).

서 전개되는 탈존(脫存, ex-sistance, 바깥으로 열려 나 아닌 것과 만남)의 리듬의 표식이다. 들리는 음악은 다만 보이지 않고 들리지 않는 탈존의 리듬을, 탈존의 그 숨결을 들리게 함으로 음악적 기표를 상징할 뿐이다. "언어는 이러한 방법으로도 음악이 갖는 범(汎)상징성을 파헤칠 수 없다. 왜냐하면 음악은 근원적 일자의 심장에 있는 근원적 모순과 근원적 고통과 관계하고, 그에 따라 모든 현상 너머의, 모든 현상 이전의 어떤 영역을 상징화하기 때문이다."[32] 다시 말해 음악은 언어(개념)와 영상에 앞서는 자연을,—"의지의 신경자극의 형성들" 가운데, 음악적 기표 가운데 나타나는 "모든 현상 너머의, 모든 현상 이전의"—보이지 않고 들리지 않는 자연을 들리게 한다. 음악적 기표는 그 자연이 신경자극에, 몸에 스며들어 남은 흔적과 같은 것이다. 음악은 흔적(떨림 또는 스크래치)으로만 남는 음악적 기표를 비(非)영상적 또는 초(超)영상적인 음이라는 매체로 표현함으로써 음악적 기표의 비현상성(보이지 않음)을 가장 확실하게 보존하는 예술이 된다.

음악은 음악적 기표를 영상 이전의 상태로 보존함에 따라 그것을 언어와 문화로부터 멀어지게 한다—언어로 표현할 수 없는 것을 가장 자연에 가까운 것으로 남겨 둔다. 간단히 말해 음악은 신경자극으로 들어온 사물들과의 최초의 관계(그것이 니체에게서 자연이다)를 다시 "모든 현상 너머의, 모든 현상 이전의", 영상 이전의 신경자극에서 움직이는—비표상적인—음악적 기표로 표현한다. 하지만 음악이 가장 명료하게 전달하는 음악적 기표는 또한 음악을 포함한 모든 예술의 창조를 가능하게 하고 모든 예술이 궁극적으로 전달하고자 하는 "의지의 간헐적 신경자극"이다. 그 사실에 대해 니체는 실러(F. Schiller)의 예를 들

---

32) F. Nietzsche, *Die Geburt der Tragödie*, §6.

어 다음과 같이 말하고 있다. "그[실러]는 관념들을 인과적으로 연계시키는 영상들의 연속이 아니라 차라리 **음악적 기분**(musikalische Stimmung)이 시작(詩作)을 준비하는 상태를 이룬다고 고백한다."[33]

음악적 기표는 니체가 말하는 '디오니소스적인 것'(das Diony-sische)인 것이다. 시예술·문학·회화·조각·연극 등 모든 예술은 조형적 기표와 음악적 기표의 결합으로, 즉 아폴론적인 것과 디오니소스적인 것의 결합으로 이루어진다. 니체는 호메로스의 서사시를 조형적 기표 중심으로 이루어진 예술로 보아 아폴론적 예술로 정의하고, 아르킬로코스의 서정시를 음악적 기표가 중심으로 된 예술로 보아 디오니소스적 예술로 정의한다. 마찬가지 관점에서 회화·조각은 아폴론적 예술이고 무용과 음악은 디오니소스적 예술이다——그러나 아폴론적 예술 가운데에서도 디오니소스적인 것(음악적 기표)이 존재하고, 디오니소스적 예술에서도 아폴론적인 것(조형적 기표)이 존재한다. 그리고 연극으로 구분되는 그리스 비극은 아폴론적인 것과 디오니소스적인 것의 가장 확실한 결합이며 그러한 한에서 가장 위대한 예술이다.[34]

6. 예술과 반사회성

예술에서의 조형적 기표는 언어·개념 이전의 영상의 수준에서 작용하며, 예술의 음악적 기표는 마찬가지로 언어·개념 이전의 최초의 단계

---

33) F. Nietzsche, *Die Geburt der Tragödie*, § 5. 니체가 인용한 실러의 원문은 다음과 같다.
"처음에 내게 명료하게 정해진 대상이 없이, 느낌이 있다. 그러한 대상은 나중에 형성된다.
그 이전에 하나의 어떤 음악적인 심성-기분이 다가오고 그에 이어서 시적 관념이 따라온
다."(같은 곳, 재인용)
34) 같은 책, § 8.

에, 즉 신경자극에 호소한다. 언어·개념이 문화를 떠받치고 있는 가장 밑바닥의 토대라면, 예술(아폴론적이자 디오니소스적인 예술)은 조형적 기표와 음악적 기표를 통해 문화에 흡수되지 않은, 흡수될 수 없는 자연(감각적인 것)과 생명의 환원 불가능성을 증거한다. 왜냐하면, 예술의 조형적 기표와 음악적 기표는, 니체의 은유이론이 명확히 하고 있듯이, 언어 개념의 굳어진 체계들(문화의 체계들, 법·과학·윤리·이데올로기·철학) 안에서 완전히 번역되지 않는 영상과 신경자극을 되살려 내면서, 문화 바깥의 자연의 존재를 입증하기 때문이다.[35]

따라서 예술은 근본적으로 반문화적인 것이며, 그러한 한에서 반사회적인 것이다. 예술은 우리가 한가한 시간에, 일요일에 습득하기를 원하는 '문화적 교양'이라고 불리는 것의 반대편에 존재한다. **예술을 통해 문화·사회 내에서 구획되고 정형화된 안전한 삶(자기보존을 위한 삶), 언어 개념 위에 놓인 사회체계에 갇힌 규격화된 삶 배면의 야생적(디오니소스적) 생명이, 그 체계 내에서 비틀리고 뒤틀려져 있지만 그것을 뚫고 나오는 고통받는 자연적 생명이 현시되어야 한다.** 앞에서 살펴본 대로, 문화의 정점에, 정신적 가치를 담고 있다고 여겨지는 추상적 언어들이, 추상개념들(가령 '진리', '정의', '사랑', '인간애', '존재', '목적' 등)이 있으며, 윤리·종교·이데올로기·철학이 그것들을 구축해 왔고 보존하고 있다. 그러나 추상개념들이 갖는 의미들의 정당성을 보장해 준 궁극적·초월적 근거(가령 신)는 존재하지 않으며, 다만 그것들이 전체 사회 또는 사회의 한 집단의 자기보존에 적합할 경우 '진리'라는 이름으로 받아들여질 수 있을

---

35) 그러나 이때 자연은 '원래 그러한 것'이, 항상 동일하게 남아 있는 어떤 근원이 아니다. 우리가 문화에 오염되지 않은 순백의 자연을 완전히 잃어버렸으며 그에 대해 전혀 모른다는 것은 분명하다. 순수한 문화도 순수한 자연도 없다. 여기서 말했던 자연은 문화의 모든 체계가 구축되고 그 한계가 설정되는 데에 따라 발견되는 상대적인 것, 즉 문화의 여분·초과, 또는 문화의 외부이다.

뿐이다. 따라서 '진리'의 정치성이란 피할 수 없는 것이 된다. '진리'란 결코 정치와 무관할 수 없는 것이다.[36] 같은 맥락에서 예술은 반사회성과 무관하지 않다. 그 이유는 예술이 문화·사회에서 규정되지 않은 채로 남는──언어 바깥의──자연을 조형적 기표로 보여 주고 음악적 기표로 울리게 만들기 때문이다. 다시 말해 예술은 인간의 의식이 '진리'라는 이름으로 폭력적으로──집단적으로, 정치적으로──꿰뚫고 헤집어 놓을 수 없는 자연을, 그 무규정적인 것을, 즉 문화 바깥의 타자를 언어 바깥에서 침묵 가운데 바로 '여기에' 내려앉게 하기 때문이다. 예술은 이 문화의 세계의 외부에 놓여 있는 자연을 보여 주고 보존함으로써 스스로 자율적이 되는 동시에 반사회성과 반문화성으로 열린다.

---

36) 하지만 사회의 자기보존, 좁게는 사회에 의존하고 있는 개인의 자기보존이 사소한 문제일 수 없는 한에서, 그러한 '진리' 역시 한 번 무시하고 넘어가면 그만인 것이 결코 아니다. 그 사실에 니체는 주목하지 않았다. 하지만 이 문제는 매우 중요하며 또 다른 검토를 요구한다.

2. 문자가 담고 있는 목소리
—해체주의에 대한 현상학적 이해

> 사상가가 되기 위해 통과해야 하는
> 입구에 이렇게 쓰여져 있다.
> '너 따위는 중요하지 않다.'
> —니체

1. 말라르메의 화요회 : '무의미한' 말

스테판 말라르메(Stéphane Mallarmé)는 여러 사람을 자신의 집 살롱으로 불러서 화요일 저녁마다 모임을 가졌다고 한다. 그것이 프랑스 문단사에서 유명한 화요회인데, 말라르메가 화요일을 택했던 이유는 고등학교 영어교사였던 그가 화요일에 학교에 나가지 않고 쉬었기 때문이었다. 화요회에 여러 젊은 작가가 모여들었고, 그들 가운데에는 이후 프랑스 문단을 이끌어 가게 될 폴 발레리(Paul Valéry), 앙드레 지드(André Gide), 폴 클로델(Paul Claudel)도 있었다.

화요회에서 말라르메가 말했던 것은 무엇일까? 물론 그는 시에 대해 논하고, 또한 자신이 특별히 중요하게 생각했던 작가들, 셰익스피어와 바그너, 애드거 앨런 포(Edgar Allan Poe)와 샤를르 보들레르 (Charles Baudelaire)에 대해 말했다.[1] 그러나 주목해 봐야 할 점은, 거

---

1) 화요회에서의 말라르메에 대한 이후의 논의를 위해, J.-P. Richard, *L'Univers imaginaire de Mallarmé*, Seuil, 1961, p. 352. 그리고 그에 대한 주석인 pp. 364~367 참조.

기에 참석했던 사람들이 이구동성으로 증언하고 있는 바이지만, 그들이 말라르메가 말했던 내용에 대해 잘 기억할 수 없었다는 것이다. 즉 그들이 집주인의 목소리와 몸짓과 거동·태도에 대해서는 명확하게 묘사할 수 있었지만, 그가 내놓은 주장이 무엇이었는지는 제대로 설명할 수 없었다는 것이다. 그렇다고 그들에게 화요회가 무의미하거나 지루했던 것은 전혀 아니었다. 그들은 말라르메의 말을 들으면서, 그와 함께 대화하면서, 스스로 고양되었으며 다른 세계로 개안(開眼)하는 듯한 느낌을 가졌다.

이를 어떻게 설명해야 하는가? 말라르메는 아무것도 말하지 않으면서 무엇인가를 말한 것이다. 그는 명제들로 정식화될 수 없는 것을 말하는 '마법'(magie, 화요회에 참석했던 사람들이 썼던 표현이다)을 행했던 것이다. 그러나 그 '마법'이 말라르메에게는 바로 시의 실천이었다. 그에게 시는 결코 내용이나 의미의 수준에서 완성될 수 없는, 발레리나의 몸짓이나 오케스트라의 음악과 같은 것이었고, 화요회에서 그가 말했던 것은 순간 나타났다 사라져 가면서 듣는 자들을 통과해 가는 어떤 것, 우리가 무용을 보면서 분명히 목도할 수 있고 음악을 들으면서 확실히 감지할 수는 있지만 정확히 설명할 수는 없는 그것이었다. 말라르메는 궁극적으로 자신의 시가 순간 명멸하는 '무의미한' 음악이 되기를 원했으며, 그는 그 시·음악을 화요회에서 사람들에게 전했던 말을 통해 현실화시켰다. 또한 거기서 사람들은 언어를 넘어서, 의미를 초과해서 현시되는 어떤 "공동의 언어"[2]와 의미 이전 또는 이후에 현전하는 공동 존재를 나누었던 것이다.

---

2) 같은 책, p. 352.

2. 바깥으로 향해 있는 목소리

말라르메가 화요회에서 행했던 마법에 대해 다소 길게 언급한 것은, 여기서 자크 데리다(Jacques Derrida)가 정식화한 현대철학의 중요한 문제들 중의 하나인 목소리(voix)에 대해 다시 생각해 보기 위해서이다.

데리다에게 목소리(그는 "현상학적 목소리"라는 보다 구체적인 표현을 쓰기도 한다)는 원칙적으로 물리적으로 들리는 어떠한 소리도 아니며, 기호를 초월해서 발설되는 어떤 전(全) 언어적 내면의 움직임이다. 그것은 자아로 하여금 세계에서 언어의 옷을 입고 통용되는 모든 담론을 무효로 돌리게 하고, 자기완결적인 내면의 공간에서 스스로에게 말하고 스스로를 듣게 하며, 그에 따라 명증한 진리의 계기가 된다.

그러나 말라르메가 화요회에서 사람들에게 전한 말에는 자율적이고 폐쇄적인 1인칭의 현상학적 목소리와는 다른 목소리가 기입되어 있다. 말라르메의 그 또 다른 목소리는 자아의 내면에서 울리는 그 정신의 목소리와는 다른, 음색과 몸짓과 거동·태도를 매개로 해서 전달되는 몸의 목소리이다. (그러나 그 목소리가 현상학적 목소리와 마찬가지로 물리적으로 들리는 목소리인 것은 아니다. 그것은 보이지 않는 어떤 사건의 들리지 않는 목소리이다. 이 점에 대해 이후에 다시 살펴보아야 한다.) 또한 그것은 현상학적 목소리와는 다르게 기호에 의존해서만 전달되는 목소리이다. 또한 그것이 1인칭의 현상학적 목소리와 다른 점은—그 점을 여기서 주목해 봐야 할 것인데—, 그것이 "공동의 언어"로서 1인칭의 자아 바깥의 타인이 들어야만 비로소 살아나는 목소리라는 것이다. 즉 그것은 자아가 자기폐쇄적 내면의 공간에서—즉 자아가 자신과의 자기동일성의 관계 내에서—진리의 준거점으로 작동하는 목소리가 아니라, 타인(들)을 향해 있으며 타인(들)에게로 열려 있고 공동존재의 가능성을 타진하는 목소리이다. 화요회에서 말라르메가 했던 말은 음색·몸짓·태도·표정과 같은, 자신이 들을 수 없고 볼 수 없는 몸의 기표였다. 그 말은 근본적으로 말라르메 자신이 통제할 수 없는 것이고, 말라르메 자신이 아니라 다른 사람들을 향해 있다는 점에서, 그 말을 알아듣고 그 말에 마침표를 찍는 사람은 말라르메가 아니라 다른 사람들이었다는 점에서, 그것은 바깥으로 향해 있는 목소리를 담고 있었다. 여기서 문제는 그러한 바깥의, 몸의 목소리가 데리다가 형이상학의 동인이라고 강조하는 현상학적 목소리와 어떤 점에서 비교될 수 있으며 어떤 점에서 서로 만나게 되는가를 살펴보는 데에 있다.

3. 현상학적 목소리

데리다가, 형이상학을 추진해 왔다고 말하는 현상학적 목소리는 1인칭 자아의 목소리, 내면의 목소리이다. 그것은, 방금 앞에서 본 대로, 성대를 통해 울리는 물리적 목소리가 아니며, 세계라는 '세속적' 공간을 무너지게 하고, 그 반대급부로 자아를 자신과 동일한 관계에 위치시키는 초월적·정신적 움직임이다. 그것은 자아로 하여금 세계와 물질적 기호로부터 벗어나게 하고 다만 스스로 자신을 대면하게 하는——자신의 현전과 마주하게 하는—— "정념"(passion)의 움직임 또는 "자신에 대한 사랑"(amour de soi)의 움직임이다.[3] 목소리를 통해 자아는 자신과 비동

---

3) "정념", "자신에 대한 사랑"은 데리다가 루소(J. J. Rousseau)의 『언어의 기원에 관한 시론』(*Essais sur l'origine des langues*)을 해석할 때 쓴 표현이다(J. Derrida, *De la grammatologie*, Minuit, 1967, p. 248〔자크 데리다, 김웅권 옮김, 『그라마톨로지에 대하여』, 동문선, 2004, p. 306, 번역 약간 수정〕).

일한 세계의 잡다하고 가변적인 사물들을 발견하게 되는 것이 아니라, 동일한 '내 자신'의 현전과 마주하게 된다. 그 과정이 자아가 절대적 · 근원적 시간을, 바로 이 현재를 점유하는 과정이며, 세계와는 다르고 자신에게 고유한 내면의 공간을 확보하는 과정이다. 목소리는 자아에게 근원적 시공간에 접근했다는 것을, 그것을 점유했다는 것을 알리는 정념 또는 "**자기-감응**"(auto-affection)[4]이다. 목소리는 무한과 자유라는, 형이상학이 가능하기 위한 두 가지 조건을 충족시킨다.

목소리를 거쳐 포착되는 현재는 결코 단속적이고 덧없는 현재가 아니라 "무한정" 반복될 수 있는 형식적 틀로서 "살아 있는 현재", 자아 자신의 생이 스스로에게 현전하는 현재이다.[5] 그 현재는 하나의 경험의 내용(질료)이 아니라, 시간에 따라 이루어지는 서로 다른 모든 경험들을 규제하고 있는 불변의 형식적 틀이다. 그것은 단순한 하나의 시간적 점에 불과한 것이 아니라, 서로 다른 경험의 시간들이 매듭지어지는 결절점이자 그것들이 향해 있는 목적점이다. 그것은 경험의 무한정 반복 · 지속 가능한 형식이다.

또한 목소리를 통해 확보되는 이상(理想)은 자유이다. 목소리는 자아를 세계에 대한 경험 일반의 구속으로부터 풀려나오게 하는데, 그 근거는 목소리가 세계의 세계성의 근거가 되는 기호(말과 글 모두에 쓰이는, 보이고 검증 가능한 물질적 부호들의 집적체)로부터 자아를 자유롭게 만든다는 데에 있다. 기호가 타인 일반과의 의사소통을 위해 필연적으로 요구되는 매개의 장이라면, 즉 그것이 공동의 세계의 세계성을 떠받

---

4) 자크 데리다, 『그라마톨로지에 대하여』, p. 292.
5) 자크 데리다, 김상록 옮김, 『목소리와 현상』, 인간사랑, 2006, p. 63. 여기서는 이 꼼꼼하고 명료한 번역서를 참조하였으며(또한 이 번역서 뒤에 붙어 있는 역자의 해설, 「철학적 구도(求道)의 가능성」을 참조). 문맥에 따라 검토나 수정을 위해, J. Derrida, *La Voix et le phénomène*, PUF, 1967 참조.

치고 있는 축이라면, 목소리는 자아를 기호로부터 해방시켜 세계에 대해 초월적인 위치에 가져다 놓는다.

　따라서 목소리는 시간의 변화에 흔들리지 않고 세계의 일반적 견해와 믿음들에 좌우되지 않으면서 진리의 명증성 자체를 보장하는 토대가 된다. 그것은 의식적 사유의 투명함과 확실성을 보장하며, 그러한 한에서 가능한 모든 의미가 구성되는 기반이 된다. 그것은 모든 진리와 의미가 제출되기 위해 충족되어야 하는 의식의 자기현전 그 자체이다.

4. 1인칭의 현전 : 고혼(孤魂)의 생

데리다는 형이상학이 목소리에 의해 추진되어 왔음을 특히 에드문트 후설(Edmund Husserl)의 현상학에 대한 비판적 고찰을 통해 밝힌다.[6] 형이상학을 넘어서기 위해 시도된 후설의 현상학은 데리다에게 형이상학의 내적 계기와 구조를 충실히 따라가고 있을 뿐만 아니라, 그것을 가장 명료하게 보여 주는 전형적인 예가 된다. (데리다의『목소리와 현상』의 기본적인 물음은 다음과 같은 것이다. "그러므로 문제가 된 것은, 기호 개념을 특권적 사례로 삼아 형이상학에 대한 현상학적 비판이 형이상학 보증의 내적 계기임이 발각되는 것을 목격하는 것이다. 나아가서 현상학적 비판의

---

6) 이 논문에서는 후설에 대한 데리다의 견해의 타당성에 대해 문제 삼지 않을 것이다. 그 이유는 단순히 데리다의 후설 해석이 옳은가 그른가라는 물음이 논문의 주제와 관련이 없기 때문이다. 그 주제는 언어와 의식 사이의 관계 그리고 언어와 철학적 담론 사이의 관계를 살펴보는 데에 있다. 우리는 데리다의 사유가 후설에 대한 그의 견해와 상관없이 그 주제를 구성하는 데에 도움이 된다고 판단하였다(물론 데리다의 후설에 대한 비판은 타당하지 않을 수도 있다). 또한 여기서 이후에 메를로-퐁티의 현상학과 연계하에서 데리다의 언어에 대한 사유를 살펴보게 될 것이다.

방책은 형이상학적 기획이 역사적으로 완성된 것이자 그 근원이 순수하게 단지 복원된 것으로서 형이상학적 기획 그 자체임을 검증하는 데 착수하는 것이다."[7] 이를 증명하기 위한 데리다의 논증은, 후설이 따라가고 있는 현상학적 목소리가 결코 세계에 대해 초월적이 아님을, 즉 그것이 선(先)언어적이기는커녕 언제나 언어에 의해 오염되어 있음을 밝히는 데에 있다. 이를 위해 데리다는 후설이 구분한 두 종류의 기호, 즉 표현(Ausdruck/expression)과 표지(Anzeichen/indice)를 문제 삼는다.

표현은 담론을 제출하는 1인칭 주체의 말하고자 하는 의지가 드러나 있는 기호이며, 표지는 그것이 배제된 채 다만 어떤 사물과 사건을 대리하는 익명의 기호이다. 표현의 모델은 소리 나는 말로 이루어진 음성언어이며, 표지의 모델은 문자로 쓰여진 글이다. (그러나 표현이 단순히 말로 된 담론인 것도 아니고, 표지가 단순히 글로 된 담론인 것도 아니다. 양자를 가르는 기준은 담론에, 그것이 말로 되었든 글로 되었든, 그것을 전하는 1인칭 주체가 현전하는가 현전하지 않는가라는 것이다.) 즉 문자로 된 글에 비해 볼 때, 말은 상대적으로 1인칭의 주체가 개입되어 있는 것처럼 나타나고, 그 주체가 통제하고 있는 것처럼 보인다. 물론 후설은 표현이 철학적 진리를 전하기에 적합한 기호이며 표지보다 탁월한 기호라고 본다. 여기서 말로 발설된 담론이 글로 쓰여진 담론보다 우월하다는 생각의 고전적 예로서 플라톤의 경우를 생각해 볼 필요가 있다.

먼저 플라톤이 문자로 이루어진 담론을 비판적 시선으로 보는 이유는, 그것이 자신을 방어하지도 못하고 누구에게 전달되어야 할지도 모른다는 데에 있다.[8] 그것은 주체가 관리하고 통제할 수 없는 담론, 즉

---

7) 자크 데리다, 『목소리와 현상』, p. 12.
8) 플라톤, 『파이드로스』, 275e~276a.

1인칭 주체의 지배력이 무력화된 담론이다. 그것은 "그 스스로를 구할 수 없는 담론, 진리를 가르치기에 무력한 담론"[9]이다. 말하자면 그것은 영혼을 담고 있지 못한 담론, 주인이 없는 고아의 언어, 또는 죽어 있는 담론이다. 우리는 말로 된 담론과 글로 된 담론을 비교해서 생각해 보면서, 전자를 통해 말하는 자와 듣는 자가 상호 주관적인 살아 있는 의사소통을 할 수 있기 때문에, 그것이 후자에 비해 우월하다고 단순히 또는 충분히 생각할 수 있다. 그러나 플라톤이 전자가 후자에 비해 탁월하다고 본 이유는 그러한 것이 아니다. 그 이유는 다만 플라톤이 말로 발설된 담론에는 주체가 개입되어 자신의 힘을 확보할 수 있다고 여겼기 때문이다.

마찬가지로 후설에게서 표현의 장소는 구두 담화이기는 하지만, "표현의 손상되지 않은 순수성을 추적해 들어가야 할 곳은 바로 의사소통을 하지 않는 언어, 혼잣말로 하는 담화, '고혼(孤魂)의 생'(im einsamen Seelenleben)의 절대적으로 낮은 목소리이다".[10] 표현은 1인칭 주체가 현전하는 기호이며, 표지는 1인칭 주체를 전제하지 않고 다만 어떤 사물이나 사건을 지시하는 익명의 기호(가령 법전, 안내문, 제품 사용설명서)이다. 표현은 주인이 있는 언어로서 1인칭 주체의 '말하고자 하는'(vouloir-dire) 의지가 드러나 있는 기호이며, 표지는 발신자도 수신자도 익명적이고 다만 사물이나 사건에 대한 정보의 교환만을 위해 제시되는 기호이다. 후설이 구별한 표현과 표지는 각각 플라톤이 구분한 말로 발설된 담론과 글로 쓰여진 담론에 대응될 수 있다. 우리는 표

---

9) 276a.
10) 자크 데리다, 『목소리와 현상』, 앞의 책, p. 36. 또한 데리다는, 후설이 『논리연구』에서 표현이란 실제로 누가 앞에 있어서 의사소통을 하려는 목적으로 발설되는 담화가 아니라고 말한 것을 다시 지적한다(같은 책, p. 54).

현과 말로 된 담론을 간단히 구어(口語)로, 표지와 쓰여진 담론을 문어(文語)로 생각할 수 있으며, 일반적으로 전자가 후자에 대해 가지는 탁월한 점은 그것이 사람들 사이에서 만남과 대화의 계기가 된다는 데에 있다고 생각할 수 있다. 그러나 플라톤이 말로 된 담론에 대해 논하면서 그 점을 무시했다면, 후설 역시 표현의 특성에 주목하면서 그것에 눈감았다. 대화자에게, 타인에게 말하면서 중요한 것은 소통이 아니라 다만 말하는 주체가 말 자체에 대해 가질 수 있는 통제력인 것이다. (플라톤이 본 대로, 말로 표현된 담론은 1인칭의 주체가 수신자들을 선택할 수 있는 담론이며, 그 스스로를 방어할 수 있는 담론이다. 거기에서 대화자들 사이의 소통은 사실상 문제되지 않는다. 더 나아가 플라톤의 대화록이 과연 대화로 이루어져 있는가라는 의문이 제기될 수 있다. 거기에서 늘 주인공으로 나타나는 소크라테스는 자신의 논적들 또는 친구들과 사실상 '대화' 하지 않으며, 그들의 견해는 소크라테스의 논점을 부각시키거나 강화시키는 데에만 쓰인다. 소크라테스와 그의 대화자들은 사실은 동등하지 않으며, 플라톤의 대화는 주인공인 소크라테스 자신의 관점과 의도에 의해 주도되고 있다.)

5. 환원

후설에게 표현은 1인칭 주체의 지배력에 의해 통제되고 있는 언어이다. 그 지배력이 바로 목소리의 지배력이다. 그러나 표현이라는 기호를 산출해 내는 목소리 그 자체는 기호와 접촉되어 있지 않은, 언어의 물질성으로부터 자유로운, 즉 선(先)언어적 의식의 움직임이다. 데리다는 표현을 이끌어 가고 있는 목소리가 바로 환원을 수행하고 있는 동시에 환원이 이르게 되는 지점이라는 사실을 분명히 한다. "환원은 방법이 되기도 전에 음성 담화의 가장 자연스런 작용, 말의 단순한 실천, 표현의 힘과 뒤섞여 있을 것이다."[11]

환원은 물질적인 것과 세계로부터 순수 능동적인 것과 세계에 대해 초월적인 것으로, "세계적 현전, 자연성, 감성, 경험성, 연상"[12] 들을 규정하고 있는 표지로부터 표현의 순수 근원으로, 간단히 말해 세계를 떠받치고 있는 언어에 의해 가공된 의미로부터 목소리가 만들어 내는 선언어적 의미로 되돌아가는 것이다. 후설에게서는 환원이 가능해야만, 명증성이 없는 세계의 담론들로 규정되지 않는 초월적 진리의 준거점이 보장된다. 그러나 데리다의 관점에서 보아 목소리의 초월성이 가상이라면,[13] 환원 역시 가상이다. 왜냐하면 환원을 추진하는 목소리, 즉 "자기가 말하는 것을 들음은 어떤 자기폐쇄적 안(內)의 내면성이 아니라 이 안에서 벌어지는 환원 불가능한 열림, 말 속의 눈이자 세계"이고 **"현상학적 환원은 어떤 무대"**[14]이기 때문이다. 왜냐하면 목소리가 순수 자아의 어떤 작용(즉 "자기가 말하는 것을 들음")이 아니라 어떤 이념적 대상으로 열리는 것이며 — 즉 자기가 아닌 것과 만나는 것이며 —, 그러한 한에서 언어로부터 결코 자유롭지 못하기 때문이다. 다른 관점에서 생각해 보자. 만일 후설이 본 대로 환원을 작동시키는 목소리의 순수성을, 그 언어에 대한 초월성을 보존하려면 우리가 사용하는 언어와는 다른 침묵에 가까운 언어가 있어야 한다. 그러나 그러한 언어는 있을 수 없다. 환원이 언어를 벗어나 목소리를 거쳐 침묵 속에서 가능하다고 보는

---

11) 자크 데리다, 『목소리와 현상』, p. 49.
12) 같은 책, p. 59.
13) 같은 책, p. 117.
14) 같은 책, p. 131.

후설은, 의식을 언어에 의해 파생된 문화적인 것으로 남겨두지 않고, 그 자체 모든 것의 근거이자 원본인 자연적인 것으로 승격시키려는 형이상 학적·이상적 관념론의 테두리 내에 머문다.

목소리가 추진하는 환원이 "자기 곁에 머무름", "자기가 하는 말을 들음"이라면, 어쨌든 세계성에 오염되지 않은 순수 자아가 스스로와 대면하는 내면의 작용이라면, 그것은 가상이다. 차라리 환원이라 불리는 것은 바깥으로, 세계로 열리는 사건의 한 형태이다. 그 증거는 환원이 언어의 집적을 바탕으로——즉 세계와 대상들과의 관계를 바탕으로—— 수행되었으며, 환원 이후에 전유된 진리 역시 세계를 떠받치고 있는 언어에 의해 표현될 수밖에 없다는 것이다. 후설이 침묵의 순수 의식작용 이라고 본 목소리에 이미 언제나 언어가 개입되어 있다. 목소리가 언어를 가동시키는 것이 아니라, 언어가 목소리를 가동시킨다. (데리다의 표현으로 바꾸어 말하면, "기호적 차이 이전에, 그리고 그 바깥에 현전이란 없다."[15] 또는 차연différance은 현전보다 늘 오래된 것이며, 차연의 반복작용 이 현전을 만들어 낸다.) 다시 말해 말하고자 함이 드러나 있다고, 영혼 이 각인되어 있다고 여겨지는 기호인 표현은 언제나 즉시 표지로 전환 된다. 자아에 의해 확고하게 토대 지어졌다고 여겨지는 표현은 발설되 자마자——또한 쓰여지자마자——익명의 표지로 추락한다. '내'가 언어 를 사용하는 이상, '나'는 언어의 주인이 아닌 것이다. '내'가 언어를 사용한 다는 것은, 그것을 '내' 지배 영역 바깥으로 내놓는다는 것이다. 나아가 좁혀 서 보면 '내'가 철학적 진리를 언어로 표현하는 이상, '나'는 이미 그 진리의 주인이 아닌 것이다.

---

15) J. Derrida, *Marges de la philosophie*, Minuit, 1972, p. 12.

6. 기호와 죽음, 그리고 시간

데리다는 이렇게 말한다. "그러므로 존재를 현전, 이념성, 절대적 반복 가능성으로 규정함 속에는 바로 나의 죽음(나의 소멸 일반)과의 관계가 숨겨져 있다. 기호의 가능성은 이러한 죽음과의 관계이다."[16] 여기서 문제가 되는 ('나'의) 죽음은 결정적인 죽음 또는 물리적·육체적 죽음이 아니다. '내'가 기호를 사용한다고 해서, '내'가 말을 하고 글을 쓴다고 해서 '내'가 실제로 죽지는 않을 것이다. 기호는 현전으로부터 부재로의 전환을 야기하며, 바로 그 전환이 시간의 시간성의 전개 또는 죽음으로의 접근이라는 생각은, 데리다가 직접 인용하고 있지는 않지만, 알렉상드르 코제브(Alexandre Kojève)가 「헤겔에게서의 죽음의 이념」(L'Idée de la mort dans la philosophie de Hegel)[17]에서 제시한 기본적인 생각들 가운데 하나이다. 헤겔이 말하는 개념을 해석하면서 코제브는 우리가 하나의 개념을 사용할 때마다, 우리는 그것이 기반하고 있는 구체적인 **여기 지금**을, 즉 그것의 뿌리가 되는 감각적 존재자를 즉시 이미 과거의 것으로 사라지게 만든다고 지적한다. 즉 우리가 어느 구체적인 시공간에서 앞에 나타난 흔들리고 있는 푸른 '이' 나뭇가지를 '나뭇가지'라는 개념으로 명명하자마자 그것은 일반적인 나뭇가지로, 다만 우리의 관념에만 동일할 뿐 사실은 어디에도 실제로 존재하지 않는 추상적인 나뭇가지로 전환된다. 그러한 개념에 의한 감각적 존재자의 추상화가 바로 현재가 과거로 지나가는 과정이며, 시간이 스스로 군림하는 과정이다. 감각적 현전뿐만 아니라 이념적 현전(즉 자기의식의 현전,

---

16) 자크 데리다, 『목소리와 현상』, p. 84.
17) A. Kojève, "L'Idée de la mort dans la philosophie de Hegel", *Intoduction à la lecture de Hegel*, Gallimard, 1947, pp. 529~575.

자아가 "자기 곁에 머무름")도 그 내용을 기호로 서술하자마자 즉시 비현전으로 물러나 버린다. 목소리 내에서 자기의식에 나타나는 1인칭 '나'의 현전은 기호에 붙잡히게 되면서 ─ 즉 언어로 설명되면서, 코제브를 따른다면 개념에 갇히게 되면서 ─ 익명의 아무나 들어갈 수 있는 빈 자리가 된다. 여기서 물론 후설은 그 1인칭의 '나'가 특수한 한 개인(이 경우 '에드문트 후설'이라 불리는 프라이부르크 대학 교수)이 아니라 보편적·객관적 '나'라고 볼 것이다. 그 '나'는 분명 후설이 주장하는 것처럼 특수한 개인은 아닐 것이다. 그러나 그 '나'는 기호로 진입하자마자 보편성·객관성이라는 이념성을 요구할 권리를 박탈당하고, 자신의 위치에는 다만 익명의 여러 사람만이 놓이게 된다. '나'는 기호로 진술되자마자 자신의 이념성을 박탈당하고 다만 익명성 내에 머물 수밖에 없다. 사실상 현상학적 환원은 결코 그 자체가 목적일 수 없으며 그 이후에 기호로 서술될 수밖에 없는 '진리들'을 위해 수행된다(후설 자신도 현상학적 환원이 목적이 아니고 그것에 만족할 수 없었기에 방대한 양의 저술을 남겼던 것이다. 오로지 신神만이 절대적 침묵 속에서 언어에 의지하지 않고 영원히 자기와 동일한 존재로 머문다). 현상학적 환원을 수행하는 순수한 자기의식이 점유했던 현재는 기호(즉 표지) 내에서 그 자체로 지속되어 보존될 수 없으며 즉시 과거가 된다. 자기현전이 기호에 붙들리게 된다는 것은, 그것이 갖는 "정신적인 삶"[18] 이 화석화된 관념으로 전환된다는 것이다. 기호를 매개로 이루어지는 서술의 과정은 정신의 생이 죽음으로 다가가는 과정 그 자체이다.

후설은 정신의 생의 증거가 되는 목소리를 명증한 진리의 준거점으로 삼았으며, 목소리가 울리는 현재를 "무한정" 반복 가능한 "살아 있는 현재"로, 모든 시간의 결절점으로 보았다. 그러나 그러한 후설의 관점을

---

18) 자크 데리다, 『목소리와 현상』, p. 27.

지배하고 있는 것은 목적론이고(목소리는 자기원인이자 자기목적이다), 의지의 형이상학이다(정신의 생과 "살아 있는 현재"는 반복되어야만 한다). 그러나 목소리는 무수한 기호들의 잔해 위에서만 나올 수 있으며, 이후에 그것은 다시 기호라는 물질적인 장애물들을 통과해 나가야 하고, 이후에 다시 기호 아래에 묻혀 있어야 한다. 목소리의 "살아 있는 현재"는 다만 정신의 생을 보장하는 기준일 수만은 없다. 그것은 언제나 삶과 죽음이 만나고 있는 지점이며, 삶과 죽음 가운데 어느 것이 더 먼저이고 우월한지 알 수 없을 정도로 양자가 서로 경쟁하고 있는 장소이고, 양자가 아마 어떤 고정된 목적도 없이 무한히 반복·교차되고 있는 공간이다. 현전의 형이상학은 기호를 말소하고자 했다[19](그 예가 우리가 앞에서 거론했던 플라톤이다). 그것은 정신의 생에만 주목하고 그것만을 의지한 나머지 그 아래에 놓여 있는 죽음의 그림자를 보지 못했다. 정신의 생이 무한히, 영원히 지속되고 보존되는 "살아 있는 현재"는 존재하지 않는다.

목소리는 이미 언제나 언어에 의해 오염되어 있다. 그 증거는 영혼의 기호인 표현이 언제나 물질적인 표지로 전환된다는 것이다. 표지는 1인칭 주체에 의해 통제되지 않는 비정신적인 기호, 말하자면 표정·몸짓과 같은 몸의 언어나 웅얼거림과 같은 의지적 의식을 벗어나서 나타나는 불명료한 언어이며, 이는 데리다가 본 대로 표지가 1인칭의 권역을 벗어나서 타인과의 관계를 필연적으로 전제하고 있다는 것을 의미한다. 표지는 타인의 해석을 기다리는 기호이며, 표지를 통과해 표현되는 자는 그것을 전해 준 자가 아니라 그것을 받아들이는 자이다. "그렇다면

---

19) "이 철학은 기호를 파생적인 것으로 만들어서 말소하고 재생과 재현을 단순한 현전에 부수하는 변양으로 만들어서 폐기한다"(같은 책, p. 80).

우리는 표지적 장(場)의 경계를 찾으러 훨씬 더 멀리까지 가야 한다. 사실, 타인의 표지적 표명은 표현으로 변형되지 않는다. 이 표명에 관해 자기를 표현하는 자는 그 사람, 바로 해석자이다. 이는 표지 기능(indication)을 환원 불가능하게 만드는 그 무언가가 필시 타인과의 관계 속에 있을 것이기 때문이다."[20]

목소리는 자기원인이자 자기목적이며 1인칭 주체의 확고한 자율성을 확보한 순수 의식 그 자체이고, 모든 경험에 궁극적 의미를 부여하는 의식의 토대이다. 그러한 한에서 목소리는 의식을 그 자체로 자연(보다 정확히 말해 근원으로서의 자연)으로 간주하려 했던 서양 형이상학의 기본적인 관점에 부합한다(가령 플라톤의 이데아는 경험세계 이전의 자연이고, 그것의 근거로서의 원자연原自然이며, 데카르트의 자아 역시 경험세계를 초월해서 신과의 은밀한 내속관계에 들어가 있는 초자연超自然이다). 그러나, 플라톤이 『파이드로스』에서 지적한 것처럼, 기호는 낯선 외부의 것이다. 그것은 1인칭의 자율적 정신이 관리할 수 없는 것으로서 그 자신이 외화(外化)된다는 사실의 표식이다. 그것은 정신이 그 자신을 드러내기 위해서 반드시 거쳐 가야만 하는 몸과 같다. 아마 신은 완전한 정신 자체로서 침묵 속에서 스스로를 인식하고 모든 것을 인식할 수 있을는지 모른다. 그러나 인간의 의식은 기호를 거쳐야만 자신을 인식하고——타인에게——드러낼 수 있다. 인간은 자신의 의식을 그 자체로 어떤 우회로도 거치지 않고 드러낼 수 없다. 인간이 자신의 의식을 드러내기 위해서는 몸의 불투명성을 뚫고 지나가야 한다. 의식은 자신을 의식하자마자 기호에 의해 포위당하고, 이어서 타인과의 관계에 놓이면서 그 자체로 명증한 것으로 남지 못하며, 타인의 해석을 기다려야만 하는

---

20) 같은 책, p. 58. 번역 약간 수정.

조건에 묶인다. 목소리가 이미 언제나 기호에 의해 침입당해 있다는 것, 즉 목소리가 언어에 오염되어 있다는 것은 그것이 결코 자신 안에서 머무르면서 자유를 확보하고 있는 것이 아니라는 사실을 반증한다. 목소리는 결코 자기완결적일 수 없으며, 기호와 접촉하게 되면서 자신 밖의 타인에게 내맡겨지게 된다.

7. 기호와 탈존

데리다의 목소리에 대한 분석은 언어에 매개되지 않은 순수 사유는 없고, 의미는 목소리에 그 기원을 두고 있지 않으며 필연적으로 언어를 거쳐야만 드러날 수 있다는 사실을 보여 준다. 또한 그것은 의미가 언어에 각인되자마자 1인칭의 주체에 고유한 것으로 남지 못하고 공동의 장으로, 타인 앞으로 나오게 된다는 것을 말한다. 그렇다면 목소리의 경험 또는 환원의 경험은 없는 것인가? 데리다는 그것이 있을 수 없다고 대답하지 않을 것이다. 목소리의 경험이란 "정신의 살"을 만지는 체험이며, 일상적인 '나'에 숨결을 불어넣는 체험이고 존재를 영화(靈化)하는 체험이다. 다만 데리다는 목소리의 경험(환원의 경험)과 같은 것이 있다면, 그것은 '나'의 어떤 초월적 정신작용에서 비롯되는 것이 아니라, '우리'가 세계로, 공간으로, 어떤 곳 또는 어떤 것으로 열리는 경험이라는 사실을 주지시킨다. 말하자면 그것은 '내' 안으로 닫히는—말리는—경험이 아니라 바깥으로 열리는—펼쳐지는, 뒤집어지는—탈존의 경험이다. 이는 목소리가 필연적으로 언어에 붙들려 있다는, 즉 언어만이 목소리를 전달한다는 사실로 증명된다. 왜냐하면 언어는 '내' 몸이나 표정·몸짓과 마찬가지로 '나' 아닌 공간을 향해 열려 있으며

'내' 존재를 바깥의 존재로 전환시키기 때문이다. 왜냐하면 언어 덕분에 '나'는 '내'가 아닌 공간과 사물들과 타인과의 관계에 놓이게 되기 때문이다. 우리는 목소리를 체험한다. 다만 '나'와 '내 자신'의 닫힌 관계 내에서가 아니라 '내' 바깥의 공간과의 관계 내에서, 그리고 타인과의 관계 내에서, 또한 언어의 도움을 힘입어. 그 관계 내에서의 목소리, 관계를 전제해야만 들릴 수 있는 목소리는 언어 너머의 의식 또는 정신의 목소리가 아니라, 언제나 기호에 의해 침입당해 있는 목소리, 즉 **문자에 담겨 있는 목소리**이다.

데리다와 마찬가지로 모리스 메를로-퐁티도 언어 이전의 사유는, 즉 언어가 감추고 있기에 우리가 복원해 내야 할 순수 사유는 없다고 분명히 밝힌다. "우리는 […] 단어들과 형태들이 감추고 있는 순수 사유를 우리에게 가져올 수 있다고 여겨지는 어떤 내면적 어휘(lexique intérieur)를 참조해야 할 필요가 없다."[21] 언어 이전의 순수 사유가 있어서 언어는 다만 그것을 번역해 내는 것이 아니다. 말을 하거나 글을 쓸 때 미리 정해진 의미가 있고, 이어서 우리가 그것을 단순히 언어로 풀어 내는 것이 아니다. 의미는 글이 쓰여지고 말이 발설됨에 따라 완성될 뿐이다. 언어 바깥의, 언어 이전의 순수 사유와 순수 의미라는 것은 존재하지 않는다.

하지만 언어는 존재자들[22]과 존재자들의 속성을 단순히 그대로 재현(대리)하는 작용만을 포함하는 것이 아니다. 언어는 보다 근본적으로

---

21) 모리스 메를로-퐁티, 김화자 옮김, 『간접적인 언어와 침묵의 목소리』, 책세상, 2005, pp. 22~23. 번역 약간 수정(이하 『간접적인 언어』). M. Merleau-Ponty, "Le Langage indirect et les voix du silence", *Signes*, Gallimard, 1960, p. 68 참조. 곧이어 메를로-퐁티는 이렇게 말한다. "언어는 어디에도 순수한 의미를 위한 자리를 남겨 놓지 않을 뿐만 아니라 오로지 언어적인 것에 의해서만 제한되며, 그 의미는 단어가 박혀 있는 문장 속에서만 출현하는 것이다."(모리스 메를로-퐁티, 『간접적인 언어』, p. 23)

말의 경우에나 글의 경우에나 단어들 전체가 만들어 내는 효과·작용이다. 메를로-퐁티의 언어에 대한 성찰은 언어에 대한 분석적 또는 언어학적 탐구를 벗어나는 점이 있다. 분명 단어들은 존재자들을 재현하고 그것들을 대리한다(간단히 말해 '사과'라는 단어는 우리가 먹는 사과들을 가리킨다). 그러나 그 이전에, 또는 그 이후에 단어들 전체는 문장들 속에서 그것들을 전하는 자와 받아들이는 자에게 존재를 개시(開示)한다. 즉 언어는 인간을 자신 바깥의 공간으로, 자신 바깥의 타인에게로 인도한다. 내면의 외재화, 또는 내면과 외부의 교직-교차(l'entrelacs-le chiasme).

"언어는 수단이기는커녕 하나의 존재와 같은 어떤 것이며, 바로 그렇기에 언어는 그렇게도 잘 우리에게 누구인가를 현전하게 한다. 한 친구의 전화를 통해 들리는 말은 바로 그 친구 자신을 우리에게 전해 준다. 마치 그가 말을 걸고 작별인사를 하며 문장을 시작하고 끝맺으며 말하여지지 않은 것을 통해 대화를 이어가는 방법에 자신 전체로 나타나는 것처럼 말이다."[23] 즉 언어는 단순히 존재자들을 번역하고 해석하는 데에 그치지 않고 인간을 자신 바깥과의 관계에 놓아둔다. 그것은 인간을 바깥으로 밀어내는 동시에 스스로 존재와의 접촉점으로 변하게 만든다. 이를 추진하는 것은 의미 결정과 해석의 대상이 되는 개개의 단어들 자체가 아니라, 단어들 전체가 유기적으로 만들어 내는 효과, 즉 단어들 전체가 그 흐름 속에서 마치 몸짓·표정이나 얼굴처럼 나타나는 효과이다. 중요한 점은 그 효과는 단어들 자체와 달리 언제나 침묵한다는 것이

---

22) 우리는 여기서 '존재자'라는 하이데거를 연상시키는 용어를 썼지만, 메를로-퐁티의 현상학은, 그가 『보이는 것과 보이지 않는 것』(*Le Visible et l'invisible*)에서 분명히 밝히고 있듯이, 부분적으로는 하이데거 존재 사유에 대한 하나의 해석이다(모리스 메를로-퐁티, 남수인·최의영 옮김, 「얽힘·교차」, 『보이는 것과 보이지 않는 것』, 동문선, 2004).

23) 모리스 메를로-퐁티, 『간접적인 언어』, pp. 23~24. 번역 약간 수정.

다. 그것은 단어들에 대한 분석과 해석을 통해 결코 남김없이 드러나지 않는다. 그것은 단어들 내에서 규정되지 않는다. 말하여지거나 쓰여진 단어들이 존재자들을 규정하는 반면——즉 침묵하지 못하는 반면——, 그것은 언제나 침묵으로 남는다. 즉 그것은 존재를 개시하고 관계를 열 뿐이다. 그것을 메를로-퐁티는 "간접적인 언어"(langage indirect) 또는 "침묵의 목소리"(voix des silences)라고 부른다.

8. 침묵의 목소리

언어는 단순히 존재자들을 번역하고 해석하는 데에 머무르지 않고 "간접적인 언어", "침묵의 목소리"로 남아 자신을 사용하는 자를 자신 바깥의 존재와 타인과의 관계로 이끈다. 언어는 다만 번역과 해석이라는, 존재자들을 내면(의식)에 고정시키는 작용에 머무르지 않고, 마치 몸짓·표정처럼 나타나서 그를 스스로도 알아차리지 못하게 자신 바깥에 바쳐진 자로——간단히, 자신의 타자로——전환시킨다. 이 경우 언어는 그것을 사용하는 주체가 지배할 수 없는 언어로 남는다.

　여기서 메를로-퐁티는 흥미롭게도 말라르메로 돌아간다. "경험적인 언어로서의 말——즉 이미 정해진 기호를 적절히 쓰는 말——은 진정한 언어와 비교해 보면 말이 아니다. 말라르메가 말한 것처럼, 그러한 말은 손안에 얌전히 놓여 있는 못 쓰게 된 동전과도 같다. 이에 반해 참다운 말은 무엇인가를 의미해서 결국 '모든 꽃다발에 부재하는 것' (l'absente de tous bouquets)을 현전하게 함으로써 사물 속에 갇혀 있는 의미가 드러나도록 해준다. 따라서 경험적 활용의 측면에서 보자면 참다운 말은 침묵일 뿐이다. 왜냐하면 그러한 말은 일상적 명칭으로는 부를 수 없기 때문이다."[24] "침묵의 목소리"가 바로 "진정한 언어"이다. 그것은 메를로-퐁티가 존재자들을 대리하고 규정하기 위한 언어(여기서 그가 "경험적인 언어"라고 부르는 것)의 전제가 되는 언어이다. 즉 그것은 존재와의 관계를 표현하기 위한 존재의 언어이다. "침묵의 목소리"는 몸짓이나 표정처럼 작동하는 외부의 언어이다. 그것은 인간을 자기의식 너머에서 존재와 타인과의 관계에 가져다 놓는다. 우리는 보통 언어가 사물 자체나 세계 자체를 담아낼 수 있다고 믿을 수 있다. 그러한 믿음에는 인간과 존재의 관계가 주객관계이며 인간이 존재에 대해 일방적 우위에 있다는 전제가 깔려 있다. 그래서 니체는 언어 자체가 형이상학적이라고, 언어 자체가 신인동형론(Anthropomorphismus)의 산물이라고[25] 고발했던 것이다. 그럴 것이다. 언어 자체가 어쩔 수 없이 나르시스적인 것이다. 그러나 "진정한 언어"는 "침묵의 목소리"이다. "침묵의 목소리"는 침묵한다. (일반적) 언어는, 또는 "경험적 언어"는 주객관계를 전제하고 구성되는 단어들과 명제들의 집합인 반면, "침묵의 목소리"는 보이지 않는 관계를, 그 동사적(비실체적) 관계를 묵언(默言)으로 표현한다.

메를로-퐁티는 언어와 회화가 모두 "무언의 암시적인 축적"이라는 점에서 서로 유사하다고 지적한다.[26] 여기서 메를로-퐁티는 정확히 "문자는 회화와 닮았으며", "문자는 회화와 마찬가지로 침묵한다"[27]는 플라

---

24) 모리스 메를로-퐁티, 『간접적인 언어』, pp. 26~27. "모든 꽃다발에 부재하는 것"(l'absente de tous bouquets)은 말라르메의 표현. S. Mallarmé, "Crise de vers", *Œuvres complètes*, Gallimard, 1945 참조.

25) F. Nietzsche, "Ueber Wahrheit und Lüge im aussermoralischen Sinne", *Nietzsche Werke III-2*, Walter de Gruyter, 1973, pp. 374~375.

26) 모리스 메를로-퐁티, 『간접적인 언어』, pp. 85~86. 또한 회화적 표현과 마찬가지로 언어적 표현은 "행위 중인 정신의 실존 그 자체"(같은 책, p. 91)이다.

톤의 견해로 되돌아간다. 메를로-퐁티와 플라톤 양자는 언어가 1인칭 주체가 통제할 수 없는 부분을 갖고 있다고 보는 점에서 일치한다. 즉 양자는 모두 언어가 기호로 이루어져 있는 한, 그것은 익명의 인간들 사이에서, 그들의 관계 내에서 유통될 수밖에 없다는 사실을 이해하고 있다. 그러나 양자의 차이점은, 플라톤이 그 언어의 익명적 유통 과정은 본질적인 의미에서 소통이 아니라고 보는 곳에서, 메를로-퐁티는 그것만이 진정한 소통이라고 강조하는 데에 있다. 플라톤에게서 소통은 1인칭 주체의 말하고자 하는 의지가 손상되지 않아야만 가능한 반면(따라서 그에게 소통의 모델은 음성 담화이다), 메를로-퐁티에게서 소통은 1인칭 주체를 중심으로 이루어지는 것이 아니라 동등한 3인칭의 인간들 사이에서 이루어지는 것이다(화자와 청자의 평등, 또한 저자와 독자의 평등). 소통은 어떤 경우에나 사실상 3인칭의 인간들 사이에서 전개되는 익명적 소통일 수밖에 없는데, 왜냐하면 그것은 1인칭이 지배하는 자기의식의 영역 바깥에서 3인칭의 인간들이 동등하게 개입하는 언어의 '공동' 영역을 전제할 수밖에 없기 때문이다. 그 '공동'의 영역을 바로 "진정한" 언어, 모든 언어가 주어지는 조건으로서의 언어, 즉 침묵의 목소리가 주도한다. 침묵의 목소리는 1인칭의 자기의식을 손상 없이 번역해내는 명증한 명제들 가운데에서는 들리지 않는다. 그것은 보이지 않고 들리지 않는 ─ 명제들 내에 기입될 수 없는 ─ 내면 바깥의 언어이다. 그것은 언어에 개입하는 자가 결코 자기동일한 ─ 자아와 그 자신이 일치해 있는, 데리다의 표현에 의하면 "자기가 한 말을 스스로 듣는" ─ 내면의 개인일 수 없으며, 언제나 타인에게로 열려 있는 동시에 자기와 동일하지 않은 제3자(즉 타자)일 수밖에 없다는 사실의 기표(signifiant)이

---

27) 플라톤, 『파이드로스』, 275d.

다. 침묵의 목소리는 '나'도 '너'도 아니고 관계가 언어를 주도한다는 사실의 징표이다. 그것은 언어를 개시하고 마무리하는 자가 '나'도 '너'도 아니고 오직 관계 내에서 출몰하는 공동의 익명적 타자라는 사실의 징표이다. 언어의 기본적인 작용은, '나'를 '나 자신' 안으로 말려들어가게 하는 데에, 데리다의 표현에 의하면 "고혼의 생"을 지속하게 하는 데에 있지 않다. 그것은 '나'를 '나' 아닌 것으로 열리게 하는 데에 있다. 언어는 '나'를 '나' 아닌 곳과 '나' 아닌 것을 향해, 또는 타인을 향해 뒤집어 놓는다. "언어는 전적으로 드러냄(monstration)이다."[28]

플라톤은 소통을 1인칭 중심적이고 '전체주의적'인 관점에서 생각했다. 왜냐하면 그는 언어를 거쳐야만 이루어질 수 있는 소통이 무엇인가를 이해하지 못했기 때문이다. 언어는 익명의 우리들 사이에서 '내'가 결코 '내 자신'으로 남지 못하고 '우리'의 익명적 영역으로 전환될 수밖에 없는 중립의 영역 또는 공동의 영역을 준비한다. 그 영역을 주재하고 있는 침묵의 목소리는 '민주주의'의 언어이다.

침묵의 목소리는 데리다가 형이상학의 동인이라고 지적한 현상학적 목소리와는 다른 것이다. 현상학적 목소리는 기호와 분리되기를 원하는 선언어적인 목소리이며, 자체 내에 정신의 순수 의미를 담고 있다고 여겨진다. 현전의 형이상학은 기호를 말소하고자 했으며, 그것이 기호를 떠나 되돌아간 곳은 현상학적 목소리가 군림하는 영역이다. 그러나 침묵의 목소리는 선언어적인 목소리가 아니다. 그것은, 기호가 그 전체에서 마치 몸의 몸짓처럼 작동할 때, 따라서 기호를 전제해야만 나타날 수 있는 목소리이다. 그것은 기호가 만들어 내는 명제들의 개념적·규정적 의미와는 분리될 수 있지만, 기호 자체와는 분리되지 않고 기호

---

28) 모리스 메를로-퐁티, 『간접적인 언어』, p. 24.

가 전제되어야만 주어진다. 그러한 점에서 그것은 문자 내의 목소리, 문자가 담고 있는 목소리이다.

(현상학적) 목소리가 형이상학을 주도해 왔다. 이는 우리 귀에 들리는 어떤 소리가 형이상학을 주도해 왔다는 것을 뜻하지 않는다. 앞에서 본 대로 현상학적 목소리는 들리는 목소리가 아니다. 그것은 글로 쓰여진 담론이든 말로 발설된 담론이든 모든 담론에 개입하고 있다고 여겨지는, 보이지 않고 들리지 않는 주체의 자기현전이다. 후설은 현상학적 목소리의 작용이 뚜렷이 나타나는 모델이 음성 담화라고 본다. 이미 플라톤으로부터 말은 글보다 우월하다고 여겨졌지만, 그 이유는 전자에 1인칭 주체의 현전이 명백하게 개입한다고 간주되었기 때문이다. 그러나 우리는 형이상학의 역사에서 말과 글이 서로 다른 역할을 해 왔다고 결코 생각할 수 없다. 물론 후설도, 데리다도, 누구도 그렇게 생각할 수 없을 것이다. 데리다의 경우 발설된 것과 쓰여진 것 사이의, 말과 글 사이의 전통적 구별 자체를 인정하지 않는다.[29] 왜냐하면 기본적으로 양자가 모두 물질적인 기호에 근거하고 있기 때문이며, 그것에 의존해서만 의미를 나타낼 수 있기 때문이다. 기호 이전의 의미라는 것도 존재하지 않을뿐더러, 기호 이전의 현전(모든 종류의 현전뿐만 아니라 특히 자기현전, 즉 "특별히 의식, 의식이 자기 곁에 있음"[30])도 존재하지 않는다. 형이상학의 역사를 이끌어 온 것은 바로 그러한 현전이며, 그것은 말과 글 모두에 구분 없이 개입한다. 즉 목소리, "말하고자–함"(vouloir-dire), 말하고자 하는 의지(volonté), 또는 자아가 자신과 일치하려는 의지, 그 자기동일성의 의지가 바로 형이상학적 의지이다. 그 의지는——그 의지

---

29) J. Derrida, *Marges de la philosophie*, p. 16.
30) 같은 책, p. 17.

와 같은 것이 있다면, 우리가 여전히 그것을 믿고 있다면─형이상학
에서 절대적으로 자율적인 것으로, 즉 신적인 것으로(신은 완전히 자율
적인, 스스로 자신이라는 근거 위에 놓인 존재이다) 여겨진다. 동시에 그
것은 문화 이전의 정신적(초월적) 자연에, 모든 문화의 근거가 되는 초
자연으로서의 자연에 속하는 것으로 여겨진다. 그러나 그 의지는─그
의지와 같은 것이 있다면, 우리가 여전히 그것을 믿고 있다면─기호
에 매개되어서만 발현될 수 있으며, 따라서 문화적인 것을 벗어나지 못
한다. 한편 기호의 가장 기본적인 작용은 그것을 사용하는 자를 공동의
영역으로, 타인의 영역으로 끄집어낸다는 데에 있다. 목소리의 자기동
일성의 의지가 이미 언제나 기호에 틈입당해 있다는 것은, 그 의지의 주
체가 사실은 주체이기 이전에 타율적으로 타인 앞에 노출되어 있다는
것을 의미한다. 목소리가 추진하는 형이상학이 항상 좌초될 수밖에 없
는 이유는, 한마디로 목소리가 이미 기호에 오염되어 있기 때문이다. 보
다 정확히 그 이유는, 목소리의 1인칭 주체가 기호라는 불투명한 장애
물을 지나가기를 원하자마자 자신 내부에서 동일한 존재로 머무르지 못
하고, 언제나 자신 바깥에서 타인 앞에 노출되어 있을 수밖에 없기 때문
이다. 형이상학이 완성되지 못한 이유는, 자체 논리나 자체 진리가 완벽
하지 못했기 때문이 아니다. 형이상학이 자신의 진리를 전달할 수 있는
침묵의 언어를 찾지 못하고 기호에 붙잡힐 수밖에 없었기 때문이다. 간
단히 말해 타인이라는 존재가 있었기 때문이다. 모든 형이상학은 완성
될 수 없다. 목소리가 추진하는 신적·형이상학적 진리는 기호에 둘러싸
이자마자 상대적·문화적인 것으로 추락한다. 모든 형이상학적 진리는,
나아가 모든 철학적 진리는 상호주관성에, 보다 정확히 말해, 타자성에
매여 있다. 철학사에서 영원한 승자가 없다는 사실은 너무나 당연한 것
이다.

9. 기호와 공동존재

기호를 거쳐 전달되는 모든 담론 앞에서 우리가 마주하게 되는 것은 1인칭 주체의 현전이 아니다. 담론에 그 주인인 자가 고정되어 있다는 것은 일종의 '전체주의적' 환상이다. 기호는 모든 고유명사의 지배를 부정한다. 왜냐하면 기호는 그것을 제출했던 1인칭의 '나'를 3인칭의 타자로 전환시키기 때문이다. 기호는 1인칭의 주체가 아니라 3인칭의 익명적 타자가, 공간 그리고 자신과 다른 타인과의 관계에서 존재하는 양태를, 즉 타자의 동사적 탈존을 드러낸다. 그렇기 때문에 하나의 담론이 설득력을 갖게 되고 보편적으로 공유 가능한 것이 된다. 기호가 현시(現示, présentation)하는 탈존은 담론에 주어진 명제들을 바탕으로, 그러나 그것들을 넘어서 표현된다. 말하자면 모든 담론은 문학적이든 철학적이든 단순히 '진리'와 '참'을 규정하고 전달하는 명제들의 집합이 아니며 그 안에 어떤 사람을 담고 있다. (왜냐하면 기호는 몸짓과 같은 것이기 때문이다. 즉 기호의 일차적인 작용은 명제들의 구성이 아니라 1인칭 주체를 외재화시키는 데에, 언어의 공동의 영역으로 끌어내는 데에 있기 때문이다. '내'가 전화에서 친구의 목소리를 들으면서, 한 친구의 방에서 벽에 걸려 있는 외투를 보면서, 그의 현전을 그가 없지만 흔적trace으로 감지하는 것처럼, '나'는 한 친구가 보내온 편지를 읽으면서 그의 현전과 마주한다. 기호에 매개된 현전, 그것이 바로 흔적이며, 모든 현전은 이미 언제나 흔적이다. 기호에 매개되지 않은 순수 현전이란 것은 존재하지 않는다.)

익명의 타자가 기호를 뚫고 현시된다. 그 탈존의 표현, 그것을 메를로-퐁티는 글쓰는 자, 저자의 "스타일"(style)이라고 부른다. "스타일은 내가 어떤 개인, 어떤 저자에게서 확인하거나 이해하는, 상황을 다루는 방식이다. 나는 그 방식을 일종의 모방(mimétisme)을 통해 나의 책임하에 되찾는다."[31] (말이 글과 마찬가지로 기호를 바탕으로 발설되는 한, 거기서 스타일이 문제가 되지 않는다고 말할 수 없다. 우리는 타인의 말을 듣거나 타인의 글을 읽을 때 순수한 그의 '정신'에 직접 들어가서 그를 이해하지 못하며, 다만 그가 제시하는 물질적이고 신체적인 것들을 통해 그와 접촉할 수 있을 뿐이다.)

기호로 이루어진 책에는, 그것이 문학책이든 철학책이든, 어떤 사람이 들어가 있으며, 독서란 일차적으로 어떤 사람의 접근을 허용하는 행위이다. 어떠한 철학도, 어떠한 철학책도 사람이 배제된 순수한 개념들의 구성체가 될 수 없다. 기호로 이루어진 책에 1인칭의 주체가 아닌 익명의 인간의 탈존이 표현되어 있다. 즉 거기에 "스타일"이 있다. 그 탈존은 독자를 부르며, 그 부름의 사건, 그것은 목소리, 즉 문자의 목소리, 문자에 담겨 있는 목소리이다. 그 목소리에 응답함, 그것이 익명의 타자에 대한 독자의 "모방"이다. 그 모방은 저자라는 특정 개인에 대한, 즉 명사적 개인에 대한 독자의 모방이 아니다. 그것은 특정 개인의 인격에 대한 모방도 아니다. 문자의 목소리가 촉발시키는 모방은 하나의 탈존에 다른 하나의 탈존이 겹쳐지는 것, 즉 탈존의 공유이다. 따라서 어떠한 사상(思想)도, 어떠한 철학도 1인칭 주체에 고유한 것으로 남지 않는다. 하나의 사상을 전파한다는 것은 1인칭 주체 고유의 영역으로 타인을 끌어들인다는 것이 아니다. 그것은 1인칭 주체의 영역을 '보편적으로' 확장시킨다는 것이 아니다. 그것은 기호를 바탕으로 익명의 3인칭의 인간들이 만난다는 것, 겹쳐진다는 것이다. 그것은 '객관적·보편적' 주체를 공유한다는 것이 아니고, 다만 공동존재로 열린다는 것이다.

---

31) M. Merleau-Ponty, *La Phénoménologie de la perception*, Gallimard, 1945, p. 378(모리스 메를로-퐁티, 류의근 옮김, 『지각의 현상학』, 문학과지성사, 2002).

10. 다시 말라르메로

말라르메는 화요회에서 무엇을 말했는가? 그는 자신의 입으로 말했지만, 그의 말은 침묵 속에서 울리는 문자의 목소리에 불과했다. 그는 말했지만 말하지 않았다. 왜냐하면 그가 한 말은 어떤 것을 규정하고 고정시키는 명제들로 결코 수렴될 수 없는 것이었고, 다만 기호 속으로 자신의 자아가 사라져 가는 시간들의 떨림에 불과했기 때문이다(그 떨림을 그는 『이지튀르』*Igitur*에서 명료하게 표현하였다). 그는 자신의 정신의 생이 결코 동일하게 보존될 수 없으며, 기호를 통과하면서 필연적으로 변형되고 결국 사라져 간다는, 죽어 간다는 사실을 이해했기 때문에 진정한 시인으로 남을 수 있었다. 또한 그는 그렇기 때문에 현대에 많이 논의되는 '작가의 죽음'을 표현한 최초의 인물이 될 수 있었다. 그러나 그가 다만 기호 속에서 죽어 가기만 한 것은 아니었다. 그는 기호를 매개로 스스로 '기호'가, 익명의 탈존을 대변하는 공동의 '기호'가 될 수 있었다. 그는 모든 언어의 중심은, 명제의 부재라는 침묵만이 근본적으로 드러낼 수 있는 '너'와 '나'의, '우리'의 관계라는 사실을 증명했다. 그는 언어의 중심이 침묵의 목소리일 수밖에 없음을, 어떠한 명제로도 채워질 수 없는 빈 중심임을 증명했다. 그러면서 그는 형이상학을 부정했고 시(詩)를 완성시켰다. 형이상학이, 보다 넓게 철학이 완성될 수 없는 이유는, 문자의 목소리, 모든 언어를 통제하고 있는 타자의 목소리, 즉 모든 언어의 밑바닥에 깔려 있는 문학소(文學素) 때문이다.

3. 침묵의 목소리
—말라르메, 블랑쇼, 데리다

1. 다시 말라르메로부터

시적 언어 또는 문학적 언어는 두운이나 각운이 가시적으로 살아 있는 언어가 아니고, 하나의 정해진 운율을 분명하게 따라가고 있는 언어도 아니며, 아름다운 수사들이 배치되어 있는 언어도 아니고, 철학적·형이상학적 의미들이 충만하게 주어진 언어도 아니다. 그것은 분명히 확인할 수 있는 단어들로 주어져 있는 언어가 아니기에 궁극적으로 분석이나 해석의 대상이 될 수 없다. 그것은 단어들 사이에서, 바깥에서 솟아나는 익명의 정념이며, 개념적 동일화에 따라 작동하는 의식에 포착되지 않는 야생적 몸의 현전이다.

그 시적 언어 또는 문학적 언어를 말라르메는 자신이 주재했던 화요회에서 상징적으로 보여 주었다. 그는 거기에서 아무것도 말하지 않으면서 무엇인가를 말하는 '마법'을 행했다. 화요회에 모였던 사람들이 이구동성으로 증언한 바에 따르면─그의 말이 전하고자 했던 의미들·메시지들은 명확히 요약될 수 없었지만, 그의 말 자체 또는 그의 말함이라는 행위 자체는 조용하게 전개되었음에도 불구하고 너무나 강렬한 것이었다. 그 행위 자체에 말라르메 개인의 보이는 몸과는 다른 어떤 몸의, 어떤 인간(그 인간을 말라르메는 자신의 작품에서 '유형'Type이라는 단어로 부를 것이다)의 현전이 기입되었다. 거기에 공간을 울리는 박동과 숨결이, 문화 내에서 훈육된 의식에 포착되지 않는 어떤 자연성이 현시(現示)되었다. 몸짓에 따라 이어지는 원초적 공간과 시간의 분절, 몸짓에 뚜렷이 가시화되는 시간의 펼쳐짐, 말라르메가 화요회에서 행했던 '마법'은 그에게는 바로 시(詩)의 실천이었고, 바로 그가 자신의 작품에서 이루고자 했던 것이었다.

말라르메에게 시는 의미(개념화될 수 있는 것)를 초과하고 의미의 결정에 봉사하지 않는 어떤 현전이 현시되는 사건이었다. 그에게 시는 불꽃놀이였고, 순간 울려 퍼졌다가 사라지는 오케스트라의 음악이었으며, 발레리나의 몸의 율동이었고, 장터에서 어릿광대의 몸짓을 통해 전해지는 익명적 삶의 단편(익명적 탈존의 분절)이었다. 따라서 그에게 시는 어떠한 것도 가르칠 권리가 없는 언어였거나, 어떠한 것도 가르치거나 설명하지 않고 말하는 방법 또는 '말함 자체'였다. 즉 '침묵의 목소리', 말라르메 개인의 목소리와는 다른 익명적(말라르메의 표현에 의하면, "비-개인적"*in*-individuel[1]) 인간의 목소리, 의식이 구축한 문화세계 내에 있지만 그 세계와의 차이를 주장하는 자연의 목소리, 언어의 자연으로서의 언어, 한마디로 음악, 우리가 듣는 음악 이전의 음악, 어린아이의 숨결 또는 죽어 가는 자의 심장 박동("나는 내 심장의 박동 소리 pulsation de mon propre cœur를 듣는다", "유한의 감각"sensation de fini——『이지튀르』).

말라르메가 추구했던 그러한 언어는 역사적 맥락을 참조해서 본다

---

1) S. Mallarmé, "Ballets", *Œuvres complètes*, Gallimard, 1945, p. 304.

면 음악적·연극적 미메시스에 따라 나온다. 그 역동적 미메시스는 그리스인들이 원래 이해했던 바대로의 미메시스로서 현실이나 자연에 대한 모방이 아니라, 춤에 유비될 수 있는 동작과 소리와 말을 통해 감정들의 표현과 경험들이 드러나는 것을 의미했으며(사실 핀다로스에게 미메시스는 춤을 뜻한다), 디오니소스 숭배 제의 집행자들의 흉내술과 제의적 춤을 가리키기 위해 처음으로 표명되었다.[2] 다시 말해 현시로서의 음악적·연극적 미메시스는, 현실이나 자연 또는 사물들에 대한 재현(再現, représentation)을 의미하는 예술적 모방(복제)보다 더 원초적이며, 행위를 통한 표현을 말한다. 또한 그것은 플라톤이 화가가 아니라 시인을 시인추방론이라는 기치 아래 비판할 때 염두에 두었던 미메시스이다. 왜냐하면 그 역동적 미메시스는 단순한 모방(복제)과는 달리 타인들을 감염시키고 선동하는 정치적 힘을 갖고 있었기 때문이다.

말라르메의 경우도 그 미메시스에 기초한 언어인 시가 단순히 한 개인의 내면을 표현하는 것이 아니라 익명의 인간들의 삶을 현시하고 공동의 장으로 열리게 만드는 계기가 된다고 보는 점에서, 문학의 정치성에 무관심한 작가가 결코 아니다. 물론 말라르메는 시를 일상적이고 진부한 언어(사물들을 대리·재현·표상하는 데 쓰이는 도구)로부터 해방시켜 자체 내에 자율성과 가치를 지닌 순수 언어로 승격시키고자 하며, 따라서 그를 순수 문학을 추구한 작가라고 볼 수 있다. 그러나 그에게서 시가 도달해야만 하는 순수 언어가 어떠한 공동의 지평도 없는 불임의 내적 형식 언어가 아니라 바로 "민중"(peuple)[3]의 어떤 공동의 정념과 공동의 탈존을 대변하는 정치적 언어라는 점에서, 그는 또한 '정치적'

---

2) W. Tatarkiewicz, *History of Aesthetics I*, Mouton, 1970, pp. 16~17.
3) S. Mallarmé, "L'Action restreinte", *Œuvres complètes*, p. 371 참조.

작가이다.

음악이, 즉 이 세계(문화세계)의 어떠한 것도 모방(재현)하지 않는 '무의미한' 언어가 되기를 원하는 말라르메의 시는 겉보기와는 달리 하나의 '정치적' 함의를 갖고 있다. 그것은 이 세계와 인간과 사물들을 재현하는 동시에 그 모든 것을 규정하는 언어의 개념 구성의 힘('A는 B이다'라는 주술구조에 따라 모든 것을 규정하는 힘)을 부정하는 '무의미한' 언어 또는 순수한 언어로 열리기 때문에 '정치적'이다. 그 언어적 개념 구성의 힘이 바로 이 세계의 근본적인 힘이자 동물과 구별되는 인간 고유의 힘이라고 본다면, 말라르메의 시는 그 힘이 부정되는 곳에서 전개되기 때문에 '정치적'이다. 그것은 '무의미하고' 순수하기 때문에, 무력(無力)하기 때문에 '정치적'이다. 그것은 언어·개념으로 구획화·위계질서화·총체화되어 있는 이 세계의 맹점을, 아나키가 군림하는 빈 중심을, 어떤 자연성을 향해 있다. 그러나 그 자연성은 이 세계에 초월적인 형이상학적 자연이나 이 세계에 닫혀 있는 목가적·낭만적 자연에 귀속되지 않는다. 말라르메가 주시하는 곳은 이 세계 안의 구멍 또는 빈 곳이다. 그에게 시인은 막연하게 상상된 자연으로 도피하는 자가 아니라 이 세계에 오염되어 있지만——문화의 질서들과 법들을 의식하고 있지만——이 세계에 흡수되지 않는 몸을 드러내는 자이며, 언어·개념을 사용하고 있지만 그것을 초과해서 음악을 연주하는 자이고, 문화로 환원될 수 없는 반문화의 아나키를 강조하는 자이다. 그 사실에 대한 증명은, 그의 글쓰기가 모든 집단적 열광을 의심하며, 반대로 '나'와 타인들을 하나로 묶는 모든 명사적 동일화를 거부하는 **절도의 정념**으로 향해 있다는 데에 있다.

우리는 흔히 정념이 자연 상태에 가까이 갈수록 열광적이고 나아가 폭력적인 것이 된다고 생각할 수 있다. 그러나 정념은 의식적 구도 내에서만, 개념적·이데올로기적 규정에 따라 이 세계에서 하나의 가치를 뚜렷이 지향할 때에만 열광적으로 변한다. 리하르트 바그너(Richard Wagner)의 경우를 생각해 보자. 그는 이전까지 문화적으로 열등하거나 지체되었다는 자괴감을 갖고 있었던 독일 민족에게 독일이 문화적으로 유럽을 제패했다는 사실을 보여 주는 상징이었다. 그는 문학이 각각의 민족어에 의존하기 때문에 보편적 예술이 될 수 없다고 보았다. 나아가 그는 자신의 오페라 예술의 보편성을 부각시키기 위해 음악만이 각 민족어의 특수성을 벗어난 보편적 언어라고 자주 강조해서 말했다. 그러나 그의 작품은 사실 지나치게 문학적이었고—과도하게 부각된 의미들로 무거웠고—, 그에 따라 언제나 암암리에 독일 민족의 정체성을 정립하려는 목표를 향해 나아갔다(신화를 통한 독일 민족의 정체성의 정립). 그 의식적으로 이미 정향된 목표 아래에서만, 독일 민족이라는 하나의 확고한 이름 아래에서만 바그너의 작품은 열광을 유도하기 위해 전개된다. 말라르메는 그 사실을 간파했고 『리하르트 바그너 한 프랑스 시인의 몽상』(*Richard Wagner Rêverie d'un poëte français*)에서 자신의 정치적 관점에 따라 이렇게 비판한다. "유형(Type)은 미리 지정된 이름을 갖고 있지 않으며, 그렇기에 놀라움을 가져다 준다. 그의 몸짓은 고대의 연극〔그리스 비극을 모범으로 삼아 창조된 바그너의 오페라〕이 망가뜨려 버린 우리의 장소와 파라다이스에 대한 꿈을 요약해서 보여 준다. 〔…〕 유형은 **어떤 자**(quelqu'un)이다! 그는 고대의 연극 가운데 있지 않고 **어디엔가**(quelque part) 있다."[4]

이러한 바그너에 대한 말라르메의 견해가 의미하는 바는, 예술은

4) S. Mallarmé, *Richard Wagner Rêverie d'un poëte français*, *Œuvres complètes*, p. 545. 인용자 강조.

한 집단이나 한 민족의 명사성("미리 지정된 이름", 정체성, 동일성)을 확고히 하는 데에 봉사해서는 안 되고 익명의 인간들(정체성 너머의, 또는 그 이하의 인간들)의 삶의 모습들을 보여 주는 동사성을 표현해야 한다는 것이다. 말라르메가 말하는 '유형'은 한 개인이나 고정된 집단과 동일시될 수 없다. 유형은 이 세계에서 정체성을 부여 받은, 이미 고정된 이름을 갖고 있는 어떠한 집단도 전유할 수 없는, '민중'의 삶의 양상에 부합한다. 바그너와 말라르메 모두는 시의 새로운 가능성을 가늠하면서 그리스에서 처음 개화한 역동적 미메시스, 즉 음악적·연극적 미메시스를 부활시키고자 한다. 그러나 바그너가 그 미메시스를 독일 민족의 동일성 나아가 우월성을 강조하기 위해 전유한 반면, 말라르메는 그것이 문화적 의식의 차원에서 규정된 어떠한 동일성으로도 환원될 수 없는 자연성을 담고 있다는 사실을 부각시킨다. 말라르메에게 미메시스는 한 개인이나 집단에게 고유한 것이 될 수 없는 우리 모두의 숨결과 박동의 표현이고, 모두의 고독과 환희, 모두의 희망과 절망, 모두의 삶과 죽음의 표현이다. 말하자면 미메시스는 우리를 열광이 아니라 절도의 정념으로 이끈다. 왜냐하면 그것은 이미 규정된 모든 의미·개념 나아가 이데올로기와의 거리에서, 차이에서 작동하기 때문이다. 왜냐하면 그것을 통해 우리는 '무엇'이라고 지정할 수 있는 어떤 것(가령 한 민족의 위대성)을 적극적으로, 나르시스적으로 의식하게 되는 것이 아니라, 모든 규정된 정체성·동일성의 환상을 **부정적으로 의식하게 되고**, 아직 이름을 갖지 못한 아무도 아닌 자들에게로 목적과 근거 없이 열리게 되기 때문이다. 그 열림, 즉 이름 없는 것, 아무것도 아닌 것에 대한 정념, 그것을 위한 정념.

2. 바깥, 세계의 암영

블랑쇼가 말라르메와 함께 그 정념을 나누고 있다는 사실, 또한 그가 말라르메와 마찬가지로 그 정념(블랑쇼의 표현에 의하면, "비인칭적 정념" passion impersonnelle)을 표현하는 데에로 나아가고 있다는 사실, 그 사실에 따라 그의 글쓰기는 마찬가지로 어떤 정치적 지평 내에서 수행된다. 이는 블랑쇼가 어떤 정치체제를 적극적으로 구축할 수 있는 정치사회이론을 체계적으로 정립했다는 것을 의미하지 않는다. 이는 반대로 그의 사유가 모든 정치사회이론과 나아가 모든 종류의 정치가 도달할 수 없는 문화·사회·정치 바깥의 '자연'[5]으로, 아나키로 향해 있다는 것을 의미한다. 즉 무(無)-체제로, 그리스어 '아나르키아'(anarkhia)가 '아르케'(arkhê, 근원, 권력)의 부정임을 되돌려 본다면, 무근원, 무권력으로.

체제 바깥이, '체제 바깥'이라는 의미에서의 어떤 자연이 문제가 된다. 그러나 그것은 가령 맑스(K. Marx)와 엥겔스(F. Engels)가 포이어바흐(L. Feuerbach)는 "결코 인간세계에 대해 말하지 않으며, 매번 외적인 자연, 그것도 인간의 지배 아래로 한 번도 들어오지 않은 그 자연 속으로 도피한다"[6]고 비판할 때, 그들이 가리키고 있는 "그 자연"이 아니다. 그것은 순백의, 무염시태의 자연이 아니라, "인간세계"에 의해, 인간의 체제에 의해 침식당하고 오염되어 있지만 인간 의식 내에 완전히 포섭되지 않으며 인간 의식이 규정한 것과는 언제나 다르게 나타난다는

---

5) 사실 블랑쇼는 그가 말하는 '바깥'(dehors)을 '자연'(nature)이라는 용어로 표현하기도 한다. "자연적인 것의, 자연의 은밀하고 위험한 회귀."(M. Blanchot, *L'Écriture du désastre*, Gallimard, 1980, p. 129)
6) 칼 맑스/프리드리히 엥겔스, 최인호 옮김, 『독일 이데올로기』, 『칼 맑스/프리드리히 엥겔스 저작 선집 I』, 박종철출판사, 1991, p. 225. 여기서 두 사상가의 포이어바흐 해석이 정당한가는 문제 삼지 않았다.

점에서 차이 내에서의 자연이다. 한 번 이 세계에, 이 "인간세계"에 들어옴으로, 이 문화세계에 편입됨으로, 언어를 습득해서 의식적 존재가 됨으로, 우리는 의식과 상관없는 절대적 자연을 결코 경험할 수도 없고 알 수도 없다. 문제가 되는 자연은 이 세계의 맹점으로 남는 자연, 적극적으로 의식화되지 않는 자연, 그러나 의식의 한계를 지적한다는 점에서 부정적으로 의식 바깥에서 드러나는 자연, 체제 내에서 그러나 체제 내에로 흡수되지 않고 오히려 체제를 위협하는 자연이다.

블랑쇼가 말라르메를 예로 들기도 하면서(『문학의 공간』*L'Espace littéraire* 가운데 「'이지튀르'의 경험」, 여기서 그는 릴케와의 대비하에 말라르메를 죽음의 불가능성을 밝힌 작가로 소개하고 있다) 죽음의 불가능성을 끊임없이 강조한 이유는, 바로 인간이, 우리가 그러한 자연임을 보여주기 위해서였다. 데리다의 표현에 의하면, "죽음에 대한 삶의 환희에 찬 승리를 말하기" 위해서가 아니라, "가능한 것에, 즉 모든 종류의 힘에 한계를 설정"[7]하기 위해서.

또한 블랑쇼가 글 쓰는 자를 예로 들어 "세계로부터의 추방"과 "자기 자신으로부터의 추방"을 거듭 선언한 이유는, 바로 인간이 결국 의식이나 정신이 아니라 그러한 무력한 자연임을 폭로하기 위해서였다. 인간, 말하자면 '내' 자신뿐만 아니라 타인들의 의식에도 완전히 들어오지 않는 자연, 따라서 이 세계 내에서 완전한 권력으로 승격되지도 못하지만 이 세계가 어떠한 폭력을 통해서도 완전히 제거할 수 없는 자연, 무력한 동시에 모든 권력에 저항하고 결국 파괴될 수 없는 것으로 남는 자연. 또는 죽어 가는, 죽음에 접근하고 있는 자이자 동시에 어린아이,

---

7) 자크 데리다, 박준상 옮김, 「영원한 증인」, 모리스 블랑쇼/장-뤽 낭시, 『밝힐 수 없는 공동체/마주한 공동체』, 문학과지성사, 2005, p. 160.

이 세계가 어떠한 법과 질서와 권력에 따라 움직이는가를 아는 노쇠한 자이지만 그것들이 때때로 한계를 넘어 '우리'를 왜곡하고 억압하는 계기들로 변할 수 있다는 사실이 분명해지는 그 빈 중심 가운데 있는 어린 아이.

맑스와 엥겔스가 말하는 "인간세계"의 바깥을, 역사와 현실 바깥을 조명한다는 점에서 블랑쇼는 헤겔 이후 의심과 경멸의 대상이었던 낭만주의자로 보일 수 있을는지 모른다. 그러나 그가 그리고 있는 바깥은 이 세계 배면의 본질로서 인간에게 형이상학적 합일을 용납하는 '저 너머의 바깥'이, 또는 오직 몇몇 예술가적 엘리트에게 그 모습을 드러내는 환상적이고 심미적인 '고귀한 바깥'이 아니다.[8] 그것은 철저하게 이 세계에 내재적이지만 거기에 통합될 수 있는 권리를 박탈당한 이 세계의 맹점 또는 암영(暗影)이다. 이 세계의 모순들과 부조리가 폭로되는 '그 이하의 바깥', 이 세계가 설정한 기준들에 못 미치는 인간들이 들끓는 '낮은 바깥', 분명 니체 역시 그 장소에, 장소 없는 장소에 들어가고자 하지 않았다.

3. 바깥의 타자

그러나 어떻게 이 바깥에 대해, 자연으로 추락한 인간에 대해 증언할 것인가? 문학적 언어의 마지막 과제가 그러한 인간에게로 열려야 하는 데

---

8) 블랑쇼는 말라르메와 함께 예술과 예술가의 '심미주의'(esthétisme)에 반대한다. "'예술 또는 문학과 같은 것이 존재하게 만드는 것에서 무엇이 문제가 되는가?' 너무나 오래된 심미주의의 전통은 극단적으로 절실하고 역사적으로 절실한 이 물음을 회피해 왔고 계속 회피하고 있다."(M. Blanchot, *L'Entretien infini*, Gallimard, 1969, p. vi)

에 있다면, 어떻게 문학적 언어는 그가, 가령 블랑쇼의 관점에서 본다면 홀로코스트에서 소각된 그가 말하게 할 수 있는가? 그러나 바깥의 인간은 단순히 아우슈비츠에서 사라져 간 유대인들만이, 또는 여기저기서 부당하고 정의롭지 못한 정치권력에 의해 핍박받고 살해당한 사람들만이 아니다. 그는 이 세계에 부합하는 개인적이자 사회적인 자아의, '우리'의 타자이고, 이 세계 바깥에서 스스로를 자연성으로 드러내는 이름 없는 자이다. 그는 이 평범한 '나'조차도 영원히 이 세계에 머무를 권리를 갖지 못하고 죽음에 말려들어 가게 되면서 마주하게 되는 '우리'이다. '나'는 그 '우리'의 비참함과 정처 없음을 알고 있기 때문에, '나'는 그 '우리'가 비천하게도 언제나 삶과 생명에 집착하고 있음을 이해할 수 있기 때문에, 윤리적으로 동정할 수 있기 때문이 아니라 인간이 **존재론적으로 벌거벗는다는 것이 어떤 것인가를—— 인간이 결국 자연에 불과하다는 사실이 '우리' 공동의, 최후의 토대라는 것을——** 볼 수 있기 때문에, 아우슈비츠의 유대인들과 80년 5월 27일 전남도청에서 시체가 되어 군인들에게 끌려나오던 자들[9]을 '느낄 수' 있는 것이다. 설사 '내'가 불행하게도 다행스럽게도('불행하게도', '다행스럽게도', 이 두 부사 가운데 도대체 어느 것을 선택해야 하는가) 개처럼 죽어간 그들은 아니지만, 분명 '내'가 그들과 같다고 말하는 것은 과장이고 오만이지만, 그리고 그들은 이제 말할 수 없고 '나'는 말할 수 있다 할지라도 그들이 '나'와 상관없는 타인들이 아닐 수 있는 것이다. 그들은 '우리' 모두를 대신해서 죽었다. 그들은 '나의 죽음의 순간'(instant de ma mort, 데리다가 블랑쇼에게 바친 두번째 책 『거주 모리스 블랑쇼』*Demeure Maurice Blanchot*에서 집중적으로 분석하고 있는 블랑쇼의 마지막 작품의 제목)에 만나게 될 '우리'의

---

9) 이 책에 실린 텍스트, 「무상(無想) 무상(無償)」 참조.

타자 또는 '우리' 자체이다.

어떻게 그 바깥의 타자에게, 더 이상 말하지 못하고 아마 모든 언어를 거부할지도 모를 자연의 타자에게, 문화의 근거이자 본질 자체인 언어를 사용해 쓰면서 충실할 수 있을 것인가? 어떻게 죽음에 대해, 말할 수 없는 것에 대해 말할 수 있는가? 그것이 데리다가 블랑쇼를 읽으면서 던지는 물음이다.

4. 시 : 언어의 겸손

어떻게 '나'는 이 세계에 남아서 단어들을 이리저리 맞추어 보면서 '나'의 이 좁고 비루한 의식 속에 의식을 초과하는 그것을, 의식을 언제나 부끄러운 것으로 만드는 그것을 담아낼 수 있는가? 과연 그것은 'A는 B이다'라는 모든 언어에서 가장 기본적인 작용(동일화작용, 개념화작용)에 포섭되는가? 그럴 수 있다고 대답하는 것은 '나'의 오만 아닌가?

데리다는, 블랑쇼의 글쓰기가—정확히 말해, 그의 글쓰기를 포함하는 어떤 글쓰기가—언어의 동일화작용에 순응하지 않는 정념의 사건과 대면함으로써 촉발되고 전개된다는 사실을 지적한다. "사유하고 분석하고 변증법화하기 힘든 모든 것은, 아무것도 도래하지 않은 채, 아무것도 도래하지 않았음에도 불구하고 전개되는 철학적 또는 사변적 논리가 아니거나 그것만은 아니다. 반대로 그것은 사건이며, 따라서 정념이다—왜냐하면 도래하고 있는 것에 대한 경험은 정념의 경험, 즉 볼 수 없고 예측할 수 없으며 통제할 수 없고 계산하거나 프로그램화할 수 없는 것으로 **노출되는** 것이기 때문이다."[10] 우리는 죽음에 대해 말할 수 없다. 우리는 죽음을 언어로 규정할 수 없다. 말할 수 없는 어떤 사건을 마치 그것이 충분히 말할 수 있는 사건인 것처럼 '이것은 무엇이다' 라고 정의하는 것은, 의식에 순일하게 들어오지 않는 것을 의식에 집어넣으려는 글 쓰는 자(또는 말하는 자)의 나르시시즘에 불과하다. 어떻게 정직한 글쓰기가 가능한가? 어떻게 정직한 '증언'(témoignage)이 가능한가? 아마 그것은 불가능할 것이다. 글 쓰는 '나' 는 '나' 의 글쓰기의 정직성을, 진정성을 영원히 결코 확신할 수 없을 것이다.

따라서 글 쓰는 자는 죽어 가야 한다. 다시 말해 그는 어느 순간에 개념적 동일화의 힘을 포기하면서 이 세계와 이 세계의 모든 것을 장악하려는 모든 힘을 박탈당해야만 한다. 그러나 어떻게 말할 수 없는 것을 말할 수 있는가? 결국 그가 의존할 수 있는 것은 그토록 불완전한 언어밖에 없다. 언어는 한편으로는 말할 수 없는 사건을 동일화(개념화)하지만, 다른 한편 언어는 그 사건에 대한 경험이 필연적으로 요구하는 쓰는 자의 노출(**"정념의 경험, 즉 볼 수 없고 예측할 수 없으며 통제할 수 없고 계산하거나 프로그램화할 수 없는 것으로 노출되는 것"**)을 노출시켜야만 한다. 언어는 다만 어떤 것을 규정하는 능동적 작용을 매개하는 도구에 불과한 것이 아니다. 언어는 사건과 정념의 경험이 요청하는 수동성(인간의 근본적 수동성)을 인간으로 하여금 고백하게 만든다. 어떤 인간이 문제가 되는가, 어떤 인간인가? 글 쓰는 자의 자아가 아니다. 한 인간이 아니라 차라리 사건으로 노출되면서 동시에 죽음에 들어간 타자로 노출되는 탈존이다. '나' 에게도 '너' 에게도 고유한 것(명사적인 것)이 될 수 없는, 익명적 인간의, 고유하고 유일한 인간이 아니라 이미 여러 사람에게 모두에게 접목되고 접촉된 복수적 인간의, '우리' 의 동사적 탈존. 그 익명적 탈존은 흰 종이와 검은 글자들 바깥으로 솟아나서 마치 음악처럼, 몸

---

10) J. Derrida, *Demeure*, Galilée, 1998, p. 122. 인용자 강조.

짓의 리듬처럼 울려 퍼졌다 사라지는 언어의 몸으로 표현된다(언어 가운데, 시 가운데 어떤 인간이 나타난다). 그 몸의 표현이 바로 언어의 문학소(文學素)이다. 시는 언어를 통한 규정작용·동일화작용의 한계를 지적하면서 사건 앞에서 인간이 최초 또는 최후에 빨려 들어간 수동성을 표현한다. 지금까지 철학은 사건 앞에서 인간에게 개념적·논리적 동일화작용의 능동성만을 요구했을 뿐 사건에 대한 경험에 필연적으로 포함되어 있는 인간의 수동성을 완전히 무시했다. 거기에 철학적 언어의 오만과 허위가 있다. 왜냐하면 사건이 요구하는 인간의 수동성은 어떠한 철학적 언어를 통해서도 완전히 능동성으로 전환될 수 없기 때문이다. 어떠한 철학적 언어도 우리에게 완전한 진리가 된 적이 없으며, 어떠한 철학적 언어도 우리의 삶에 완벽한 규제적 진리의 발판이 되지 못했다. 시에서 언어와 인간의 한계가 드러나야 한다. 시는 언어의 겸손이다. 헤겔이 프리드리히 슐레겔(Friedrich Schlegel)을 비판한 가장 큰 이유는, 슐레겔이 사용한 언어가 현실과 역사의 세계에서 아무것도 개념적으로 규정하지 못하는 추상적 언어에 불과하다는 데에 있었다. 그러나 문학이 표현하는 익명적 인간의 탈존은 이 세계 너머가 아니라 **이 세계 안에서**, 그러나 **이 세계 이하에서** 전개되며, 그것은 사건 앞에서 인간이 처할 수밖에 없는 수동성을, 인간의 한계를, 유한성을 그린다. 정신이 아니라 물질을 본질로 보면서 헤겔을 거꾸로 세워 놓기는 했지만 헤겔이 확신한 개념적 규정의 힘(변증법적 논리의 힘)을 전혀 의심하지 않았던 맑스도 마찬가지로 시라는 언어의 부끄러움과 내성(內省, 여성성) 또는 언어의 자기반성을 완전히 무시했다. 과연 그가 장담한 대로 언어의 능동적 개념화작용을 통해 현실과 역사 발전과 미래와 혁명의 프로그램과 인간을 규정할 수 있는가? 우리는 언제 옳음에 대한 자아의 집착에서 벗어나는가? 개념적 언어와 철학적 언어에 대한 집착이 권력과 힘에 대한 집착과 전혀 다른 것인가? 맑스주의 내부뿐만 아니라 맑스주의 실험에 내포되어 있는 폭력, 더 나아가 인간의 모든 폭력은 근본적으로 개념의 폭력에 근거하지 않는가? 그 개념의 폭력으로부터 완전히 벗어날 수 있다는 장담도, 우리가 언어를 사용하는 이상, 허위에 불과하다는 것이 분명하다면, 어떻게 그것을 최소화할 수 있는가? 진정한 공동의 언어가 개념을 보완해야만 한다. 그 공동의 언어가 개념의 한계에서 입을 벌려야 한다. 즉 무력(無力)의 인간이 말해야 한다. 동시에 '나'는 침묵해야 한다.

5. 몸의 글쓰기와 최후의 증인

말라르메가 화요회에서 들려준 침묵의 목소리는 음악적·연극적 미메시스를 다시 가동시켰다. 물론 그는 거기에서 자신의 생각들을 개념화해서 말했지만, 그의 말에서 중요한 것은 이러저러한 명제들이 아니라 그의 몸짓·거동·태도에서 드러나는 익명의 인간의 현전이었다. 말에, 글쓰기에, 시에 어떤 인간이 현전하며, 그 현전은 근본적으로 설명되는 것이 아니라 감지(감염)된다. 왜냐하면 그것은 언어 내에서, 하지만 언어를 초과해서 스스로를 긍정하는 몸의 현전이기 때문이다──그래서 우리는 어떤 문학작품을 읽으면서 알지 못하는 한 인간과 함께 있는 느낌을 갖게 되는 것이다. 말라르메는 화요회에서 그 몸의 현전을 추구했으며 또한 자신의 쓰여진 작품에 각인시키고자 했다. 그에게 문학의 궁극적 물음은, 어떻게 발레리나의 율동과 같은 몸의 언어를, 작품을 매개로, 단어들 사이에서 솟아나는 언어의 몸으로 전환시킬 수 있는가라는 물음이었다. 즉 그에게 시는 결국 '무언극'(mime)으로 생성해야 하는 것이었고, 그 경우 시는 "몸의 글쓰기"(écriture corporelle)[11]로 요약되어야 했다. 데리다는 그러한 말라르메 시학의 핵심에 대해 이렇게 말한다. "'몸의 글쓰기'로서의 무언극은 어떤 글쓰기를 흉내 내야 하고 어떤 글쓰기에서 쓰여진다."[12]

말할 수 없는 사건에 대해, 죽음에 대해 결국 우리는 능동적으로 정의할 수 없고 설명할 수 없다. 그러나 그것에 대해 '말하기' 위해서는, 아니 그것이 말하게 하기 위해서는 쓰는 자가 '노출'되는 수동성의 언어가 반드시 요구된다. 그 수동성의 언어가 말라르메에게는 바로 "몸의 글쓰기"였다. 즉 더 이상 규정하지 않고, 더 이상 가르치지 않고 다만 몸으로 보여 주는, 몸을 드러내는, 노출시키는 언어. 그러나 그 언어는 죽음을 위한 언어가 아니고 죽음을 찬양하는 언어는 더더욱 아니다. 그것은 다만 이 세계 안에 머무르면서 우리가 의식에 종속시킬 수 없는 자연의 사건에 응답하는 몸의, 자연의 언어일 뿐이다. 다시 말해 글쓰기에서 모든 단어들이 수렴되고 있는 마지막 이미지로서의 어떤 인간의 현전, 어떤 인간의 살아남, 살아 있음. 그러나 그 언어 또는 그 현전의 주인은 누구인가? 도대체 누가 죽었고 누가 살아 있는 것인가? 한마디로, 누가 말하는가? 말하는 자는 글 쓰는 자 개인이 아니며 '나'도 아니고 '너'도 아니다. 그는 글 쓰는 자가 독자로 접목되어야만 다시 살아나는, 따라서 오직 독자만이 다시 살려 낼 수 있는 '우리'의 타자 또는 '우리' 자체일 것이다. 데리다는 블랑쇼가 말라르메와 마찬가지로 어떤 "공동의 언어"[13]로 나아가고 있다는 사실을 지적한다. "추론은 길기만 할 것이며

---

11) S. Mallarmé, "Ballets", *Œuvres complètes*, p. 304.
12) J. Derrida, "La Double séance", *La Dissémination*, Seuil, 1972, p. 252.
13) "공동의 언어"는 화요회에 참석했던 사람들이 말라르메가 했던 말을 염두에 두고 썼던 표현이다. J. P. Richard, *L'Univers imaginaire de Mallarmé*, Seuil, 1961, p. 352.

끝나지 않을 것이다. 겉으로 보아 우연히 주어지는 각 단어는 나타나면서 이 주변에서 우연과 필연을 결합시킬 것이다. 짧게 나타나는 희미한 빛, 쓰여지자마자 곧 지워져 버리는 서명의 약어, 하나의 이름, 우리는 그 이름이 누구에게, 어떤 저자에게 속하는지, 어떤 언어로 쓰여졌는지, 이 언어로 쓰여졌는지 다른 언어로 쓰여졌는지 더 이상 알지 못한다."[14]

어차피 '나'는 최후의 증인이 될 수 없다. 결국 '내'가 쓰는 것이 아니다. 이는 쓰는 자에게 얼마나 큰 위안을 주는가? 그러나 공동의 글쓰기는 너무나 어려운, 아마 이루기 불가능할 과제를 부여한다. 그 과제, 아마 문학의 과제라고 부를 수 있을 과제, 즉 타자에게 수동적으로, 무한의 '참을성'을 갖고 열려 있어야 한다는 것, "불가능한 증언으로서의 완전한 증언"[15]을 위하여······.

---

14) J. Derrida, *Parages*, Galilée, 1986, p. 17.
15) J. Derrida, *Demeure*, p. 135.

4. 동물의 목소리
—바타유에서 사드로

> 샤먼은 스스로 죽음으로써 들소 살해를 속죄하리라.
> 사냥을 해서 죽인 동물에 대한 속죄는 숱한 사냥
> 부족에서 관습화되어 있다.
> —조르주 바타유

1. 사드 또는 무력(無力)의 인간

사드 후작(Marquis de Sade)은 극도로 음란하며 역겹고 잔인한 장면들을 작품 속에 묘사했다. 강간·혼음·학대와 모욕과 고문, 피로 얼룩진 시체들, 여러 끔찍한 살해 방법들, 끓는 가마솥에 담그기, 머리통 부수기, 가죽 벗기기, 그리고 대변에 대한 집착과 대변을 매개로 한 기괴한 행동들, 대변 위에서 뒹구는 성행위 중인 남녀들, 그리고 무엇보다—사디즘의 정수를 보여 주는 행위인—성행위 가운데 벌어지는 파트너 살해……, 사드는 그 모든 것을 거의 비현실적이라고 생각될 정도로, 현기증을 일으킬 정도로 세밀하고 냉정하게 그렸다. 왜 그랬을까? 이 귀족 출신의 박학다식한 문인(homme de lettres)은.

사드를 한 번이라도 읽어 본 사람이라면 누구나 이러한 질문을 던질 수밖에 없을 것이다. 그의 작품은 낭만적이지 않을뿐더러 보통의 포르노 작품과도 다르다. 그것은 일반적 포르노 작품과 비교해 볼 때 과도하게 논리적이고 지나치게 이성적인 이해를 요구한다. 거기서 우리는 언제나 예외 없이 장황한 철학적 추론들을 발견하게 된다. 거기에 등장하는 인물들은 가장 난잡하고 추잡한 성행위에 몰입하고 있을 때조차 논리적 추론을 개진하기를 멈추지 않는다. 그들은 성행위 가운데 추론하고 있다기보다는 차라리 추론을 하기 위해 성행위를 하고 있는 것은 아닌가? 또한 거기에는 독자를 감시하면서 끊임없이 성적 흥분을 미리 차단해 버리는, 무엇을 노리는지 모를 냉혹한 이성의 시선이 감추어져 있는 것처럼 보인다.

사드는 유례를 찾을 수 없을 정도로, 다만 예외로 칼 맑스(Karl Marx)에 비견될 정도로 '엄청나게' 책을 읽는 지식인이었다. 맑스가 당대의 철학·경제학을 비롯한 제반 학문의 경향과 흐름에 정통해 있었던 것과 마찬가지로, 그는 당대의 과학·예술·사상을 종합했던 백과전서파(디드로Diderot, 달랑베르d'Alembert, 볼테르Voltaire, 돌바흐d' Holbach 등)의 첨단 지식체계를 숙지하고 있었다. 사드는 『소설에 대한 관념들』(*Idées sur les romans*)에서 명확히 밝히고 있듯이 돈을 벌려고 글을 쓰지 않았다. ("그것을 특히 너의 생존의 해결 수단으로 선택하지 마라. […] 구두를 만들지언정 결코 책을 쓰지 마라.") 감시와 검열의 대상이었던 그의 작품은 경제적인 측면에서 애초에 그에게 이익을 가져다 줄 수 없는 종류의 것이었다. 뿐만 아니라 그것은 사회적 차원에서 그를 위태롭게 만들었다.

그의 글쓰기는 당시에 엄청난 용기를 요구하는 것이었다. 사드는 그토록 기괴하고 음란한 작품을 쓴 작가였다. 그것도 20세기나 19세기도 아닌 18세기에. 아마 어떠한 현재의 작가도 음란과 방탕과 범죄의 묘사에서 사드만큼 극을 향해 나아간 작가는 없을 것이다. 사드가 말하고자 했던 것은 전통적인 기독교 사회의 관습에 위배되는 것이었을 뿐만 아니라 프랑스 대혁명의 사상적 기반을 마련했던 계몽주의자들의 진보적 입장에서도 받아들여질 수 없는 것이었다. 이성에 기초한 자유라는 대혁명의 정신과 사드의 사상은 양립하기 힘든 것이다. 사드는 이성과 자유의 가치에 무관심하다. 그는 프랑스에서도 오랫동안 금기시되어 오다가 20세기 중반에 이르러서야 전집이 출간되었고 그에 대한 연구들이 나오기 시작했다. 그는 정확히 말하면 18세기의 작가가 아니라 20세기의 작가이다. 그의 전집을 출간했던 장-자크 포베르(Jean-Jacques Pauvert)와 그에 대해 관심을 표명하고 언급했던 앙드레 브르통(André Breton), 장 콕토(Jean Cocteau), 장 폴랑(Jean Paulhan), 조르주 바타유(Georges Bataille) 같은 작가들이 1957년 법정에 소환되어 변론을 펼쳐야 했던 사실에서 알 수 있듯이, 그는 현대에도 프랑스에서조차 받아들여지기 어려운 작가로 남아 있었다.

그럼에도 불구하고 방금 거론했던 인물들뿐만 아니라 시몬느 드 보부아르(Simone de Beauvoir), 피에르 클로소프스키(Pierre Klossowski), 모리스 블랑쇼 등이 그를 적극적으로 옹호하거나 그에 대해 전반적으로 지지를 표명했다. 사실 사드와 같은 작가를, 사디즘과 같은 사상을, 사드적 인간을 비판하는 것보다 더 쉬운 일이 어디 있겠는가? 사회를 유지하기 위한 최소한의 도덕이 무엇인지 알고 있는 자들(아마 우리 모두)에게 사드를 내던지는 것보다 더 간단한 일이 어디 있겠는가? 사드의 사상이 하나의 오류이거나 의심스럽다는 사실을 모르는 자가 어디 있겠는가? 사드는 지금까지 우리에게 어둠에 묻혀 있는 작가로 남아 있다. 맑스나 니체의 경우를 생각해 보자. 세계 한편에서는 모든 문제에 대한 완전한 답을 가르쳐 준 사상가로 신성화되었지만 다른 편에서는 공포나 경멸의 대상이었던 맑스는 이제 어디에서나 완전히 빛 아래에 드러나 있고, 언제나 다시 참고해야 할 필요가 있는 고전으로 남았다. 한때 광인으로 알려져 있던 니체는 이제 몇몇 현대철학자들의 이해와 지지에 힘입어 서양철학 자체의 맹점들을 밑바닥으로부터 폭로해서 그 흐름을 결정적으로 바꾸어 놓은 선구자이자 이 시대를 대표하는 철학자들 중 하나로 여겨진다. 그러나 사드는 여전히 어둠에 묻혀 있다. 그는 과거에는 말할 것도 없고 지금도 우리에게 어딘가 수상하고 어쨌든 불쾌하고 기분 나쁜 이름으로 남아 있을 뿐이다.

하지만 사드는 성적 흥분을 부추겨 단순히 성적 미각에 조미료 역할을 하는 데에 만족하는 작가가 결코 아니다. 사상과 철학에 집요하게 집착했던 이 작가는 모든 점에서 자신에게 전혀 이익이 되지 않을뿐더러 오히려 자신을 감시와 처벌의 대상으로 만들어 놓은 작품에 끊임없이 매달려 있었다. 그래서 그 작품은 수많은 우여곡절 끝에 세상에 살아남았고, 그 결과 그의 이름은 일반인들에게 악(惡)의 대명사로, 저주의 이름으로 지금도 전해진다. 그러나 사회 내에서 도덕을 가르치고, 나쁘게는 도덕군자인 것처럼 말하기는 얼마나 쉬운가? 그러한 사람들은 과거에나 지금이나 어디에서나 넘쳐난다. 도대체 이 사회의 기준에 따라 옳다고 여겨지는 말을 보란 듯이 하는 것과 절대적으로 틀린 말을 해서 거의 3세기 동안 악마의 자식으로 남아 있는 것, 둘 중에 어느 것이 쉬운 일이겠는가? 그렇다고 해서 사드를 오해되어 숨겨진 도덕적 인간(사회체제 너머의 '진정한' 도덕을 이해하는 인간)으로 말한다는 것은 어불성설이다. "사드에 대한 찬사는 그를 호도하는 짓이다."(조르주 바타유, 『에로티즘』)

사드는 절대적으로 틀린 것을 말하기 위해 글쓰기가 할 수 있는 모든 것을 집요하게 수행한 작가이다(여기서 우리는 그의 글쓰기가 정확히 왜 틀렸는지 말해야 할 것이다). 그는 궁극적으로 성행위가 악이 되는 지점이 아니라 언어가 악에 이르는 지점을 추구한다. 사드가 우리에게 기이하고 과격하게, 또 몇몇에게는 매혹적으로 여겨지는 이유가 바로 그 사실에 있다. 그의 작품에 어떤 진실이 있다면, 그것은 그 내용(말한 바,

주장한 바, 정의한 바)에 있는 것이 아니라, 바로 그 사실에 있다. 다시 말해 그가 언어를 통해, 언어를 거쳐 완벽한 어둠으로 내려간다는 사실에, 그가 언어를 매개로, 언어를 수단으로 언어에 대한 완전한 부정으로, 침묵으로 나아간다는 사실에. 사드의 사유는 고전적 의미에서의 철학과 대립된다. 즉 그것은 고정된 영원의 진리가 되려는 자아의 언어(나르시시즘의 언어)와, 명제들이 실재나 현실 그리고 인간을 대상으로 규제적 힘을 갖고 있다고 믿는 철학과, 즉 진리를 자임하는 철학과, 권력의 실천으로서의 철학과 대립된다.

여기서 단순히 상대주의를 주장하는 것이 문제가 아니다. 한 언어가 사회적 권력 위에 서지도 못하고 그 권력을 지향할 수도 없을 때, 오히려 그 권력에 의해 철저하게 배제당할 때, 무력(無力) 가운데에서 그 언어가 무엇을 말하는지, 무엇을 말할 수 있는지 들어 보는 것이 문제이다. 우리가 사드에게 동의할 수 없다 할지라도, 그가 당시의 사회에서 사실은 무력했던 인간이라는 사실에 수긍해야 한다. 한 사상가나 작가를 도덕적·사회적 자아라는 잣대로 평가할 때, 사드는 그 자아를 박탈당한 자이며 무력한 죄인이고 패륜아에 지나지 않는다.

물론 우리는 사드가 말한 내용(극단적으로 비도덕적인 내용) 자체를 기준으로 그의 사유를 이해하고 해석할 수 있다. 그러나 사드는 텍스트에 '명백히' 주어진 것과는 다른 것을, '명백히' 다른 것을 말한다. 그 사실은, 그가 작품에서 재현(모방, imitation)해 내는 자들은 절대권력을 갖고 악과 범죄를 행하는 자들인 반면, 그 자신은 작가로서 스스로를 표현할 수 있는 도덕적·사회적 권력을 확보하지 못한 무력한 인간이었다는 데에서 비롯된다. 사드의 언어는 사회의 테두리 내에서, 그 기준하에서, 자기의 자아와 일치되어(자기동일성 내에서, 언제나 사회의 테두리 내에서 정립되는 자기동일성 내에서) 말하는 작가들의 언어와 완전히 반대편에 놓여 있다. 다시 말해 그의 작품에서는 등장인물들과 동일시된 작가의 '자아'가 아니라 어떤 다른 인간이 최종적으로 진술한다. 그러한 의미에서 사드는 철학자라기보다는 예술가이며, 그의 언어는 철학적이라기보다는 문학적이다.

하나의 언어를 텍스트 내에 주어진 내용 자체만으로 이해한다는 것은 지나치게 단순하고 고지식한 해석만을 가져오게 된다. 얼마나 많은 텍스트들이 내용 자체만으로 보면 고결한 이상(理想)과 도덕을 말하고 있는가? 그러면서 그것들이 추구하는 것은 도덕적·사회적 권력일 뿐인 경우가 얼마나 많은가? 그 경우 말하는 자는 언제나 자신의 자아와, 즉 사회적·도덕적 권력 내에서 규정된 자아와 일치되어 말한다. 사드는 궁극적으로 그러한 일치를 거부하면서 말했으며(그 사실로 인해 우리는 그의 작품을 읽으면서 자주 웃을 수밖에 없게 되지만, 거기에 작가로서의 사드의 위대함이 있다), 따라서 그의 작품에서는 사드적 인간과는 다른 인간이 말하게 된다. 아마 그 사실에 그의 작품의 빗장을 푸는 열쇠가 있을 것이다.

그가 텍스트 내에서 말한 것 자체는 궁극적으로 거짓일 수 있다. 그러나 그는 그것을 거짓으로 만듦으로써 독자로 하여금 진실을 찾아 나서게 만든다. 거기에 가르치지 않고 말하는, 사회적·도덕적 권력이 아니라 무력(無力)을 기반으로 말하는 사드 고유의 방법이 있다. 그 방법은 작가의 자아가 아니라 어떤 다른 인간이, 어떤 타자가 말하게 하는 데에, 작가가 가면을 쓰고—또는 그 타자가 가면을 쓰고—말한다는 데에 있다. 사드의 작품에서는 결국 사드 자신이 아니라 사드적 인간의 타자가 말한다. 즉 어떤 경우에 가장 폭력적인 언어는 침묵으로 열리는 것이다.

2. 법의 절대적 거부로서의 법

그러나 우리는 먼저 사드가 텍스트 내에서 명백하게 말한 것에 대해 살펴보아야 한다. 그 이후에, 사드의 경우, 문자 그대로 주어진 그것이 왜 거짓으로 돌아갈 수밖에 없는가를 보여 주는 것이 문제가 될 수 있다. 우리가 그의 작품에서 마지막으로 들어야만 하는 것은 텍스트에 가시적으로 주어진 것과의 대비하에서만 들을 수밖에 없다. 다시 분명히 해보자. 먼저 사드가 자신의 입으로, 또한 모방에 따라 등장인물들의 입을 빌려 텍스트 내에서 분명히 주장한 것이 결국 거짓 또는 허위로 귀착된다는 사실을 밝혀야만 한다. 이는 사드가 명제화한 대로의 사디즘(또는 우리가 아는 대로의 사디즘)이 불가능하다는 사실을 말하려는 것과 다르지 않다.

* * *

사드가 유례를 찾아보기 힘들 정도로 음란하고 잔인한 작품('악마의 글'이라고 부를 수 있는 작품)을 쓴 궁극적 이유는, 성적 변태나 성적 극단을 추구하려는 욕망 때문이 아니라 범죄(종교·도덕·법에 대한 부정)를 긍정하고자 했기 때문이다. 그가 온갖 기이한 형태의 성을 추구한 근저에는 법칙에 대한 혐오 또는 범죄에 대한 사랑이 있다. 그에게 중요한 것은 성적 쾌락이 아니라 범죄 그 자체였다 ──성적 쾌락의 추구는 다만 범죄로 나아가는 가장 중요한 수단일 뿐이다. 그가 말하는 범죄는 사회의 규칙들·의무들(종교·도덕·법의 규정들)과 타협점을 갖지 않으며, 그것들과 완전히 대치되는 것이다. 범죄는 사회 또는 우리가 살고 있는 이 문화세계의 전복과 파괴를 지향한다. 그러한 사드의 폭력적 의

도의 배면에 이성(理性, raison)에 대한 불신과 혐오, 나아가 부정이 자리 잡고 있다. "오 인간이여, 네가 자랑스러워하는 이 아름다운 이성, 우리의 성향에 따라 항상 어두워지는 이 숭고한 이성은 무엇인가? 그것이 우리가 자연으로부터 받은 가장 불길한 선물이 아니라면, 그것은 무엇인가?"[1]

사드에게 이성은 보편적이지 않으며 보편화될 수도 없다. 한 지역에서는 옳다고 간주되는 것이 다른 지역에서는 대수롭지 않거나 틀린 것으로 여겨진다. 프랑스에서는 가난한 자들을 위한 적선이 미덕으로 받아들여져 '구제소', '여성봉사회', '고아원' 등이 있지만, 중국에서는 그들의 존재에 전혀 개의치 않고 그들을 방치해 둔다. 콩고에서는 월계관을 씌워 줄 일을 갖고 여기서는 교수형에 처한다. 미덕의 기준들은 나라와 지역에 따라, 또한 시대에 따라 서로 다르며 상충되기도 한다. 그러한 종류의 논증은 사드에게서 수없이 되풀이된다(한 지역에서는 강간이 나쁜 것이지만, 다른 지역에서는 용납되며, 어떤 시대에는 처녀들이 가족의 노예로 간주되어 착취의 대상이 되지만 다른 시대에는 삶의 이유와 목적을 스스로 결정하는 자율적 인간으로 여겨져 존중의 대상이 되고, 근친상간도 과거에는 용납되었지만, 지금은 특정 가문이 지나치게 큰 힘을 갖게 될 위험 때문에 금지된다). 그에 따라 사드가 증명하기를 원하는 것은, 옳고 그름을 판단하고 규정하는 능력인 이성이 상대적이라는 사실이다.

이성은 보편적이지 않을뿐더러, 같은 지역과 같은 시대에서도 상이한 집단들 내에서 각기 다른 기준들을 만들어 낸다. 즉 이성은 자연을 구분 짓고 위계화하며 인위적 가치들로 윤색하고, 결국 부자연스러운

---

1) Sade, *Quatrième cahier des notes ou réflexions, Œuvres complètes I*, Pauvert, 1986, p. 471.

문화의 세계를 구축해 내는 것이다. 반면 "자연은 무작위로 빛을 발한다. 아들과 아버지, 사원과 유곽, 독신자(篤信者)와 불한당, 모두가 자연의 마음에 든다."[2] 그러나 이성은 자연에 속한 모든 것을 구별하고 판단하며, 진리를 결정하고 진리 안과 진리 바깥의 경계선을 긋는다. 나아가 그것은 진리 안에 있다고 여겨지는 자들이 그 바깥으로 밀려난 자들에게 가하는 폭력(때로는 엄청난 폭력)을 정당화한다. 이성은——데카르트 (R. Descartes)에게서도 그랬듯이——자신의 정당성을 보증해 주는 하나의 명사, 하나의 실체, 즉 신(神)과 연결되어 있다. 이성의 폭력은 신의 이름으로 행해진다. 이성의 작용이 궁극적으로 만들어 내는 결과가 무엇인지는, 신의 비호 아래에서 이루어지는 무자비한 대규모의 살육을 보면 알 수 있다. "우리는 종교전쟁과 종교로 인해 저질러진 살육에서 없어진 사람들이 5000만은 넘을 것이라고 추정한다."[3]

사드에게 이성은 이 세계에 대해 초월적인 이성(투명한 이성)이 아니라, 철저히 이 세계(바로 이 문화세계, 우리가 살고 있는 바로 이곳)에 내재적이며, 바로 이곳의 위계적 질서들을 만들어 내는 정신활동이다. 마찬가지로 이성의 근원인 신은 기독교에서 말하는 사랑의 신이 아니고, 철학에서 말하는 지적 관조나 지적 열락의 신이 아니다. 신은 이곳에서, 이 사회에서 종교·도덕·법의 바닥과 정점에 놓여 있는 사회체제의 신, 이성의 신이다. 신은 인간의 행동과 몸과 정신을 규제하고 통제하는 규칙들에 강력한 권위를 부여하는 이름이다.

사드는 종교로 인해 벌어진 학살뿐만 아니라 프랑스 대혁명 당시 정치적 입장과 이해관계 때문에 국가의 차원에서 벌어진 수많은 처형과

---

2) Sade, *La Vérité*, *Œuvres complètes I*, p. 556.
3) 같은 책, p. 557.

살인의 원인이 된 '잔인한' 이성뿐만 아니라 사회를 이루기 위한 최소한의 협약과 질서의 바탕이 되는 '상식적' 이성마저 부정한다. 그에게는 도둑질도(부의 평준화를 가져오는 도둑질은 평등을 궁극적 가치로 삼는 공화국에서 악이 아니다), 간통도(간통을 죄악시하는 것은 규칙위반이다), 살인도(살인을 죄로 여긴다는 것은 우리의 오만이다), 나아가 근친상간도(근친상간은 자연에서 벌어지는 아름다운 결합이다) 잘못된 일이 아니다. 사드는 모든 종류의 질서를 거부하며, 상황과 입장을 염두에 두지 않고 모든 종류의 규칙을 부정한다. 그는 살인이 종교나 혁명의 이름으로 정당화되어 법의 차원에서 저질러질 때 살인에 반대하지만, '살인하지 말라'는 기준이 이 세계의 법칙이 될 때 그것을 옹호하고 긍정한다. 그가 부정하는 것은 기준과 질서를 만들어 내는 모든 종류의 법이고, 한마디로 이성이다. 역으로 그가 긍정하는 것은 모든 법, 모든 금기를 부수는 것이다. "우리 정신이 가져올 수 있는 가장 위대한 승리와 맛볼 수 있는 가장 큰 감미로운 쾌락은 [⋯] 모든 금기를 부수는 데에 있다."[4] 그렇다면 **법에 대한 절대적 거부, 그것이 그에게 법이다.** 따라서 그는 다만 쾌락을 가져오는 무질서한 정념의 분출만을 말하고 있는 것이 아니며 어떤 법을, 절대적 법을 주장하고 있다.

　　여기서 이후의 논의를 이끌어 가게 될 물음을 제출해 보자. 따라서 그는 어떤 다른 종류의 이성을 옹호하고 있지 않은가? 그에게 법에 대한 거부가 절대적 법이라면, 그는 그 절대적 법을 설정할 어떤 이성을, 절대적 이성을 상정해야 하지 않는가? 사드적 인간에게는 완전히 다른 종류의 입법적 이성이, 고유한 사드적 이성이, 소극적 부정을 넘어서는 어떤 적극적 이성이 있지 않은가?

---

4) 사드, 이충훈 옮김, 『규방철학』, 도서출판b, 2005, p. 103.

3. 사드적 이성

사드에게 신은 질서와 규칙을 정립하려는 이성이 만들어 낸 체계의 총체의 권위를 나타내는 이름일 뿐이다. 따라서 신은 이 문화세계에 내재적이며, 신을 죽인다는 것은 그 세계를 파괴한다는 것과 전적으로 동일하다. 신을 죽이는 사드적 방법은 모든 불규칙을 사랑하는 데에, 일탈과 범죄를 저지르는 데에, 모든 금기를 부수는 데에 있다. 범죄를 실행하고 금기를 위반하는 데에는 엄청난 쾌락이 따른다. 즉 범죄를 저지르면서 인간은 자신의 감각과 감성이 동요되는 데에서 오는 만족을 느끼게 되고, 보편적 질서로부터 벗어나게 되면서 자신의 개별적 자아의 힘을 발견하고 긍정한다. 그에 따라 인간은 이 세계의 법 내에 있어서는 맛볼 수 없는 기쁨을 맛보게 되고, 이 세계에 순종하는 대가로 주어지는 노예적 만족과는 완전히 다른 종류의 희열에 들뜨게 된다. (그러나 그 과정은, 여기서 다시 언급하게 될, 바타유가 말하는 에로티즘érotisme 사이에는 큰 차이가 있다. 사드적 의미에서의 범죄와 위반의 실천은 철저하게 개인주의적이고 이기주의적이다. 『규방철학』*La Philosophie dans le boudoir*에서나 『소돔 120일』*Les Cent vingt journées de Sodome*에서 사드적 인간을 대변하는 등장인물들은 그들이 고통을 주는 피해자들 또는 희생양들과 소통하지 않을뿐더러 그들 자신들도 서로 소통하지 않는다. 다만 그들은 오로지 공동의 적을 분쇄하고 공동의 희생양을 도살하려는 목적이 있을 경우에 때때로 연대한다. 원칙적으로 그들은 범죄를 저지르면서 각자 자신의 쾌락에 이기적으로 몰두할 뿐이다. 바타유도 어떤 면에서 본다면 그러한 범죄를 통한 이기적 쾌락의 추구를 긍정한다는 혐의에서 완전히 벗어나 있지는 않지만, 그가 우리에게 궁극적으로 보여 주고자 하는 에로티시즘은 인간들 사이의 소통을 전제한다는 점에 그 특성이 있다——그 점에 대해 다시 살펴보아야 할 것이다. 바타유가 말하는 에로티시즘은 사회체제의 법과 대치되거나, 적어도 그 테두리에 묶여 있지 않지만, 이 사회와는 다른 종류의 '공동체'로 열려 있다.)

　인간이 범죄에 '매몰되면서' 강렬한 쾌락을 맛보고 흥분한다는 것은 사실이다. 사드는 분명 그 사실을 인정한다. 그러나 그 사실 너머로 나아가지 못한다면 범죄를 행하는 인간은 진정한 의미에서의 사드적 인간이 될 수 없다. 범죄를 통해 희열에 들뜬다는 것은 자제력을 잃는다는 것이고 수동성에 빠진다는 것이다. 거기에 바로 범죄가 가져오는 감각적·감성적 쾌락이 있다. 사드에게서 그 쾌락의 상징은, 그의 모든 작품에서 볼 수 있는 것처럼, 성적 쾌락이다. 범죄(방탕, 간통, 강간, 비역)를 통해 얻는 성적 쾌락은, 법에 의해 구속당해 있던 감각적·감성적 기관인 몸을 유일한 현실이자 유일한 가치로 경험하는 데에서 발생한다(몸으로서의 절대적 에고에 대한 경험, 완전한 이기주의의 실현). 그러나 진정한 사드적 인간은 거기에 머무르지 않고 범죄를 법으로 만들고 위반을 적극적으로 입법화하는 자이다. 문화세계의 모든 법(법·도덕·종교의 규칙들)을 벗어날뿐더러 그것을 파괴하는 것을 법으로 의지하는 자, 문화세계에서 규정된 법을 수동적인 쾌락에 빠져 망각하는 자가 아니라 그것을 능동적으로 파괴하는 것이 '옳다고' 의식하는 자. 수동성에 매몰되어 단순히 육(肉)의 자아에 갇혀 버리는 인간이 아니라, 문화세계의 모든 법 위에 군림하면서 스스로를 절대자아로 의식하는 동시에 정립하는 정신적인 존재. 진정한 사드적 인간이 되기 위해서는 몸을 초월하여 어떤 절대적·지상권(至上權)적 이성 위에 자기를 정립할 수 있어야만 한다.

　『규방철학』에서 어린 처녀 으제니에게 음란과 범죄를 가르치는 교사로 나타나는 돌망세는 그녀에게 사드적 이성에 기초한 법이, 즉 모든 법에 대한 위반을 법칙으로 정립하는 법이 필요함을 역설한다. "오로지 **엄격한 마음**과 구속 없는 상상력의 도약을 기반으로 삼고자 하는 사람들이야말로, 그러니까 부인[생탕주 부인], 당신과 저 같은 사람이 그러하듯 말입니다, 항상 귀 기울여 들어야 할 유일한 사람이라는 것을, 그들에게 **법**을 마련해 주고 가르침을 줄 수 있는 유일한 사람이라는 것을 납득해야 하는 것입니다."[5] 사디즘은, 일반적으로 오해되기 쉬운 바와는 반대로, 쾌락에 빠지는 데에도, 쾌락을 목표로 추구하는 데에도 있지 않다. 그것은 쾌락과 무관하진 않지만, 궁극적으로는 절대적 이성에 기초해서 모든 불법을 법으로 만들려는 주의주의(主意主義)다. 그 본질은 다음과 같은 언명에서 간결하게 표현된다. "당신은 즐길 때 엄격하세요."[6]

　　사드 사상의 핵심은 불굴의 의지를 바탕으로 모든 고통을 감수해서라도——예를 들어 사회로부터의 배제와 추방, 그리고 죽음의 위협 속에서도——범죄를 실행하려는 의지에 있다. 그것은 쾌락 가운데 동요하는 감각·감성에서가 아니라, 모든 감각적·감성적 충격(쾌락이 가져오는 충격뿐만 아니라 고통이 가져오는 충격) 앞에서도 자기를 잃지 않고 의지하는 '아파테이아'(apatheia)에서 발견된다. 사드의 사상은 궁극적으로 감각·감성의 자유주의(무절제주의)와 전혀 관계가 없으며, 그것을 실천하기 위해서는 중심을 잡을 수 없는 곳에서 중심을 잡아야 하는 극도로 어려운 과제를 떠맡아야 한다. 사드의 사상은 법과 의지를, 위반으로서의 법을, 법으로서의 위반을 극한에서 의지하는 데에 그 핵심이 있다. 한마디로 그것은 일종의 스토아주의이다. "이 가공의 덕은 약한 인간들만을 홀리는 것이고, 스토아학파의 생각이나 용기와 철학이 자신의 성

---

5) 사드, 『규방철학』, pp. 268~269. 인용자 강조.
6) 같은 책, p. 265.

격이 되는 사람은 그것을 전혀 모르는 것이야."[7]

위에서 지적한 대로, '일반적' 이성(이 문화세계에서 통용되는 합리적·사회적 이성, 사드의 입장에서 본다면, '상식적' 이성과 더불어 '잔인한' 이성)은 보편적이지 않으며 상대적이다. 즉 그것은 한 지역과 시대에서는 통하고 다른 지역과 시대에서는 통하지 않는 기준들을 만들어 낼 뿐이다. 그러나 그 이성을 패러디하고 있는 사드적 이성은 절대적이다. 사드적 이성은 어떠한 지역, 어떠한 시대에 정립된 것들이든 모든 기준들을 파괴하는 데에 그 절대적 기준이 있다. 그것은 법의 노예들의 집단인 사회가 아니라 지상권적 자아에 기초하고 있기 때문에 절대적이다. 그것은 거의 형식논리에 따라 작동하며 형식적·절대적 법으로 승격된다. '일반적' 이성과 사드적 이성은 다음과 같은 점에서도 서로 다르다. 전자는 '잔인한' 이성으로 발전되든, 아니면 '상식적' 이성의 테두리에 머무르든 한 집단을 보존하는 데에 그 최후의 목적이 있고 그 목적에 따라 여러 기준들을 만들어 낸다. 그러나 그것은 그 집단과 대립되는—이해를 달리하는—다른 집단에서 작용하면 다른 기준들을 만들어 낸다. 그러나 사드적 이성은 모든 집단뿐만 아니라 자신을 육화하는 사드적 인간 자체까지 파괴하는 데에로 나아간다. '일반적' 이성에 포함되어 있는 잔인성을 비판했던 사드는 그 이성보다 더 잔인한 이성을 옹호한다. '일반적' 이성은 한 집단을 보존하고 다른 집단을 부정하지만, 사드적 이성은 모든 것을 무차별적으로 파괴하고자 한다. 사드적 이성은 무차별적이기 때문에 절대적이다. 사드의 사상은 인류 전체를, 보다 정확히, **문화세계에 살고 있는 이 인간들을** 혐오하며 그들이 절멸되는 것을 두려워하지 않는 사상이다.

---

7) 같은 책, p. 287.

4. 사드적 무감각

이러한 사드의 논리는 이 문화세계와 거기에서 살고 있는 인간들에 대한 증오(그리고 아마도 공포)에서 비롯되었다. 사드는 그 누구보다도 반문화(문명)주의와 반인간주의를 가장 멀리, 가장 끝까지 밀고 나간 사상가이다. 그 증거는 그가 자신의 모든 작품에서 가장 애호하는 말이 '자연'(nature)이라는 사실에서 드러난다. "자연의 신성한 중얼거림만을 존중하자." "자연의 빛이 너의 눈앞에서 번쩍거린다면, 이는 쾌락을 비추기 위해서이지 궤변을 일삼기 위해서가 아니다." "의식은 자연의 기관이 아니다." "소설가는 자연의 인간이다." "자연의 명령을 따랐다는 잘못 이외에는 다른 죄가 없는 그녀." "자연법칙에 위배되는 모든 인간법칙은 경멸받아야 한다." 우리가 그의 자연 개념을 주목해서 본다면 그것이 둘로 나뉜다는 것을 곧 알 수 있다.

첫째로 사드에게 자연은 이성('일반적' 이성)의 법칙을 위반했을 때 주어지는 존재에 대한 감각적·감성적 경험의 총체를 가리킨다. 그 경우 자연은 우리에게 법칙으로부터 풀려나오게 되는 데에서 비롯되는 몸의 자유와 관능과 방탕의 쾌락을 가져다준다. 그 쾌락은 한마디로 문화세계로부터 자연으로의 후퇴 또는 추락의 쾌락이다. 그것은 간통과 비역과 남색과 혼음의 쾌락이다. 그것에 응답하는 자연은 "무질서"(désordre)[8]로서의 자연이다. 그가 말하는 첫번째 의미에서의 자연은 어떠한 이성도 의지도 모르는 자연이며, 오히려 우리가 모든 이성과 의지를 포기했을 때, 쾌락을 주는 대상에 수동적으로 빠졌을 때 주어진다.

---

8) "그러한 취향들은 인간이 무질서라고 부르는 것을 퍼뜨리고 확대시키는 한에서만 자연에게 진정으로 유용하다."(Sade, *La Vérité*, p. 559)

그러나 사드가 그 첫번째 자연이 필요한 동시에 문화세계보다 더 근본적이라고 인정하고 있지만, 결국 그것을 비판하고 있다는 사실을 염두에 두어야만 한다. 가령 그는 자신의 작품에서 미덕을 상징하는 쥐스틴과 반대되는 악의 화신 쥘리에트에게 마지막에 엄격한 시선을 던지고 있다. 쥘리에트는 모든 범죄를 사랑하지만, 적어도 범죄의 스승인 클레르윌(으제니를 교육시키는 돌망세와 같이 쥘리에트에게 범죄를 가르친다)의 가르침을 받기 전까지는 항상 음탕한 쾌락에 혹해서 들뜬 상태에서 범죄를 저지른다. 이를 클레르윌은 가차 없이 비판한다. 왜냐하면 진정한 의미에서 사드적 인간인 그에게 궁극적으로 중요한 것은, 음탕도 쾌락도—몸의 감각과 감정의 만족도—아니며, 다만 범죄 또는 위반 그 자체이기 때문이다. 사드적 인간에게 결국 문제는 범죄를 실현시키고 완성시키려는 의지 자체이다. 그에게 궁극적 문제는 문화세계를 완전히 부정하려는 절대적 이성의 적용 자체, 또는 문화세계에 초월적인 진공 상태에서 두 발로 꼿꼿이 서려는 명료하고 투명한 의식 자체, 모든 외부와 분리되어 자율적인 상태에서 오직 자기와 일치하려는 자아의 자기동일성 자체이다.

마지막에 그것만이 중요하다. 그로부터 사드의 두번째 자연 개념이 따라 나온다. 그 두번째 자연 개념은 몸과 감각·감정에 대해 초월적이며 그것들에 기초한 쾌락을 초과한다(쾌락의 초과로서의 이성과 의지). 그것은 어떤 절대적 이성의 법칙, 즉 '일반적' 이성에 대한 절대적 부정이라는 법칙이다. 다시 말해 그것은 무차별적으로 순수하게 이 문화세계를 파괴해야 한다는 무조건적 정언명령이다. "자연의 제일법칙들 중의 하나는 파괴라는 것이다."[9] 몸에 근거한 쾌락이 문화세계와 첫번째

---

9) 사드, 『규방철학』, p. 109.

자연 사이의 차이로부터, 전자로부터 후자로 추락하는 데 필요한 위상 격차로부터 발생한다면, 따라서 그것이 결국 문화세계에 의존하고 있는 것이라면, 사드적 인간은 모든 성향과 모든 상황과 입장을 무시하고(잘 알려진 대로 자크 라캉Jacques Lacan은 칸트를 사드 가까이에 가져다 놓았지만, 우리가 지금 정확히 라캉적인 맥락 내에 있지는 않다), 파괴의 정언명령이 여는 진공의 공간 안에서 버텨야만 한다. 즉 그는 스토아적 "무감각"(apathie, 사드가 애호하는 이 말은 물론 그리스어 '아파테이아'에서 왔다) 가운데 버텨야만 한다.

무감각은 사드의 사상의 본질을 보여 주는 개념일 것이다. 그것은 사드적 정언명령이 도출되기 위한 조건이다. '너의 성향과 상황과 입장이 어떠하든, 너의 모든 행동은 절대적 악의 법칙에 따라 이루어져야만 한다.' 그러나 칸트적 정언명령이 도덕을 지시하고 사드적 정언명령이 위반(도덕의 부정)을 지시한다는 단순하고 명백한 차이 이외에, 양자 사이에 근본적인 하나의 차이가 있다. 전자가 자율성에 근거한 자유의 도덕적 주체로부터 나온다면, 후자는 자유와 아무런 상관이 없는, 자유를 전혀 모르는 기계적 인간으로부터 나온다. 사드는 자신과 동시대의 라메트리(La Mettrie)(『인간-기계』L'Homme-machine, 1751)로부터 영향을 받아 세계와 인간이 이유나 목적도 없이 기계적으로 작동한다는 견해를 갖고 있었다. 그의 작품을 읽다 보면 우리는 인간 살해가 전적으로 양을 기준으로만 판단되고(헤아릴 수 없이 많은 목이 마치 도르래에 따라가는 것처럼 올라갔다가 작두에 썰려 나가는 풀처럼 떨어져 나간다[10]), 성행위도 어떠한 감정적 계기도 배제된 채 마치 로봇의 행위처럼 이루어진다(한

---

10) 대혁명 당시 사드는 자신이 수감되어 있던 감옥 앞마당에서 수많은 목이 단두대에서 달아나는 것을 공포에 떨면서 바라볼 수밖에 없었다. 그것을 보면서 그가 잔인한 장면들을 묘사하기 위해 필요한 영감을 얻었음이 분명하다.

여자가 수없이 많은 남자에게 강간당하고 성교하는 섹스 기계처럼 변한다) 는 사실을 발견하게 된다. 물론 사드가 말하는 무감각은 어떤 법칙을 따른다는 사실의, 어떤 완전한 질서 내에 묶여 있다는 사실의 표식이다. 그러나 그것은 지향점과 목적을 가진 자유로운 정신의 자발적 움직임이 아니며, 다만 모든 것(모든 폭력, 모든 상황, 모든 위반, 모든 고통, 죽음) 을 '기계적'으로 감내하려는 의지이며, 보다 정확히 말해, 모든 것을 감내해 낼 수밖에 없다는 스토아적 운명애(amor fati)의 다른 표현에 지나지 않는다. 지상권의 인간, 사회체제 바깥에서 스스로를 예외로서 홀로 긍정하는 능동적 인간인 사드적 인간의 절대적 이성은, 사실은 모든 것을 기계적으로 감내해야만 하는──감내할 수밖에 없는──기계적 동물의 운명애로 귀결된다. 또한 더 거슬러 올라가 본다면, 즉 두번째 자연인 사드적인 절대적 이성이 첫번째 자연인 수동적 쾌락에서 도출된다는 사실을 되돌려 본다면, 수동적 쾌락이 기계·동물의 운명애로 귀결되는 것이다.

5. 바타유 : 에로티시즘과 소통

에로티시즘이란 무엇인가? 그것은 문화세계로부터 자연으로의 회귀이다. 그것은 문화세계의 법칙으로부터 감각과 정념의 아나키로 나아가는 것이다. 에로티시즘은 문화세계의 법들로 규정되지 않거나 그것들을 위반하는 정념의 몸을 발견하는 데에서 발생한다. 사드가 말하는 무감각은 그 위반을 절대적 법으로 승격시키기를 무조건적으로 의지할 때 군림할 것이다. 그러나 그 위반(범죄, 불규칙)이 법이 될 때, 문화세계의 법들은 폐기되며, 그에 따라 문화세계는 사라진다. 그때 문화세계는 의식에 들어오지 않는다. 그 상태를 사드는 '무감각'이라고 불렀다. 그러나 문화세계가 부재하는 곳에서, 종교·도덕·법이 어떠한 규제적 힘도 부과할 수 없는 곳에서는, 금기가 의식되지 않는 곳에서는 에로티시즘도 마찬가지로 부재한다. 에로티시즘은 문화세계와 자연 사이의, 사회적 의식과 자연적 감각·몸 사이의, 또는 금기와 위반 사이의 위상격차에서 발생하기 때문이다. 그것은, 어떠한 형태로든 문화세계의 금기와 의식이 전제되어야지만, 우리에게 개입할 수 있기 때문이다. 그 사실을 바타유는 정확히 지적한다. "사드조차도 금기와 위반의 대립적 상보관계를 모르고 있었다. 그는 그 단계를 건너뛰었던 것이다. 사실 금기와 위반을 상호보완적 대립체로 의식할 때 비로소 그것들의 역설적 의미를 이해할 수 있다. 그러기 전에 그것들의 전체적 의미를 완전히 이해할 수 없다. 그러나 사드는 어떻게나 변칙적으로 그의 끔찍스러운 논리를 전개했던지 아무도 그의 실수를 발견해 내지 못했다. 사드는 의식에 반항하는 동시에 의식에 빛을 주려고 했다. 그러나 의식에 반항하는 동시에 의식을 비출 수는 없었다."[11]

흔히 사드와 바타유는 둘 다 위반을 가르치는 '교사들'로 여겨져 자주 같이 언급되지만, 또한 바타유가 사드로부터 많은 영감을 받은 것이 분명하지만 양자 사이에는 현격한 차이가 있다. 첫째로, 방금 보았던 대로, 바타유는 사드와는 다르게 금기의 존재 이유를, 문화세계와 (문화적) 의식과 법의 필연성을 이해한다. 그에게 위반은 금기를 완성하며, 위반 이후에 금기는 다시 발견되고, 결국 금기와 위반의 "대립적 상호관계"는 부정할 수 없는 것이다. 둘째로 사드는 위반이 타인과 더불어 '나' 자신까지 살해하는 범죄로 이어지면서 완전한 고독(사회로부터 차

---

11) 조르주 바타유, 조한경 옮김, 『에로티즘』, 민음사, 1989, pp. 220~221.

단되는 데에서 오는 고독과 더불어 사회 바깥으로 밀려난 위반을 행하는 자들 사이에서의 소통의 부재)으로 귀결된다는 사실을 말하고 있는 반면, 바타유는 위반이 '나'와 타인을 소통 가운데에서 공동존재로 열리지 않게 한다면 무의미하다는 사실을 부각시킨다. 그에게 위반은 사회체제 바깥의 무(無, néant) 위에 서는 행위이며, 그러한 행위는 사회체제 내에서 이루어질 수 없는 강렬한 소통의, 사회가 용납하는 관습적 소통과는 다른 찢긴 인간 존재들의 소통의 전제 조건이다. "나의 존재 너머에 먼저 무가 있다. 찢김 가운데, 결핍의 고통스러운 감정 가운데 내가 예감하는 것은 바로 나의 부재이다. 나의 그 감정을 가로질러 타인의 현전이 드러난다. 그러나 그것은, **타자가** 이번에는 자기 쪽에서 자신의 무로 향해 있을 경우에만, 그가 자신의 무 속에서 스러질 경우에만 [⋯] 완전히 드러난다. '소통'은 **스스로를 거는 위험에 빠진**──찢긴, 불안정한, 둘 모두 무 너머로 향하는──**두 존재 사이에서만** 이루어진다."[12]

바타유는 이렇게 말하면서 사드와는 달리 위반이 갖는 윤리적 의의(意義, '나'와 타인 사이의 소통의 의의, 공동존재의 의의)를 물론 놓치지 않고 있을 뿐만 아니라 그것을 지향하고 있다. 그러나 이러한 바타유의 말이 **단순한 사실의 차원에서 최소한도로** 의미하는 바는, 위반에서 몸·감각·감정의 모든 계기를 완전히 제거하기가 불가능하다는 것이다──즉 감각 기능과 감정 수용능력이 마비된 비정상적인 사람이 아닌 보통의 우리는 위반을 통해서 어떠한 동요도 없이 무감각으로 진입해서 그 위에 두 발로 서 있을 수가 없다는 것이다. 사드의 작품이 우리에게 받아들일 수 없을 정도로 낯선 정확한 이유는 거기에 단지 끔찍한 여러 범죄의 장면이 묘사되어 있기 때문이라기보다는 모든 감각·감정의 요소가

---

12) G. Bataille, *Sur Nietzsche, Œuvres complètes VI,* Gallimard, 1973, pp. 44~45.

배제되고 남은 무감각의 절대적 이성이, 완벽한 메마름이, 아무것도 느끼지 못하는 기계-괴물이 현전하기 때문이다. 그러나 바타유는 금기와 위반의 "대립적 상보관계"와 위반과 에로티시즘의 종속관계를 말하면서 우리가 위반을 통해 타인의 존재를 느끼지 않을 수 없다는, 또는 타인의 몸을 발견하지 않을 수 없다는 사실에 주목한다. 즉 바타유는 위반에서조차 타자로 향해 있지 않을 수 없다는 사실을, 영원히 고독에 머무를 수 없다는 사실을, 절대적 이성의 자아로 남아 있을 수 없다는 사실을 염두에 두고 있다.

완전한 문화세계, 어떠한 종류의 위반도 없고 모든 법이 '자연적으로' 준수되는 순백의 관념의 세계, 아마 플라톤이 꿈꾸었을 그러한 이상세계도 허구이지만, 오직 위반만이 법으로 군림하는 사드적 세계도 순수하게 관념적인 세계이며 마찬가지로 허구이다. 사드는 플라톤과 마찬가지로 결국은 인간의 몸을 부정하기 때문에 허구적 세계 내에 있을 수밖에 없다. 앞에서 본 대로, 사드에게 첫번째 자연은 위반을 통해 드러나는 감각과 정념의 세계이며, 두번째 자연은 첫번째 자연을 포함한 모든 것을 절대적으로 부정하려는 이성의 법칙 자체이다. 그에게는 궁극적으로 두번째 자연이 중요하며, 그것은 첫번째 자연을 부정한다. 위반(첫번째 자연이 드러나기 위해 요구되는 위반)이 두번째 자연의 절대 법칙으로 다시 위반되면서(쾌락의 초과로서의 사드적 이성의 군림), 인간의 몸이 그 법칙에 종속되는 동시에 부정된다. 사드의 두번째 자연은 어떤 이상적 관념세계만큼이나, 또는 그 이상 비현실적이고 관념적이다. 간단히 말해 그것은 또 하나의 신의 세계이다. 다시 말해 신이 정점에 놓여 있었던 문화세계가 거꾸로 선 악마적 신의 세계, 온갖 범죄가 난무하지만 아무도 어떤 것도 느끼지 못하는 무감각의 세계, 신-악마의 세계, 악마-기계의 세계.

6. 사드의 속임수

우리는 지금까지 사드가 자신의 텍스트에서 문자 그대로 말한 것(텍스트에 주어진 내용)을 중심으로 그의 사상에 대해 살펴보았다. 그러나 다음과 같은 사실에 주목해야만 한다. 사드는 A라는 것을 말하면 A라는 것이 가감 없이 말해질 수 있고 독자 편에 A가 그대로 전달될 수 있다고 믿는 '고지식한' 철학자가 아니다. 그는 A라는 것을 말하기 위해서는 A가 아닌 것이나 B를 말해야 한다는 사실을 너무나 잘 알고 있는 '교묘한' 예술가이다. 그는 텍스트에 주어진 내용과는 다른 것을, 명백히 다른 것을 말한다. 그렇기 때문에 그의 작품에는 여러 역설이 존재한다. 그 역설들을 살펴봄으로써 그가 진정으로 말하고자 하는 것이 무엇인가를 밝혀야 할 것이다.

첫번째 역설은 이미 밝혀져 있다. **사드가 무수한 논증을 내놓고 있지만, 결국 거짓을 말한다는 것이다.** 그는 여러 철학이론을 참조해서 철학자로서 방대하고 현란한 논증들을 제시하지만, 이는 결국 '거짓말'을 하기 위해서이다. 그는 거짓을 말하기 위해 철학자인 체한다. 그의 가장 중요한 개념인 두번째 자연이 그려 보여 주는 그 악마-기계의 세계는 관념적이며 비현실적이고 허구적이다. 그 사실에 대해 모리스 블랑쇼는 한마디로 단언한다. "우리는 이 사상을 살아갈 만한 것이라고 말할 수 없다."[13] 독자의 입장에서 이 사드의 첫번째 역설은 그의 작품이 마지막에 불러일으키는 효과에서 감지된다. 결국 사드의 작품은 우리에게 범

---

13) M. Blanchot, *Lautréamont et Sade*, Minuit, 1963, p. 48. 1948년 초판이 나온 블랑쇼의 사드에 대한 이 기념비적 연구 『로트레아몽과 사드』(*Lautréamont et Sade*)는 사드 사상의 체계를 잘 보여 준다. 그러나 거기에서 블랑쇼가 사드의 거짓 몸짓들을 포착하지 못하고 그를 너무 '심각하게' 받아들이지 않았나 하는 의문이 남는다.

죄와 위반에 대한 욕망을 불러일으키지 않는다. 오히려 그것을 읽으면서 우리는 어떤 폐허에서, 얼음장처럼 차가운 어떤 공간에서 울리는 그의 조롱 섞인 웃음을 듣는다. 범죄와 위반을 찬양하는 그가 그러한 효과를 불러일으키는 것이다. (사드 전집의 출간과 연관되어 벌어진 소송에서 폴랑은 1956년 법정에 출두하여 진술하였다. 그는 거기서 사드를 읽고 나서, 사드를 읽었기 때문에 수도원에 들어간 젊은 여성을 알고 있다고 증언했다.[14] 우리가 보기에 안타깝게도 그 여성은 "나는 오로지 지옥의 색깔로만 범죄를 그릴 것이다. 나는 사람들이 범죄를 적나라하게 보고 그것을 두려워하고 혐오하기를 원한다"[15]라고 말하는 사드의 덫에 걸려든 것이다.)

이 첫번째 역설은 이렇게도 표현될 수 있다. **사드의 작품은 무수한 논증으로 이루어져 있지만, 아무것도 논증하지 않는다.** 그것은 포르노의 외양을 띠고 있지만, 그 바탕을 이루고 있는 것은 범죄를 옹호하고 찬양하는 논리들이다. 거기에서의 등장인물들은 구체적이고 현실적인 인간들이 아니라, 다만 사드의 관념들을 대신하기 위해 부자연스럽게 끼워 맞추어진 추상적 인간들이다. 사드는 우리에게 성적 방탕이 아니라 범죄를 가르친다. 그러나 결국 그는 아무것도 가르칠 수 없거나, 보다 정확히, 아무것도 가르치지 않는다. 왜냐하면 그에게 가장 중요한 범죄의 논리는 모순 위에 서 있기 때문이다. 사드가 말하는 범죄는 종교·도덕·법의 법칙들과 신을 거스르는 데에, 그리고 그 위반이 법이 되기까지 그것을 의지하는 데에 있다. 그러나 그 위반은, 사드적 위반은 결국 모든 것이 허용되어 있다는 것을 의미하며(도스토예프스키가 신이 사라진 곳에서는 모든 것이 허용되어 있다고 말한 것을 기억해 보자), 모든 것이 허용

---

14) J. Paulhan, *Marquis de Sade et sa complice*, Complexe, 1987, pp. 93~94.
15) Sade, *Idées sur les romans*, *Les Crimes de l'amour*, Gallimard, 1987, p. 51.

된 곳에서는 어떠한 위반도 불가능하다. 거기에 사드 사상의 결정적 모순이 있다. 그러나 분명 사드는 자신의 모순 앞에서 움츠러들지 않을 것이다. 왜냐하면 애초에, 그리고 끝까지 그에게는 논증의 합리성으로 독자들을 설득할 의도가 없기 때문이다. 그는 설득하지 않는다. 그에게 중요한 것은 단 하나, 언어의 악(惡)이다. 절대적으로 틀린 것을 말하려는, 절대적으로 틀리고자 하는, 절대적 비진리로 나아가는 악, 언어를 조롱하며, 언어를 통해 언어를 부정하고 파괴하며 무화시키려는 악. 그러나 그 악은 위악(僞惡)과 타협하지 않는다. 위악은 역설적으로 선(善)의 소통을 의도하지만 위악을 초과하는 사드적 언어의 악은 독자와의 소통을 거부하며 철저히 독자를 자유 가운데 내버려 둔다.

따라서 사드의 절대적 이성, 그 스토아적 이성은 설득할 수 있는 합리성을 결여하고 있으며 아무것도 논증하지 못한다. 그것은 단순히 '나는 옳기 때문에 옳다'라는 동어반복의 틀 내에 있다. 그러나 '나는 옳기 때문에 옳다'라는 동어반복은 또한 절대적 이성의 명령, 모두를 외면한 채 오직 고독 속에서만 울려 퍼지는 정언명령이다. 여기서 이렇게 물을 필요가 있다. 그가 고독 속에서 그야말로 만족했다면, 왜 썼는가? 그가 바스티유(Bastille)와 뱅센(Vincennes)과 샤랑통(Charanton)의 감옥에서 거의 광기에 사로잡혀 쓰지 않을 수 없었다면, 이는 고독으로부터 탈출하기 위한 몸부림 이외에 아무것도 아니지 않은가? 그는 적어도 다른 모든 작가들과 마찬가지로 독자들을 예상하고 그들과 소통하기 위해 쓰지 않았는가? 그러나 그가 썼던 이유가 그들을 설득하기 위해서가 아니라면, 그는 도대체 왜 썼는가?

두번째 역설. 사드의 언어는 가해자의 언어, 나아가 군주의 언어이지만, 사실 그것은 피해자의 언어이다. 그 사실을 밝히기 전에 먼저 정확히 왜 사드의 언어가 군주의 언어인지 밝혀야만 한다. 그 이유는 그 언어가

'나'와 '나'의 쾌락을 위해서는 모든 다른 인간들을 희생시켜도 상관없다는 폭군을 옹호하기 때문이라기보다는, 형식적 차원에서 절대적 이성을 모방하고—그 정당성의 근거가 절대적 이성에 놓여 있음을 전제하고—있기 때문이다. 다시 말해 그것이 '나는 옳기 때문에 옳다'라는 동어반복의 논리로 귀결되기 때문이다. 여기서 언제나 염두에 두어야 할 하나의 사실을 되돌려 보자. 사드의 사상은 프랑스 대혁명이라는 사건으로부터 촉발되었으며, 처음부터 끝까지 그 사건의 결과로서 표명되었다. '나는 옳기 때문에 옳다.' 이 말은 군주가 할 수 있는 말이지만, 동시에 단두대에서 곧 목이 잘리게 될 죽어 가는 자의 마지막 외마디일 수 있다. 그 말이 만일 사회체제의 비호 아래서 많은 사람에게 받아들여질 수 있는 상황에서 발설된다면, 그것은 군주의 말일 수 있다. 그러나 전혀 그러한 상황에 있지 못했던 사드에게, 구체제 내에도 혁명세력 내에도 있지 못하고 감옥의 진공 상태에서 고독에 몰려 있을 수밖에 없었던 그에게, 그 말은 자신을 변호할 방법도 배경도 지원세력도 갖지 못한 피해자의 최후진술로 주어진다. **그 말은 군주의 사회적 권위의 표현이 아니라 사회로부터 추방 당한 동물의 목소리이다.** 사드의 언어가 결국 피해자의 언어라는 사실에, 장 폴랑 역시 『미덕의 불운』(*Les Infortunes de la vertu*)을 읽으면서 주목한다. 폴랑이 이 사드의 소설에서 쥐스틴(자신의 미덕 때문에 모든 사드적 폭력을 겪는 주인공, 사디즘의 반대로 여겨지는 마조히즘을 상징하는 인물)을 보고 의문을 갖는 점은, 거기에 그녀가 겪어야만 했던 헤아릴 수 없이 많은 성관계와 폭력에 대한 사실적 묘사들은 더할 나위 없이 자세하게 주어져 있지만 그녀의 반응과 속내와 생각에 대한 묘사는 단 한 번도 나타나지 않는다는 사실이다. 독자들은 그녀가 무엇을 느끼고 생각하는지 어떻게 판단하는지 전혀 알지 못하고 그 소설로부터 빠져나올 수밖에 없다는 것이다. 폴랑은 이렇게 말한다. "사실 그것에 대해 말하기 힘들다. 그러나 사드는 그것에 대해 너무도 잘 안다. 그는 그것에 대해 너무도 잘 아는데, 왜냐하면 쥐스틴, 그녀는 사드이기 때문이다."[16)

마지막 역설. 혁명을 모방하는 사드의 글쓰기는 결국 혁명의 맹점을 드러내는 데에서 끝난다. 사드의 작품은 1789년에 시작된 프랑스 대혁명에 대한 경험과 반성으로부터 탄생했다. 이는 그 내용이 대혁명을 주제로 이루어져 있다거나, 그 메시지가 대혁명의 정치적 메시지(인간들 사이의 자유·평등·박애)와 일치한다는 것을 의미하지 않는다. 물론 사드는 정치적 발언들을 하고 군중을 선동하면서 나름대로 혁명에 참여했다. 그러나 그는 혁명 자체를 작품에 직접 반영하지 않았으며, 성과 관련된 음란한 이야기들을 거기에 배치시켜 놓았을 뿐이다. 다만 사드는 형식과 논리의 차원에서 혁명을 모방한다. 즉 대혁명을 지배했던 논리가 이전

---

16) J. Paulhan, *Marquis de Sade et sa complice*, p. 77. 사드가 사디즘을 한번도 제대로 실천해 보지 못했다는 사실은 잘 알려져 있다. 다만 그가 몇몇 치기 어리고 신중치 못한 행동을 벌였다는 것은 분명하다. 그는 파리의 한 창녀의 엉덩이를 때렸다는 이유로 1년 동안 감금되었고, 마르세유(Marseille)에서 몇몇 처녀에게 사탕을 주어 유혹하려 했다는 혐의로 10년간 바스티유에 투옥되었으며, 처제인 루이즈(Louise)와의 관계 때문에, 또한 공포정치 한 가운데에서 몇몇 온건론자의 탈출을 도와주었기 때문에 감옥에 들어갔고, 음란한 책을 쓰고 보나파르트(Bonaparte)의 측근들을 공격했다는 이유로 18년간 갇혀 있었다(같은 책, p. 33). 오랜 감옥생활의 고독에서 사드의 작품이 나왔다. 그가 대단한 미덕을 갖춘 도덕적 인간이 아니었다는 것도 의심의 여지가 없지만, (처제 루이즈와의 관계를 볼 때) 나름대로 순정도 있었고, (독살스런 장모에 대한 태도를 볼 때) 관대했다는 것도 사실이다. 그는 약간 우스꽝스러운 외모에 유머도 있는 인간이었다──그래서 클로소프스키는 자신의 사드 연구서에 '내 이웃 사드'라는 제목을 붙인 것이다(P. Klossowski, *Sade mon prochain*, Seuil, 1947, 1967). 작가가 아닌 현실의 인간 사드의 속내는 『소설에 대한 관념들』이나 『메모와 성찰이 담겨 있는 네번째 수첩』(*Quatrième cahier des notes ou réflexions*)과 같은 허구가 아닌 에세이에서 드러난다. 『소설에 대한 관념들』에서 그는 독자들이 "악을 행하기를 원하지 않는다"(Sade, *Idées sur les romans*, p. 51)라고 고백하고, 『네번째 수첩』에서 "악한 자들은 없애지 말고 쫓아내라"(Sade, *Quatrième cahier des notes ou réflexions*, p. 479)고 말하면서 '관용의 윤리'라 부를 수 있을 윤리를 역설한다. 아마 인간 사드에게 윤리가 있다면 그것은 관용의 윤리일 것이다. 다시 말할 필요가 있다. 사드가 그렇게 음란하고 잔인한 작품을 쓴 이유는 그가 '진리'를 추구하는 고지식한 철학자가 아니라 '돌려 말할' 줄 아는 예술가였기 때문이다.

의 이념들을 무한히 파괴하는 절대 부정(즉 절대 자유)의 논리였다면, 사드의 글쓰기를 지배하는 논리도 같은 것이다. 대혁명에서나 사드의 글쓰기에서나 어떤 것도 동일하게 남아 있지 못하고 부정되고 파괴된다. 프랑스 혁명의 발단이 왕과 귀족들의 사치와 방탕에 분노하는 민중의 평등에 대한 요구에 있었던 것은 분명하지만, 그 혁명은 시간이 흐를수록 자신의 물질적·현실적 발판인 민중의 삶을 무시하고 다만 부르주아(지식인·정치인)들의 이념들의 대립과 투쟁만이 난무하는 허구적 상황(출구 없는 상황, 이념의 차원에서 다만 무한한 부정만이 실현되는, 목적 없는 자유만이 군림하는 상황)에 빠지게 된다. 마찬가지로 사드의 작품에서 신과 인간과 사회체제를 부정하는 계기였던 극단의 정념들은, 모든 것을 무목적적·무근거적으로 부정하는 이성의 표현인 무감각으로 귀결된다. 무감각에서 드러나는 두번째 자연(절대적 부정이라는 이성의 법칙) 역시 비현실적이고 관념적이며 허구적이다. 거기에는 타인의 몸도 없고 '내' 자신의 몸도 없으며 감각도 감정도, 타인과 '나' 사이의 소통도 없다. 한마디로 그 자연은 죽음의 공간을, 다가갈 수 없는 경험 불가능한 공간을 가리킨다. **사드에게서 무감각은 죽은 자들을 상징한다.** 그것은 단두대에서 목이 떨어져 나간 모욕 받은 인간들, 운명애 이외에는 답이 없었던 자들, 모든 폭력을 감수할 수밖에 없었으며 절대적 수동성에 매몰될 수밖에 없었던 인간들, 보다 정확히 말하자면, 마조히즘에 의지할 수밖에 없었던 살해당한 동물들을 대변하는 표현이다.

사드는 이렇게 말한다. "따라서 어떤 밝은 색깔들이, 가장 어두운 색깔들이 변질되어 나오는 것처럼, 잘 따져 보면 우리는 매우 아름다운 종류의 짐승에 불과하다. 이러한 생각은 인간성이라는 관점에서 보면 슬프지만, 그것이 사실이지 않은가?"[17] 클로소프스키는 「사드 후작과 대혁명」(Le Marquis de Sade et la Révolution)이라는 글에서 이렇게 썼다. "사드는 그의 동시대인들의 가려져 있던 범죄행위로부터 자기 개인의 운명을 보았다. 그는 자신의 의식이 포착했던 집단적 죄과가 커져 감에 따라 혼자서 그 범죄행위에 대해 속죄하기를 원했다."[18]

사드가 그토록 추잡한 작품을 쓴 이유는, 인간으로 하여금 자신이 동물임을 알게 하기 위해서였고 동물을 옹호하기 위해서였다. 그는 인간이라 불리는 동물을, 기독교체제 내에서나 군주제 내에서나 또한 공포를 표방한 혁명세력의 지배 아래에서나 언제나 박해받고 고통받는 이 사회·문명·문화 그리고 국가(공화국) 바깥의 인간을 변호하고자 했다. 사드가 반혁명론자는 아니었음이 분명하다. 그는 나름대로의 방법으로 혁명에 가담했고, 그것이 자유와 평등의 실천의 현장임을 의식했다. 그러나 그가 혁명을 비판한 이유는, 본질적이고 진정한 평등이란 의식과 정신에 기초한 개인들 사이의 평등이 아니라 몸과 생명에 기초한 인간이라 불리는 동물들 사이의 평등이라고 보았기 때문이다. 그 이유는 그가 인간들 사이의 평등을 떠받치고 있는 것이 사회적 또는 집단적 의식이 아니라 사회 바깥의 자연적 생명임을 이해했기 때문이다. 그의 작품에 나타나는 모든 추악한 장면은 바로 인간도 하나의 동물임을 보여 주기 위해 그려졌다. 프랑스 혁명을 사유의 기본 주제로 삼아, 즉 계몽의 정신을 이어받아 이후의 근대의 역사를 만들어 낸 독일 관념론자들(피히테, 헤겔)에게서 사드는 전혀 주목받지 못했다. 그들에게 프랑스 혁명은 라인 강 저편의 남의 나라에서 일어난, 이념의 자유가 실현되는 놀라운 사건이었던 반면,[19] 감옥 앞마당에서 무수한 머리가 잘려 나가는 것을 매일 볼 수밖에 없었던 사드에게 그것은 이념 때문에 인간의 몸이 개

---

17) Sade, *Quatrième cahier des notes ou réflexions*, p. 471.
18) P. Klossowski, "Le Marquis de Sade et la Révolution", D. Hollier, *Le Collège de sociologie 1937~1939*, Gallimard, 1995, p. 510.

처럼 도살되는 현장이었다. 독일 관념론자들에게 평등은 사회·민족·국가에 기초한, 따라서 오직 문화 내의 인간(성)이라는 범주에서만 사유된 평등일 뿐이었다. 그러나 민족과 국가 바깥의, 문화 바깥의 인간은 배제되어도 좋은 동물일 뿐인가? 그 인간은 죽여도 좋은 동물일 뿐인가? 근대를 이끌었던 정신인 서양 정신에게 흑인과 동양인은 과연 인간이었던가, 아니면 동물이었던가? 서양 정신은 근대를 열었던 프랑스 대혁명 당시 인류에게 '인권'이라는 아름다운 개념을 가져다 주기는 했지만, 당시에 인권은 서구 부르주아 백인 남성에게만 적용된 개념이었을 뿐이고, 여성·흑인·원주민 그리고 유대인은 그 개념 바깥에 놓인 존재(엄밀히 말해 인간 아닌 존재)에 지나지 않았다. 그러나 프랑스 대혁명을 정당화할 수밖에 없는 이유는 그것이 성(省)과 사회 바깥의 동물들의 저항의 전면적 표현이라고 여겨질 수 있기 때문이다. 그 이유는 결코 이 사회 내에서 이미 확고한 이름을 가진 지식인들이 정신적·이상적 이념들(**동물 아닌 인간** 사이의 자유·평등·박애)을 선포했기 때문이 아니다.

사드를 새로운 관점에서 '인류애'나 '사랑'을 역설한 사상가로 찬양할 필요는 없다. 그는 다만 사회와 문화의 범주 내에서, 이 사회체제 내에서 벌어지고 있는 모든 무의미하지만 과도한 폭력(사회적 의식들 사이에서 벌어지는 폭력, 인정투쟁, 자기의식들 사이의 투쟁, 또는 헤겔적 의미에서의 '주인과 노예의 변증법')에 웃음과 조소와 경멸로 답하였을 뿐이다.[20]

마지막으로 한 가지 짚고 넘어가야 할 필요가 있다. 아마 사드는 동

---

19) 칼 맑스는 근대 독일에서 정치는 항상 추상적 사유의 대상이었을 뿐 현실의 경험 속으로 구체적으로 들어온 적이 없었다고 지적한다. "독일인들은 다른 민족들이 **실행했던** 것을 정치 속에서 **사유했다.**"(칼 맑스, 최인호 옮김, 『헤겔 법철학의 비판을 위하여』, 『칼 맑스/프리드리히 엥겔스 저작선집 I』, 박종철출판사, 1991, p. 8)

물에 대해 말하면서, 문화에 전혀 오염되지 않은 순백의 자연 또는 순수한 동물적 생명을 상정하고 그것을 문화에 대립시켰던 것으로 보인다. 하지만 인간 안에 있는 동물적 생명은 동물의 동물적 생명과는 다르다. 그것은 언제나 영원히 문화 내에 있고, 거기에서 오염되어 있다. 그 사실을 사드가 모른다면, 그는 대혁명 당시 모든 계급의 인간들을 무차별적으로 동일시하게 되고, 그에 따라 우리는 대혁명의 정치적 의미를 전혀 말할 수 없게 된다. 사드는 너무나 극단적으로 무정부주의적이기 때문에 정치적인 것을 간과하고 있는지도 모른다. 다음과 같은 사실에 주목해 보아야 한다. 우리는 오직 상대적으로만 동물이 될 수 있을 뿐이다. 인간은 누구나 문화 내에 있을 수밖에 없고, 그 테두리 내에서 상대적으로 상황에 따라 동물의 위치로 전락할 수 있을 뿐이다. 도대체 누가 대혁명에서 동물이 되었으며, 누가 어떤 급진적 정치 실험에서, 또는 이 일상에서 동물이 되는가? 거기서 도대체 누가 우리의 공동의 뿌리를 드러내는가? 누가 벌거벗은 채로 정당하게 동물의 권리를 주장할 수 있는가? 물론 이 물음에 대답하기 위해서는 별도의 상세한 연구가 있어야 한다. 그러나 그것이 사드가 우리에게 드러내어 보여 준 동물을 기억하면서 우리가 여기서 던져야 할 질문이다.

---

20) 그 사실을 가장 잘 증명하는 것이, 사드가 대혁명 당시 지도자들이 지극히 애호했던 용어인 '명예'(honneur)라는 말을 한 번도 사용하지 않았으며 그 말을 경멸했다는 것이다. "그리고 명예에 대해 어떻게 생각하는가? 명예가 모든 미덕 가운데 가장 경멸할 만하고 가장 쉬운 것들과 연결되어 있는 것을 본다면, 명예에 대해 어떻게 생각하는가?"(Sade, *Quatrième cahier des notes ou réflexions*, p. 473)

5. 문학과 음악적인 것

철학적이라 불리는 반성은 경험의 현실적 맥락에 닿아 있어야 한다. 문학에 대해 다시 생각해 보기 위해 수없이 되풀이되어 표명된 위와 같은 명제를 다시 되새겨 본다. 그러면서 마찬가지로 되풀이되어 온 다음과 같은 물음을 다시 제기해 본다. 왜 어떤 문학적 텍스트는 시사적·법률적·과학적 또는 철학적인 글들 같은 다른 글들이 줄 수 없는 특별한 종류의 쾌감을 가져다주는가? 더 나아가, 왜 문학이라 불리는 것은 때때로 우리를 매혹시키기까지 하는가? 분명 우리들 중 많은 사람이 과거 언제 어디에선가 하나의 문학작품을 읽고 그 작품에 뭐라고 말하기 힘든 느낌과 함께 감염된 적이 있었다. 마찬가지로 우리는 왜 그때 그곳에서 그 작품에 빠져 들어갔는지 지금 뭐라고 말하기 힘들 수 있다. 거기에 나타난 삶에 대한 깊고 넓은 통찰력 때문인가, 철학을 능가하는 심오한 사상 때문인가, 아니면 탁월한 표현들 또는 수사들이나 문체 때문인가? 만일 그 작품을 다시 끄집어내 다시 읽어 본다 하더라도 그때 거기에서의 감동이 되살아나지 않을 수 있다. 또는 그 감동과는 달리 변색되거나 약해진 감동, 또는 어느 정도 다른 감동만이 있을 수도 있다. 말하자면 그때 거기서 '나'를 사로잡았던 그 작품의 매혹은 일회적인 것이었고, '나'는 다시 거기에 같은 방식으로 빠질 수 없는 것이다. 이는 문학적 텍스트가 어쨌든 쓰여진 문자들 배면에서, 또는 너머에서 작동한다는 것을 증명한다. 이는 그 안에 뭐라고 말하기 힘든 것, 완전히 개념화될 수 없는 것, 완전히 형상화도 되지 않는 것, 순간 명멸하는 것이 있음을 말해 준다. 어떤 면에서 보면, 분명 문학은 음악과 유사한 점이 있다. 문학은 음악과 마찬가지로 시간예술이다. 문학 텍스트에 있는 단어들은 마치 음들처럼 한순간, 어느 시간 어느 공간에서 울려 퍼졌다 사라져 간다. 거기에 본질적으로 문학이 주는 매혹이 있다. 문학이 가져다주는 매혹은 그것이 담고 있는 철학적 사상이나 수사적 표현이나 문체보다는 그 음악적인 것(문학에서의 음악적인 것) 가운데 있다.

　　우리가 먼저 미메시스 개념에 대해 다시 생각해 보고자 한다면, 결국 그 이유는 문학에서의 음악적인 것이, 글쓰기에 있어서나 독서에 있어서나, 과거·현재 또는 미래의 모든 문학의 현실적 경험을 주재하고 있지 않은가라고 묻기 위해서이다.

1. 문학에서의 음악적인 것 : 음악적·연극적 미메시스

회화뿐만 아니라 문학은 구체적으로 경험 가능한 현실세계를 모방한다. 그것이 가장 보편적으로 널리 알려진 미메시스 개념의 정의이다. 그러나 그리스어 mímēsis를 그 어원에서 살펴본다면, 그것은 사물의 외현(外現, 겉모양)에 대한 조형적 모방이 아니라 인간의 행동에 대한 연극적·음악적 모방을 가리킨다. 미메시스는 그 어원에서 리듬에 맞추어 몸짓으로 재현한다는 의미를 갖고 있다. 즉 미메시스의 본래적 형태는 리듬에 따라 연극적(무용적)으로 이루어지는 모방이다.[1]

그리고 같은 맥락에서, 플라톤에게 문학(정확히 말해 시예술poíêsis, 왜냐하면 플라톤 시대에는 아직 '문학'이라는 말이 없었기 때문이다)은 타인을 음악적 요소(운율)에 맞추어 언어를 통해 연극적으로 모방하는 것을 의미한다. 가령 플라톤은 서사시인 호메로스가 『일리아스』나 『오디세이아』에서 자신이 아닌 타인들, 즉 수많은 등장인물들로 변신해서 말한다고 지적한다. 운율에 맞추어 음악적으로, 또한 타인으로 변신해서 연극적으로 말하는 것, 그것이, 플라톤이 보기에, 호메로스의 작품을 비롯한 모든 다른 문학작품들이 쓰여지기 위한 전제 조건이다. "그런데 목소리나 몸짓에 있어서 그[호메로스]가 다른 사람과 닮게 된다는 것은, 그 사람을 모방하는 것이 아니겠는가?"[2] 작가는 자신도 아니고 독자도 아닌 제3자의 행동과 말을 운율에 맞추어 연극적·음악적으로 분절해 모방한다. 그에 따라 문학작품 내에 저자도 아니고 독자도 아닌 어떤 타자가 나타나게 되며, 그 타자가 작품을 이끌어 나가게 되고 독자에게 보이게 되는 것이다.[3]

그러나 그 사실은 호메로스의 작품을 통해서만 확인될 수 있는 것도 아니며, 실제로 들리는 음성과 보이는 몸짓으로 표현되는 작품(가령 그리스 비극이 무대화된 작품, 또는 그리스에서 행해졌던 서창시敍唱詩 낭독, 또는 일반적 의미에서의 연극)에서만 분명히 드러나는 것도 아니다. 그 사실은, 문학작품이 언어를 매개로 이루어지는 한, 많은 작품들에서 입증될 수 있다. 그리고 그 언어가 들리는 말인가 아니면 쓰여진 글인가가 본질적으로 중요한 것은 아니다. 즉 소리나 몸짓으로 전달될 수 없는

---

1) 로즐린 뒤퐁-록과 장 랄로가 아리스토텔레스의 『시학』 불역본(Aristote, tr. R. Dupont-Roc J. Lallot, *La Poétique*, Seuil, 1980)에 붙인 서론의 18쪽을 참조할 것.
2) 『국가』, 393c.
3) 393a-c 참조.

글로 쓰여진 작품들에서조차 독서의 과정에서 제3자가 현전한다. 원칙적으로 물리적으로 들리는 음성과 보이는 몸짓이 갖는 직접적 표현의 힘을 빌리지 못하고 다만 문자들로만 전달될 수밖에 없는 작품들, 예를 들어 수많은 현대의 시와 소설들에서조차 독자도 저자도 아닌 제3자가 '말한다' ——위에서 예로 든 『국가』 3권의 한 장면에서도, 즉 소크라테스가 호메로스의 모방행위에 대해 언급하는 대목에서도 문제가 된 것은 사실 호메로스의 쓰여진 작품(『일리아스』와 『오디세이아』)이다. 감염력을 갖고 있는 모든 작품에서, 그것이 언어로 표현되는 한, 제3자가 개입한다. 왜냐하면 여기서 언어는 단순히 흰 종이 위에 쓰여져 있는 검은 글자들의 집합도 아니고, 단순히 어떤 고정된 '진리'를 전하는 개념들 전체도 아니며, 결국 몸짓들·손짓들·얼굴들 또는 목소리들이기 때문이다. 즉 작품은, 메를로-퐁티의 표현을 빌리면, "그 표면에 나타나는 박동" 이외에 다른 무엇도 아닌 "숨결"[4]을 담고 있기 때문이다.

작품은 그것이 작품일 때, 단어들 사이나 배면에서 개념들을 운반하지만 개념들로 완전히 정식화될 수 없는 실존의 신체적 움직임들(몸짓·얼굴·목소리·숨결)을 가동시킨다. 그 움직임들은 작품에 미리 주어져 있는 사물들이나 인간들의 이미지들 안에 고정될 수 없으며, 독서라는 행위에 따라 순간 나타났다 사라지는 감각적·감정적 층위를 형성한다. 그 움직임들, 말하자면 독자의 시선의 움직임에 따라 검은 문자들 바깥으로 튀어나와 독자를 어루만지고 부르는 몸짓들과 목소리들은 작품을 일종의 에너지 장으로, 시간의 축을 따라 명멸하는 일종의 음악으로 만든다. 그것들이 작품에서의 음악적인 것이다.

---

4) M. Merleau-Ponty, *Signes*, Gallimard, 1960, p. 101. 같은 곳에서 메를로-퐁티는 "쓰여진 것들은 무엇보다도 어떤 인간의 몸짓들"이라고 말한다.

그러나 작품에서 표출되는 그 실존의 움직임들은, 앞서 플라톤이 지적한 대로, 정확히 저자의 것도 독자의 것도 아니다. 즉 그것들은 저자와 독자라는 개인의 주관성을 벗어나 저자도 독자도 아닌 제3자의 익명성을 나타낸다. 왜냐하면 그것들은 독서라는 소통의 행위에 따라서만 촉발되기 때문이며, 그에 따라 완전히 저자의 것이 될 수도 없고 독자의 것이 될 수도 없는, 익명적 삶의 양태를 현시(現示)하기 때문이다. 따라서 작품에서의 음악적인 것은 또한 연극적인 것이다. 그것은 그 자체 내에 연극적인 것을 포함하고 있다. 즉 작품은 제3자를 등장시켜 작가와 독자로 하여금 각각 그를 보게 한다. 작품은 제3자의 현전을 통해 작가의 실존과 독자의 실존을 만나게 하고, 그에 따라 또 다른 제3의 실존을 창조한다. 따라서 작품은 평면적이지 않고 입체적이다. 작품은 쓰여진 문자들 내에 이미 주어져 있는 보이는 이미지들(형상들)과 판독의 대상이 되는 의미들의 평면적 결합체가 아니고, 독자(또는 독자들)와 작가와 그들 모두의 제3자라는 세 개의 계열들이 서로 얽혀 형성하는 입체적 공간이다.

이를 다시 플라톤의 『이온』이 확인해 주고 있다. 『이온』에서 소크라테스는, 호메로스의 작품을 암송하는 데 특별한 재능을 지닌 이온과 함께 문학적 소통의 특성에 대해 대화를 나눈다. 소크라테스는 이온에게 시의 여신인 뮤즈와 서사시인 호메로스와 이온과 같은 서창시인 그리고 마지막으로 이온의 서창시(랩소디)를 듣는 청중들이 마치 자기력에 따라 광적으로 서로가 서로에게 이끌리고 있다고 지적한다.[5] 서사시인은 자기석에 이끌리듯이 뮤즈에 이끌려 시를 창작하고, 이온은 이제 자기력을 띠게 된 고리와 같은 서사시인에게 이끌려 "자신 바깥에서"[6] 그의

---

5) 『이온』, 533d-e.

작품을 암송하며, 마지막으로 청중들은 중간 고리와 같은 이온에게 매혹되어 그의 서창시를 듣는 것이다. "자신 바깥에서", 말하자면 작품의 소통 과정에서 자아가——창작자의 자아이든 수용자의 자아이든——그 자신으로 남지 못하고 제3자로 전환되는 계기가 있다. 작품은 개인들(창작자와 수용자, 『이온』의 문맥을 떠나 말하면 작가와 독자)이 실제로 만나게 되는 공간은 아니지만, 개인들이 각자의 삶의 양태와 완전히 일치하지 않는 또 다른 삶의 양태에 함께 이르게 되는 공간이다. 작품을 매개로 이루어지는 만남을 통해, 개인들은 각각 제3의 삶에 기입된다. 그 과정이 플라톤이 앞서 『국가』 3권에서 말한 타인에 대한 미메시스, 즉 메텍시스(méthexis)(타자로의 참여)로서의 미메시스이다. 그 과정이 '미메시스'라는 말이 갖고 있는 본래적 의미에서의 미메시스, 즉 음악적·연극적 미메시스이다.

물론 플라톤은 『국가』 10권에서 침상을 그리는 화가를 예로 들어 사물의 외현을 모방하는 행위인 조형적 미메시스에 대해 말했다. 그것이 가장 널리 공유된 의미에서의 미메시스일 것이다. 잘 알려진 대로 플라톤은 예술 전반(회화와 문학)에 대해 비판적 입장을 견지했다. 그러나 플라톤이 마지막에 비난하는 미메시스는 조형적 미메시스가 아니라 본원적 미메시스인 음악적·연극적 미메시스라는 점에 주목할 필요가 있다. 그가 궁극적으로 엄격한 비판의 눈길을 보내고 있는 것은 회화가 아니라 문학(시예술)이다. 왜냐하면 후자는 '정치적'이기 때문이다. 플라톤이 보았을 때, 국가로부터 추방되어야 할 자는 결코 화가가 아니라 다만 시인인 것이다.

---

6) 535b.

2. 문학에서의 정치적인 것

예술에 대한 플라톤의 비판적 관점이 잘 드러나 있는 『국가』 10권은 회화에 대한 비판으로 시작한다. 거기에서 회화는 모방된 것을 모방하는 행위로, 즉 원형이자 근원인 이데아를 모방해서 만들어진 사물을 다시 모방하는 기술로 평가절하된다. 회화는 존재론적인 관점에서 본다면 근원에서 멀어져 있는 사물의 시뮬라크르(모상模像, eídōlon)만을 생산해내는 기술이라는 점에서 큰 가치를 갖고 있지 않다. 회화에 대한 플라톤의 존재론적 비판의 시각은 마찬가지로 문학으로 향해 있다. 회화가 선과 형과 색채를 이용해 모방하는 반면 문학은 단어와 문장을 사용해 모방한다는 점에서 양자의 차이가 있지만, 모두 모방된 것을 다시 모방하는 기술이라는 점에서 양자는 근본적으로 같은 것이다. 화가와 마찬가지로 시인은 이데아의 진리로부터 멀리 떨어져서 작업하는 모방자에 불과하다.[7]

그러나 플라톤의 예술에 대한 이러한 존재론적인 비판에서, 그가 예술을 해로운 것으로 본 궁극적 이유가 발견되지 않는다. 설사 예술이 존재론적으로 최하위의 것을, 이데아와 거리가 먼 시뮬라크르를 만들어내는 기술이라 하더라도, 그 시뮬라크르는 사실상 현실의 실질적 맥락에서 무시될 수도 있는 것이기 때문이다. 침대를 모방한 그림을 보고, 위풍당당한 어떤 장군을 묘사하는 문학작품을 읽고, 우리가 그 표현의 아름다움에 취해 잠시 현실을 잊어버릴 수도 있지만, 이는 사회적 맥락에서 대수롭지 않은 것일 수 있다. 그러나 어떤 예술은 사회적 현실에 결코 간과할 수 없는 해악을 가져올 수 있다는 점에 플라톤은 주목했으

---

7) 『국가』, 597e. 또한 600e-601a, 603a-b 참조.

며, 이때 문제가 되는 것은 오직 문학이다. 문학은 회화와 마찬가지로 모방된 것의 모방인 시뮬라크르를 만들어 내기에 존재론적으로 무가치한 작업이다. 그러나 문학은 회화와는 다르게 사회체제를 통합시키는 데 필연적으로 요구되는 윤리(가령 지혜·용기·절제·품위, 결국 사람의 훌륭함 또는 덕arête)의 걸림돌이 될 수 있다.

말하자면 사회체제의 기저를 이루고 철학(플라톤 철학)이 주재해야 할 시민들 '사이'에, 즉 윤리에 의해 통제되어야 할 그곳에 문학은 어떤 이질적이고 낯선 것을 가져다 놓는다. 낯선 것, 이질적인 것, 즉 윤리 이하의 어떤 유해한 정서, 서사시인(호메로스)과 서정시인(아르킬로코스·사포) 또는 비극시인(아이스킬로스·소포클레스·에우리피데스)이 드러내 보여 주었던 극단의 정념, 죽음을 동반하고 살인·간통 또는 근친상간으로 대표되는 윤리 바깥의 사랑의 원인이나 결과로 나타나는 한계의 감정. 그것은 윤리의 대척점에 있는 것이다. 그것을 표출해 시민들을 감염시키고 사회체제를 위협하는 음악적·연극적 모방으로서의 문학은 단순히 조형적 모방에 치중하는 회화와는 달리 국가에서 사라져야 할 대상이 된다. 진정 위험한 모방자는 화가가 아니라 시인이며, 철학(플라톤 철학)의 최대의 적은 회화가 아니라 문학이다.[8]

『이온』은 윤리가 아니라 감정이 주관하는 시민들 '사이'가 무엇인가에 대해 이미 밝혔다. 그 사이는 어떠한 합리적 지식에도 정초되어 있지 않은 공간, 어떠한 유용성(경제적 이익)을 기준으로도 측정할 수 없으며 다만 어떤 신적인 힘에 사로잡혀 서로가 서로에게 이끌리게 되는 공간이다. 그곳은 작품이 '구상적'으로 재현하는 대로 간통이나 근친상

---

8) "철학과 시 사이에는 일종의 오랜 불화가 있다."(플라톤, 『국가』, 607 b) 이와 관련해 필립 라쿠-라바르트의 다음 논문을 참조할 것: Philippe Lacoue-Labarthe, "Typographie", *Mimesis des articulations*, Aubier-Flammarion, 1974.

간 같은 '추한', 윤리 이하의 행위들이 실재로 자행되는 곳이라기보다는, 플라톤이 본 대로, 신성(神性)이 말하고 "시인들을 매개로 신성의 목소리를 듣는"[9] 곳이다. 거기에서 문제가 되는 것은 윤리 이하의, 보다 정확히 말해, 윤리 이전의 어떤 것, 어쨌든 윤리와 대립되기도 하지만, 근본적으로 윤리에 선행하기에, 윤리로 재단할 수 없는 신적인 것이다. 그러나 플라톤은 문학적 소통과 신적인 것과의 관계를 지적하면서 문학의 종교성이 아니라 문학의 정치성을 비판하고 있다. 플라톤은 문학이 운반하는 신적인 것을 종교적인 관점에서 문제 삼고 있는 것이 아니다. 그 신적인 것은 다만 윤리 이하 또는 윤리 이전에 자기력에 따라 인간들이 제3자로 전환되면서 형성하는 '사이'이다. 사회체제의 기반을 이루는 인간관계가 아닌, 사회적·경제적 지평 너머의 '사이', 사회체제와 대립되고 그 빈 곳을 가리킨다는 점에서 '정치적' 사이, 문학이 유통시키는 신적인 것은 사실은 '정치적'인 것이다.

3. 비극으로서의 문학 : 비극과 민주주의

플라톤은 호메로스와 그의 서사시를 음송하는 이온의 예를 들어 문학에서의 신적인 것에 대해 말한다. 하지만 그가 문학을 비판할 때 장르(서사시·서정시·비극)를 문제 삼고 있지 않은 것처럼, 그는 문학의 신적인 것이 장르를 불문하고 문학(시예술) 자체에 ──또는 모든 문학에── 개입하는 것으로 간주한다. 반면 플라톤이 그것의 맹점을 윤리적(또한 정확히 말해 정치적) 측면에서 부각시킬 때, 그가 자신의 현실에 비추어 직

---

9) 플라톤, 『이온』, 534d.

접 염두에 두고 있는 것은 사실상 비극이라고 볼 수 있다.

플라톤이 활동했던 시기는 아테네가 불안정한 민주체제를 유지하고 있었던 때였으며, 그 시기에 전형적인 예술은 비극이었고, 따라서 그는 비극이 사회 내에서 불러일으키는 반향을 직접 목도할 수밖에 없었다. 그 체험으로부터 플라톤은 문학 일반에 대한 자신의 견해를 개진시켰고, 비극뿐만 아니라 문학 전체를 비판적 관점에서 분석했다. 플라톤 철학의 대립점에 위치하는 것이 문학이라면, 정확히 말해 여기서 문학은 비극이다(이를 전제로 삼고, 즉 예술과 철학 또는 비극적인 것과 소크라테스적인 것을 대립항으로 설정해 놓고 니체는 『비극의 탄생』을 썼다). 앞에서 본 대로, 플라톤은 사회체제를 떠받치기 위해 요구되는 윤리에 대립된다는 이유로 문학의 해악을 지적했다. 하지만 그가 문학을, 보다 좁혀 보아서, 비극을 비판의 눈길로 바라볼 수밖에 없었던 보다 구체적이고 현실적인 이유는 무엇이었을까?

먼저 플라톤의 시대를 되돌아봄으로 이 물음에 대해 생각해 보기로 하자. 기원전 5세기로부터 4세기로의 이행기에 해당하는 플라톤의 시대에 아테네에서는 이전에 사회집단을 형성하는 틀이었던 합리성(그리스 특유의 합리성, 즉 이기적 개인들 사이에서 발생할 수 있는 모든 분쟁들과 문제들을 해결하는 데 법정의 역할을 하는 이성의 합리성, 또한 '탁월함'이라는 가치에 기초한 삶의 기술을 특징짓는 합리성)이 와해되어 가고 있었고, 전체와 결코 조화를 이룰 수 없는 개인들의 비합리적 이기심만이 사회를 지배하고 있는 것처럼 보였다. 이를 플라톤은 정의(正義)의 부재로 규정했고, 그 증거로 권력과 금력에 눈이 먼 소피스트들의 창궐과 무엇보다, 스승인 소크라테스의 죽음을 제시했다. 소피스트들의 득세에 자극받고 스승의 억울한 죽음에 충격을 받은 플라톤은, 펠로폰네소스 전쟁 이전에 아테네의 황금시대를 떠받치고 있었던 합리성을 다시 살려 내야 한다고 믿고, 그것을 철학적 또는 형이상학적으로 정당화하고자 했다. 말하자면 그는 본래 사회적이고 실존적인 그리스적 합리성을 절대적·초월적 합리성(이데아론에서 표명되는 형이상학적 합리성)으로 근거 짓고자 했다.[10] 그로부터 합리적인 것에 대한 플라톤의 과도한 찬양과 비합리적이라고 여겨지는 것들에 대한 그의 과격한 거부가 비롯된다. 그가 비극으로 대표되는 문학을 비판한 보다 구체적이고 현실적인 이유는, 그것이 표현하는 한계의 감정이나 극단적 정념이 이미 비합리적인 것(자연적인 것)에 속하는 것이었고, 따라서 잃어버린 그리스적 합리성을 되찾는 데 방해가 되는 것이었기 때문이다.

그러나 플라톤 시대에 비극은 현실에서 제도적으로 후원을 받으면서 이미 간과할 수 없는 문화적 위치를 차지하고 있었고, 플라톤보다 약 40여 년 후에 태어난 아리스토텔레스의 시대에도 마찬가지였다. 아리스토텔레스는 현실에서 이미 그 가치가 검증된 비극을 어떻게 학문적으로 분석하고 더 큰 미적 효과를 갖는 것으로 만들 수 있을까라는 물음을 갖고 『시학』을 썼다. 플라톤 시대에, 그리고 그 이후에도 비극은 사회 내에서 필요한 것으로 여겨졌으며(왜 그랬는가에 대해 곧 살펴볼 것이다), 그 증거가 바로 아리스토텔레스의 『시학』이다. 비극을 현실에서 불필요할 뿐만 아니라 해로운 것으로 보는 플라톤의 시각에 과거에 대한 반시대적 향수의 욕망이, 이미 지나가 버린 아테네의 황금시대를 다시 되돌리고 싶은 회한의 감정이 존재한다. 플라톤의 노스탈지아가 과도한 이상주의를, 즉 이데아론을 낳게 했다. 노스탈지아에 사로잡혀 형성된 모든 관점에 필연적으로 어떤 이상주의적이고 추상적인 요소가 배어 들어가 있다. 사실은 플라톤이 그리워했던 아테네의 황금시기, 즉 페르시

---

10) 에릭 R. 도즈, 주은영 외 옮김, 『그리스인들과 비이성적인 것』, 까치, 2002, pp. 154~155.

아 전쟁이 끝나고 펠로폰네소스 전쟁이 일어나기 전까지 약 50년의 기간은 바로 비극이 최대로 융성했던 시기였다. 또한 그 기간이 민주주의가 가장 원숙한 형태로 완성되었던 시기였다.[11]

비극과 민주주의는 공속관계 내에 서로 밀접하게 연결되어 있다. 비극은 개인들의 동등한 권리를 전제하는 민주주의 정체 내에서 어떤 공동체를 형성하기 위해 요구된 예술이다. 어떠한 공동체인가? 그것은 한 개인이나 어떤 특정 집단이 그에 종속된 대다수에게 규정해 놓은 정신적이거나 윤리적 또는 정치적 기준에 따라 구축되는 구성적 공동체가 아니다. 그것은 모든 점에서 양도할 수 없는 권리들을 갖고 동등하게 존재하는 개인들 사이에서 요구되고 형성되어야 할 평등의 공동체이다. 구성적 공동체는 대다수에게 소수에 의해 정해진 윤리적이거나 이데올로기적인 기준에 맞는 구성요소로 남기를 요구한다. 반면 평등의 공동체는, 그것이 동등한 정치적·경제적 권리를 가진 개인들의 모래알들과 같은 산술적 집합으로 퇴보하지 않으려면, 인간들 '사이'를, 인간이 인간을 나누는 '사이'를 드러내야만 한다. 그러한 요구에 부응했던 예술이 비극이었다. 민주주의라는 정체 내에서, 개인들은 자신들 위에 군림할 가능성이 있는 전체로서의 중심——그것이 우두머리를 자임하는 한 개인이든, '절대화'된 전체주의적 이데올로기든——을 거부한다. 그러나 만일 모든 분야(정치·경제·문화·교육)에서 그들에게 개인성(개체성)의 원리에 기초한 산술적 평등만이 유일한 가치로 남게 될 때, 중심의 부재로 인해 흩어질 수밖에 없는 그들은 서로를 나누지 못하고 필연적으로 고독(민주주의가 가져온 고독, 그것은 오늘날에도 문제가 되는 것이다)에 매몰될 위험에 처하게 된다. 그러한 민주주의의 병에 어떻게 비

11) 천병희, 『그리스 비극의 이해』, 문예출판사, 2002, p. 34.

극이 치료제가 될 수 있을 것인가?

하나의 예술로서의 비극의 가장 핵심적인 작용은 모든 문화의 틀을 부수는 데에 있다. 말하자면 비극의 본질은 사회 내에서 인위적·제도적으로 구성된 모든 문화적 기준들, 가령 윤리·이데올로기·'진리' 또한 모든 종류의 경제 원리를 파괴하는 데에 있다. 모든 위대한 비극작품에는 문화를 이루는 데 최소한의 기본 요소(최소한의 문화적 약속)를 파괴하는 폭력적 행동들이 나타난다. 예를 들어, 『오레스테이아』에서 클뤼타이메스트라는 트로이 전쟁에서 승리하고 돌아온 남편 아가멤논을 죽이고, 그에 대한 복수로 아들인 오레스테스는 클뤼타이메스트라를 살해한다. 또한 잘 알려진 대로, 오이디푸스는 부친을 죽이고 모친과 근친상간을 벌인다. 즉 비극은 인간이 결코 문화의 세계에 완전히 동일화될 수도 없고, 거기서 완벽한 정체성을 소유할 수도 없음을 말한다. 비극은 문화의 세계가 완벽하지도 절대적이지도 않다는 사실을, 거기서 인간이 영원한 중심이 될 수도 없고 근본적으로 안주할 수도 없다는 사실을 지적한다. (테바이를 떠나 유랑의 길에 나서는 오이디푸스에게 크레온은 이렇게 말한다. "만사에 지배자가 되겠다는 생각일랑 버리십시오. 그대가 지배했던 것조차 평생 동안 그대를 따르지 않았습니다."[12]) 비극은 문화의 세계에 균열을 내는 틈을, 문화 내에 포섭되지 않는 외부의 빈 곳을 가리킨다. 말하자면 비극은 문화의 세계에서 인간이 결핍된 존재일 수밖에 없다는 사실을 알린다. 이는 인간이 이해 불가능성 내에서 언제나 한계 지어진 존재라는 것을 의미한다. 이해 불가능성, 즉 이러저러한 사물들에 대한 지식 수준에서의 이해 불가능성이 아니라, 인간이 — 문화의 — 세계 내에서 존재하고 존재할 수밖에 없다는 사실에 대한 이해 불가능성. 사물들에 대한 모든 인식에서의 축(주체)이라고 여겨지는 '나'를 총체적으로 인식하고 해명한다는 것의 불가능성, 즉 문화의 세계 내에 확고하게 '나'의 위치를 가리킬 수 있다는 것의 불가능성. (간단히 말해, '나'의 정체성의 근본적 불가능성──아폴론의 신탁에 따라 어머니를 살해한 오레스테스는 착란에 빠지고, 이어서 법정에서 자신이 결국 근본적 이해 불가능성에 빠져 있음을 고백한다. '내 행동이 옳았는지 아닌지 그대가 판결을 내려 주십시오. 내 그대에게 일임하고 그대의 판결을 따르겠습니다."[13]) 결국 비극은 어떠한 인간도 그 불가능성에서 영원히 벗어나 있을 수 없으며, 따라서 총체적 중심이 될 수 없다는 것을 말한다. 그러나 그 인간의 주변성이라는 전제는 민주주의에 기반을 제공할 수 있고 민주주의의 참된 조건을 제시한다. 그 전제는 산술적 평등을 넘어서는 인간들 '사이'의 소통의 공동조건이기도 하기 때문이다. 그것은 인간들 사이에 단순한 산술적 평등과는 다른 존재조건의 평등을 암시하며, 따라서 만남과 소통의 가능성을 암시한다. 모두가 자신에 대한 완벽한 이해를 바탕으로 총체적 중심이, 그러나 닫힌 중심이 될 수 있었다면, 비극도 민주주의도 있을 수 없거나 필요 없는 것이 될 것이다.

4. 도래해야 할 비극 : 비극의 정치성

비극은 문화의 세계에 균열을 가져오고 그 외부의 빈 곳을 드러낸다. 다시 말해 비극은 인간이 의식적으로 제도적으로 구성한 모든 것의 한계를 지적하고, 나아가 의식 자체의 한계를 폭로한다. 비극은 의식의 죽음

---

12) 소포클레스, 천병희 옮김, 「오이디푸스 왕」, 『소포클레스 비극』, 단국대출판부, 2001, 1520행 이하.
13) 아이스퀼로스, 천병희 옮김, 「자비로운 여신들」, 『아이스퀼로스 비극』, 단국대출판부, 2001, 465행 이하.

을 선포한다. 동시에 비극은 주변자(周邊者)일 수밖에 없는 인간 자체를, 또는 자연으로 축소된 인간을, 인간 내부의 영원히 제거할 수 없는 자연성을 폭로한다. 비극이 가리키는 문화의 빈 곳에서 인간의 자연성이 발가벗겨진 채 드러난다. 즉 비극은 인간이라는 주변자 안에서 일어나는, 의식의 죽음으로부터 자연적 생명으로의 절대적 환원을 현시한다. 문화와 자연의 경계 또는 죽음과 삶의 경계에 선 인간, 벼랑 끝에 선 인간의 현시, 벼랑 끝에 서서 내뱉는 숨결의 현시. "이러한 원래의 자연적 진리와 유일한 현실이라고 자임하는 문화의 거짓의 대조"[14]와 오이디푸스의 고통 속에서 표출되는 절대적 긍정에 대해 말하면서, 결국 비극에 대한 허무주의적 해석에 반대하면서, 니체가 강조한 것이 바로 그것이다.

그러나 비극이 궁극적으로 내보이는 인간의 자연성은 단순한 동물성이 아니다. 비극이 보여 주는 죽음으로부터 생명으로의 절대적 환원은 문화에 한 번도 오염되지 않은 순백의 자연(그것을 인간은 결코 알지 못한다)의 복원이 아니라, 문화로부터 자연(문화에서 파생된 자연, 상대적 자연)으로의 추락이다. 그 과정에서 요구되는 것이 의식의 죽음 또는 자아의 망각, 자신을 '비움', **인간 고유의** 익명적 생명의 흐름에 자신을 맡기는 것, 즉 제3자로 전환되는 것이다. 그것을 최종적으로 비극이 표현한다. 그러나 그것은 비극작품으로부터 우리가 추출할 수 있는 어떤 개념들에 포착될 수 없고, 오직 단어들 사이와 배면에서 울려 퍼지는 **음악적인 것**(연극적인 것을 포함하는 음악적인 것)을 통해서만 표현되고 감지될 수 있을 뿐이다. 왜냐하면 문제가 된 것은 의식을 초과하는 인간의 익명적 생명이기 때문이다. 자연은 자연적인 것(즉 음악적인 것, 음악은

---

14) F. Nietzsche, *Die Geburt der Tragödie, Nietzsche Werke III-1*, §8.

개념보다 자연에 더 가깝다)을 매개로 해서만 드러날 수 있기 때문이다. 비극작품에서는 작가도 독자도 아닌 제3자가 현전한다. 그러나 그는 문화의 세계에 안주하고 있다고 믿는 일상적 인간이 아니며, 한계에 선 예외적 인간, 문화와 자연 또는 죽음과 삶의 경계에 선 인간, 간두(竿頭)에 선 인간이다. 그 인간의 목소리와 몸짓, 나아가 절규가 고대 그리스인들을 가로질러 갔으며, 비극 이후의 다른 작품들을 통해 또한 우리를 가로질러 갔다.

그리스 비극은 지금도 문학작품의 원형으로 남아 있다. 그 양식이나 문체, 또는 분석할 수 있는 언어가 지금도 문학의 모범이 되기 때문이 아니다. 그리스 비극이, 문학에서 가장 중요한 것은 형식의 창조도 문체의 개발도 철학적 사상의 전달도 아니고, 오직 음악적인 것임을 우리에게 증명해 주었기 때문이다. 그것이 최후의 문학소란 음악처럼 보이지 않는 것, 부재하는 것, 개념화될 수 없는 표상 불가능한 것, 스치고 지나가는 순간 명멸하는 것임을 보여 주었기 때문이다. 그것이 문학이란 우리가 공동으로 제3자로 열리는 연극무대라는 것을, 우리가 밑바닥으로부터 벌거벗은 채로 소통할 수 있는 공동의 영역이라는 것을 가르쳐 주었기 때문이다. 그것이 문화로부터 자연으로, 자아로부터 익명적 존재로 사라져 갈 수밖에 없는 공동의 운명의 길을 가리켜 보여 주었기 때문이다. 그것이 지금도 그 자체로, 아니면 다른 문학적 양식(가령 시와 소설 그리고 연극)에 접목되어서라도, 고독이라는 민주주의의 병에 대한 치료제로 기능할 수 있기 때문이다. 간단히 말해, 그것이 지금도 문학이란 결국 '정치적' 일 수밖에 없다는 사실의 예시가 되기 때문이다. 작품으로서의 비극이 하나의 고정된 과거의 문학양식이 아니라 울려 퍼졌다 사라지는 음악이라면, 끊임없이 생성되어야 하는 것이라면, 그 비극은 오늘도 다시 도래해야 할 것으로 남아 있다.

2부

타자
사이 또는 관계

1. 주변자(周邊者)*
—『나르시스의 꿈』, 자기의식과 타자

> 처음에 의식은 누구의 것도 아니었다. 파도처럼 바람이 부는 대로
> 이는 의식은 다만 흔들리며 흐르는 것이었다. 공중에 떠도는 바람에
> 주인이 없듯이 처음에 이는 의식에도 주체가 없다.
> —박동환

1. 나르시스의 전설

나르시스의 전설은, 모든 이들의 사랑을 받았지만, 자신은 그 누구도 사랑할 수 없었던 한 미남 청년의 비극에 대한 이야기이다. 아름다운 자태를 가진 나르시스는 수많은 사람의 연모와 찬탄의 대상이었다. 그는 긍지 있는 자, 오만한 자였고, 자신에 대한 자부심 때문에 그에게는 어느 누구의 사랑도 쓸데없는 것에 불과했다. 아니 사실은 쓸데없는 것이 아니었으리라. 그가 샘가에서 자신의 영상을 보기 이전까지 타인들의 사랑과 관심이 그로 하여금 자기애, 나르시시즘으로 자신을 보존하게끔 하였을 것이다. 타인들의 사랑은 그가 샘물에 비친 자기의 모습을 보기 전까지 그에게, 비록 그는 그 사랑을 무시했었지만, 자신을 존재하게 하는 보호막이었을 것이다. 타인들의 사랑은 나르시스의 응답으로 이어지지 못하고, 항상 나르시스의 자기애를 커지게 하였을 뿐이었겠지만, 그

---

* 이 텍스트는 2006년 5월 24일 전남대학교 철학교육센터 주최 '수요토론회'에서 발표되었고,
에필로그 역시 같은 모임에서 제출되었다.

는 어쨌든 그 사랑을 받음으로써, 그 사랑으로 존재할 수 있었다. 그는 사실은 자기애로 살고 있었을 뿐이지만, 적어도 타인들에 둘러싸여 있었고, 그에 따라 그들의 사랑을 자기애로, 자신을 지탱하게 하는 힘으로 전환시킬 수 있었다. 자기애로 살아가던 나르시스에게조차 타인은 필요한 존재였다.

나르시스를 사랑했던 많은 사람들 중의 한 사람이, 항상 그러했듯이, 그로부터 사랑의 응답을 받지 못하고 도리어 거부와 함께 멸시를 받게 되자, 나르시스도 사랑과 그에 대한 거부의 고통이 어떤 것인지 알게 해 달라고 기도한다. 네메시스는 그 기도를 들어주었고, 나르시스가 사랑할 만한 대상을 선택한다. 그 대상은 바로 나르시스 자신이었다. 네메시스의 계략에 걸려든 나르시스는, 사냥 도중 더위와 갈증에 쫓겨 어느 누구도 찾아온 적이 없는 한 샘에서 물을 마시려다 수면에 비친 자신의 이미지를 발견하고 그 이미지에 반영된 자신과 열정적인 사랑에 빠진다. 나르시스에게조차 그 이미지에 비친 자신은 완벽한 아름다움 자체로 나타났던 것이다. 그때 이전까지 나르시스가 들어가 있었던, 타인의 사랑을 자신을 존재하게 하는 힘으로 환원시키는 과정이 끝나게 되고, 그 과정의 기만성이 드러나게 된다. 이전까지 그에게 타인과의 관계가 없는 것은 아니었으나(그는 타인들에게 둘러싸여 있었다) 그 관계에는 어떠한 형태로든 '함께함'과 '나눔'이 부재했다. 그가 샘물에 비친 자신의 이미지를 발견하고부터 '함께함'과 '나눔'의 부재는 돌이킬 수 없는 것이 된다. 그는 자신의 이미지에 매혹되어, 그 이미지에 탐닉하는 것 외에는 먹지도 자지도, 더 이상 타인들에게 둘러싸여 있을 수도, 그들의 사랑을 '이용'할 수도 없게 되었기 때문이다.

'함께함'과 '나눔'의 부재, 곧 타인의 부재. 나르시스의 전설과 함께 전해지는 요정 에코의 이야기는 이 타인의 부재라는 지옥을 다시 선명하게 그려 보여 준다. 에코는 여신 헤라의 미움을 받아 어떤 경우라도 먼저 말을 못하고 남이 한 마지막 말만을 되풀이할 수밖에 없는 저주를 받게 된다. 그 누구보다도 더 나르시스를 열렬히 사랑했던 에코는 다른 이들과 마찬가지로 나르시스에게서 버림받아 그 모욕과 수치로 인해 동굴이나 절벽에서만 살다가 슬픔을 이기지 못하고 죽어 바위로 변하게 된다. 나르시스를 사랑했던 자들을 대표하는 것처럼 보이는 에코는 나르시스의 타인들과의 관계가 어떠한 것이었는가를 잘 보여 준다. 나르시스에게 타인은 자신의 말을 되풀이하기만 하는 자신의 메아리(에코)에 지나지 않는다. 타인은 결국 고유의 목소리로, 관계 가운데, 살아 있는 관계 가운데 그에게 응답하지 않는다. 나르시스에게 되돌아오는 것은 타인의 목소리의 그림자, 즉 자신의 메아리밖에 없다. 절망적인 고독을 전하는 소리, 완벽한 자기동일성—그의 목소리와 타인의 목소리의 일치—가운데 울려 퍼지는 관계의 종말을 알리는 소리, 타인의 부재를 선언하는 소리. 그 소리는 결국 그가 탐닉하는 자신의 이미지로 형상화된다. 그는 자신의 이미지에 반사된 자신을 사랑하며, 자신에게 입 맞추려 하고, 자신을 안아 보고 싶어 하지만 그 이미지에는 어떤 실체도 없다. 타인의 목소리는, 타인의 응답은 그 이미지 가운데 이미 부재(不在)한다. 나르시스는 이미지에서 타인의 실체를 찾음으로 자신의 실체를 찾으려 하지만, 또는 자신의 실체를 찾음으로 타인의 실체를 찾으려 하지만, 다만 드러나는 것은 타인의 부재를 알리는 자신의 그림자일 뿐이다. 나르시스는 타인의 존재를 자신의 그림자와 맞바꾸었던 것이다.

『나르시스의 꿈』의 저자 김상봉에게 나르시스의 이야기는 단순히 하나의 신화, 인간성의 어떤 단면을 잘 보여 주는 신화가 아니다. 그 이야기는 그에게 서양문화의 가장 중요한 본질을 드러내 주고 있다. 그에게 서양문화는 본질적으로 나르시스적이며, 서양문화의 가장 두드러진 특색은 타인으로서의 타자에 대한 망각, 그와 동근원적인 자아와 자신의 동일성에 대한 집착이라는 두 명제로 집약적으로 표현된다. 그는 서양문화를 관통하고 있는 나르시시즘의 특성을 다음 네 가지 관점에서 규정한다.[1] 첫째로 나르시시즘은 일종의 반성적 자기의식이며, 자아를 자율성과 자유 가운데, 그에 따라 '확고한 긍지' 가운데 정초한다. 나르시스적 자기의식은 자유에 대한 의식, 자신이 타인들보다 위에 있다는 의식이며, 자아가 스스로에 대해 갖는 미(美)의식이다. 둘째로 나르시시즘에 빠진 자아에게 타인은 자신의 고유성을 가진 타자로서의 타자가 아니라 자아가 스스로에게로 되돌아올 수 있게 만드는—스스로를 다시 긍정하고 자신의 동일성을 다시 발견할 수 있게 만드는—매개점에 불과하다. 이때 타인은 자아의 동일성의 확증 가운데 소모의 대상이 된다. 셋째로 이에 따라 타인으로부터 분리된 자아는 단지 자신과의 관계에 몰두하는데, 그 관계는 자아가 스스로에 대해 설정한 반성적 거리이지만, 동시에 자아는 자신의 동일성에 대한 열망 가운데 그 거리를 제거하기를 스스로에게 요구한다. 이러한 거리의 설정과 동시에 거리의 제거에 대한 분열적 욕망이 바로 나르시시즘이다. 마지막으로 자신과의 관계에만 몰두하는 나르시스적 자아는 그 동일성의 늪 가운데 타인과의 관계로부터 단절되는데 그 단절, 관계성의 상실은 정신의 자기상실과 다르지 않다.

김상봉은 서양문화의 주도적 특성인 이러한 나르시스적 자아의 절대화가 특별히 파르메니데스와 플라톤의 동일자의 철학—존재를 사유에 정초시키는 철학—을 이어받으면서 서양철학의 흐름을 주도한

---

[1] 김상봉, 『나르시스의 꿈』, 한길사, 2002, pp. 238~242. 이 논문에서는 『나르시스의 꿈』을 중심으로 논의가 이루어질 것이며 부분적으로 『자기의식과 존재사유』(한길사, 1998)와—아래의 각주와 에필로그에서—『서로주체성의 이념』(길, 2007)을 참조할 것이다.

칸트로부터 헤겔까지의 독일 관념론에서 발견된다고 본다. 이러한 관점은 무리 없이 받아들여질 수 있을 것 같은데, 주권적 자기의식의 충만한 현전을 노리는 자아에 대한 관심이 일찍이 독일 관념론에서처럼 고조된 적이 없었고 자아에 대한 긍정이 서양문화사에서 그처럼 명시적으로 정식화된 적도 없었기 때문이다.

먼저 칸트는 이전의 형이상학이 가정했던 의식 바깥에 실재하는 초월적 세계를 의문에 부치고, 다만 주체가 구성한 '나'의 세계에 주목했다. 칸트에 이르러 철학의 눈은 초월적 바깥 세계에서 벗어나, 정신으로, '나'로 향하게 된다. 세계에 대한 이해를 위해 '나'는 초월적 바깥에 더 이상 의존할 필요가 없으며, '나'의 안을 들여다보기만 하면, '나'의 정신의 구조를 살펴보기만 하면 충분하게 된 것이다. 왜냐하면 세계란 '나'에 의해 구성된 것, '나'의 정신에 투영된 것에 지나지 않기 때문이다. "칸트와 더불어 생각하는 나 자신이 철학적 반성의 대상이 된다. 이런 점에서 서양정신의 나르시시즘은 칸트를 통해 자기 자신의 본래성에 복귀한다. 정신의 자기 자신에 대한 사랑이 이제 그 자체로서 철학의 수행이 되었다."[2] 서양정신의 나르시시즘과 칸트와의 관계를 말하면서 『나르시스의 꿈』의 저자가 먼저 문제 삼은 것은 타인으로서의 타자를 망각한 '내'가 아니라 정신에 의해 사유화(私有化)된 세계이다. 그는 나르시시즘이라는 주제와 관련해 '나'와 타인으로서의 타자와의 관계 이전에 '나'와 세계의 관계에 주목한다. 그에게 나르시시즘은 '나'와 관계를 맺는 다른 항이 세계이든 타인이든 그것이 '나'의 반성과 사유의 대상으로, 나아가 자신에 대한 반성의 계기와 자기의식의 확증의 계기로 환원될 때 문제가 될 것이다.

---

2) 김상봉, 『나르시스의 꿈』, p. 249.

그러나 김상봉에게 칸트가 현상(現象)으로서의 '나'의 세계를 구축한 것은 독일 관념론 전체를 염두에 두고 볼 때 나르시시즘의 완성은 아니다. 왜냐하면, 우리가 아는 대로, 칸트는 '나'의 직관이든 사유든 어떤 능력으로도 뚫고 지나갈 수 없는 완전한 타자의 세계, 물자체를 가정하기 때문이다. 따라서 칸트가 세계를 '나'에게 나타난 대로의 현상의 세계, '내'가 다가갈 수 있는 가지(可知)의 세계와 어떠한 방법으로도 다가갈 수 없는 세계, 물자체로 구분한 것은 나르시시즘의 표현인 동시에 나르시시즘의 한계에 대한 지적이다. (그러나 결국 전체적으로 보았을 때 칸트의 철학 자체가 나르시시즘이 아니다라고는 말할 수 없을 것이다. 왜냐하면 물자체는 거기서 이론적으로 어떠한 적극적 역할도 하고 있지 않기 때문이다. 오히려 그것은 세계가 다만 '나'에게 직관되고 사유된 세계, '나'의 세계 그 이외에 아무것도 아니다라는 점을 확고히 밝히기 위해 요청된 이론적 장치에 불과하다.) 김상봉의 관점에 의하면, 독일 관념론에서 나르시시즘의 완성은 객관적 관념론자라고 불리는 셸링, 헤겔에 의해 이루어지며, "독일 관념론이 정신에 대해 실재적인 타자를 제거해 나가는 과정은 다른 무엇보다 칸트의 '사물 자체'(Ding an sich)[물자체]가 제거되어 가는 과정을 통해 두드러지게 드러난다".[3]

셸링은 칸트의 물자체를 정신으로서의 '내'가 마주하고 있는 비아(非我, Nicht-Ich)로 정의했지만, 이 비아를 '나'의 관념적 활동을 통해 실재화된 것으로 봄으로써, 그것의 초월적 타자성을 부정했다. 비아는 '나'와 대립되는, '내'가 어떠한 능력으로도 다가갈 수 없는 실체가 아니라, '나'의 사유작용이 산출해 낸 것, 나의 관념의 속성이 객관적으로 드러난 것이며, 따라서 물자체가 아닌 것이다. 헤겔은 셸링의 그러한

---

3) 같은 책, p. 257.

'나'와 '비아'(나 아닌 것)의 종합에 보다 명료한 표현을 부여했다. 헤겔에게는, 정신으로서의 '나'와 대립하는 자연 가운데에 우리가 물자체로 부를 만한 어떤 것도 존재하지 않는다. 이러한 헤겔의 견해는 단순히 '나'의 외부인 자연의 모든 현실을 정신이 산출했다는 것을 의미하는 것이 아니라, 현상의 총체로서의 자연의 본질적인 의미가 정신에게, '나'에게 알려진다는 것 —그 의미를 자연을 벗어난 정신의 세계에서 '내'가 산출한다는 것 —이며, 나는 그 의미를 통해 '나'에게 대립된 세계인 자연을 관리하고 '지배'할 수 있다는 것이다. 헤겔에게서 '나'는 인식의 형식적 틀인 개인적 '나'(칸트)가 아니고 비아 전체를 내면화하는 신적 사유능력으로서의 절대적인 나(absolute Ich)도 아니며, 실질적으로 자연 전체의 목적과 의미를 지정하고 구체적인 담론과 개념들을 구성하는 보편적·절대적 '나'이다. 그러한 의미에서 헤겔에게 물자체는 정신에서 발견되는 이념(Idee)이며, 이 이념의 주체인 '나'는 실재로 이념에 참가하고 있고 담론을 구성하고 있는 동시에 자연을 통제·관리하고 있는 '나'이다.

『나르시스의 꿈』에서 칸트로부터 셸링·헤겔로의 이행 과정, 곧 독일 관념론의 전개 과정은, 사물 자체가 대상의 세계로부터 '나'의 세계로 이행되는 과정으로 이해되고, 결국 나르시시즘이 심화되는 과정으로 파악된다. 독일 관념론의 전개 과정에서 모든 종류의 바깥의 타자성의 계기가 사라지게 되며, 모든 세계는 '나'의 의식의 세계로 내면화된다. 또한 그에 따라 '나'는 개인적 '나'를 넘어서 전체를 자신의 지배하에 두는 절대적 존재로 나타난다. 이 두 가지 관점에서 보아, 독일 관념론의 전개 과정은 나르시시즘이 급진화되는 과정이다. 거기서 "서양정신의 나르시시즘은 […] 더 이상 오를 곳이 없는 그 꼭대기에 도달한다. 세계로부터 등을 돌리고 자기 자신에게로 돌아온 정신은 자기 밖의 모든 자립적 타자가 사라져 버린 세상에서 정신은 이제 절대자로서 그리고 유일한 주체로서 군림한다."[4]

2. 부재의 감각

따라서 김상봉에게 '나'의 나르시시즘을 극복하기 위해 먼저 문제가 되는 것은, 그의 사유가 궁극적으로 드러나는 주제인 '타인으로서의 타자와의 만남'을 해명하는 것이 아니라, 독일 관념론이 철저하게 내면화시켜 놓은 세계의 외부성을 발견하는 것이다. 말하자면 인격적 타자 또는 인간으로서의 타자에 앞서 세계 자체의 타자성이 문제가 된다. (물론 그의 궁극적 관심이 타인으로서의 타자라는 점에는 이론의 여지가 없다. 그러나, 다시 살펴봐야 하겠지만, 그에게 세계의 타자를 발견하는 것은 인격적 타자 그리고 그 타자와의 관계를 구명하는 데에 반드시 필요한 전제 작업일 것이다.) 그러나 세계의 타자란 무엇인가? 언제 '나'에게, 의식에 익숙한, 포착된 이 세계가 타자화되는가? 그 물음 이전에 먼저, 세계란 무엇인가? 독일 관념론을 배경으로 이러한 물음들에 대해 생각해 보기 위해, 하지만 『나르시스의 꿈』에서 전개된 논의 바깥에서, 저자의 관점 바깥에서(왜냐하면 그 물음들에 대한 저자의 설명이 명확히 제시되지 않은 것처럼 보이기 때문이다) 먼저 칸트로 다시 되돌아가 볼 필요가 있을 것이다.

* * *

---

4) 같은 책, p. 262.

칸트를 중심으로 세계가 무엇인가를 알아보기 위해 다음 문장을 되돌이켜 보자. "우리가 대상에 의해 자극받는 방식에 따라 표상들을 받아들이는 능력(수용성, Rezeptivität)은 **감성**(Sinnlichkeit)이라 불린다. 대상들이 우리에게 주어지는 것은 바로 감성을 통해서이며, 그 감성만이 우리에게 직관들을 준다."[5] 여기서 칸트는 사물에 대한 인식의 최초의 발단에 대해 말하고 있다. 인식은 그 최초의 형태에 있어서 자발적·능동적이지 않다. 말하자면 우리의 정신은 수동적으로 주어진, 수동적인 감성에 들어오는 감각(Empfindung)을 무차별적으로 받아들이기만 할 뿐이다. 칸트는 사유와 판단 이전에 직관에 따라 무차별적으로 주어진 것들의 총체를 현상(現象)으로 정의한다.[6] 여기서 현상은, 고대 그리스의 정식에 따라 칸트에게서, 감각적인 세계와 대응하고 인식에 의해 구성된 세계로, 사고된 것으로 이루어진 세계(이해 가능한 세계)로 전환되어야 할 것으로 남는다.[7]

칸트는 그리스의 전통에 따라 세계를 둘로, 감각적인 것의 세계와 사고된 것의 세계로 구분한다. 그러나 칸트에게 사고된 것의 세계는 인

---

5) I. Kant, *Kritik der reinen Vernunft, Werke 3*, Insel, 1956, p. 69(B 33).

6) "경험적 직관의 무규정적(unbestimmte) 대상은 **현상**(Erscheinung)이라 불린다."(같은 책, p. 69(B 34))

7) 이 두 세계의 구별은 그리스에서 비롯된 감각적인 것(αἰσθητὰ)과 사고된 것(νοητὰ)의 구별에 대응할 것이다(같은 책, p. 70(B 36) 참고). 또한 이 두 세계의 구별의 단초는 『순수이성비판』의 프로그램의 골격이 잘 드러나 있는 『감각적 세계와 지성적 세계의 형식과 원리들에 대해』에서 발견된다. "감성(감수성, Sensualitas)은 주체의 수용성, 주체로 하여금 어떤 대상의 현전에 따라 표상들을 형성하게 하는 수용성이다. 오성(Intelligentia/이성rationalitas)은 주체의 능력, 주체로 하여금 사물들을 고유의 속성에 따라 감각들에 떨어지지 않게 표상하도록 하는 능력이다. 감성의 대상은 감각적인 것(sensibile)이다. 그 내용이 오성에 의해서만 파악되는 것이 이해 가능한 것(intelligibile)이다. 고대의 학파들에게 감각적인 것은 현상(Phaenomenon)으로, 이해 가능한 것은 실체(Noumenon)로 불려졌다. 인식이 감수성의 법들에 종속되는 한 그것은 감각적이며, 인식이 오성의 법칙들에 종속되는 한 그것은 예지적 또는 합리적인 것이다."(I. Kant, *De mundi sensibilis atque intelligibilis forma et principiis/ Von der Form der Sinnen-und Verstandeswelt und ihren Gründen, Werke 5*, Insel, 1958, p. 28)

간정신에 외재하는 초월적 관념적 실체와 관계 없으며, 인간정신이 구성할 수 있는, 즉 인간정신에 내재적인 범주들의 적용에 따라 산출될 수 있는 이해 가능한 세계일 뿐이다. 우리가 사물을 인식하게 되고 이해하게 되는——사물에 대해 사유하게 되는, 사물의 의미를 파악하게 되는——근거는 결코 우리가 초시간적·초공간적으로 정신 바깥에 존재하는 어떤 초월적 관념을 나누어 갖고 있다는 사실에 있지 않고, 시공간 내에서 감성을 통해 수동적으로 감각적인 것을 받아들인다는 사실에 있다. 우리가 이해 가능한 세계와 관계한다는 것, 사물에 대해 인식하고 사유할 수 있다는 것, 그것은 우리가 감성을 지닌 존재자라는, 인식·이해·사유 이전에 수동적으로 감각적인 것에 이끌리고 있다는——감각적인 것을 직관한다는——사실에 기초하고 있다. "그러나 모든 사유는 결국 단적(직접적)으로 또는 어떤 표징을 통해 둘러서(간접적) 직관들에 연관되며, 결과적으로 우리에게서 감성과 연관되는데, 왜냐하면 어떤 사물도 다른 방법으로 우리에게 주어질 수 없기 때문이다."[8]

위의 논의는 칸트의 유명한 형이상학 비판의 기본적 관점과 연결된다. 무차별적으로 감성에 주어지고 있는 이 세계(현상)는 사유로 다가가기 전에 '내' 앞에 펼쳐지는 질료적 감각 덩어리의 세계, 다양과 잡다의 세계, 말하자면 '나'의 의식에 대해 타자인 세계이다. 그러나 이 세계는 '내'가 완전히 빠져나올 수 없고 오히려 빠져 있는 공간, 그리고 모든 사고작용이 전개될 수밖에 없는 공간이다. 칸트의 형이상학에 대한 비판은 한마디로 '나'의 어떠한 사유도 이 공간 바깥에서 영원과 절대의 관점에서 이루어질 수 없다는 사실을, 오히려 '나'의 모든 사유는 항상 이 공간 내에서만, 타자(他者)의 세계 내에서만 이루어질 수 있다는 사실을

---

8) I. Kant, *Kritik der reinen Vernunft*, p. 69(B 33).

지적한다. 그러나 칸트는 그리스로부터 이어져 오는 전통——의식철학, 관념론, 플라톤주의——에 따라 이 세계를 타자로 남겨 두지 않았다. 칸트는 이 세계를 동일자로 되돌리기 위해 플라톤이 말하는 이데아와 같은, 초공간적 영원의 관념적 실체에 의존할 필요가 없다고——또는 의존이 불가능하다고——말했을 뿐이다. 칸트에게서 타자의 세계, 다양과 잡다의 질료적 감각 덩어리의 세계(현상)를 동일자의 세계로 전환시키는 매개항은 오성의 범주들이다. 오성의 범주들은 '내' 가 타자로서의 세계를 '있다' (……이다)라는 의식의 규정으로 만나는 사태——즉 비존재가 존재로 전환되는 사태——를 지시하며, 이 타자로서의 감각 덩어리의 세계에 형식을 주는, 그 세계로부터 대상들과 그 양태들을 도려내는 정신의 가장 기본적인 틀이라고 말할 수 있다. 오성의 범주들을 거쳐 타자는 동일자로, 감각적인 것은 사유될 수 있고 이해될 수 있는 것으로 전환된다. 따라서 근본적으로 칸트에게 현상은 결국 타자가, 무규정적이고 이해 불가능한 것이 아니다. 현상은 동시에 언제나 이해 가능한 현상인 것이다. 감각적인 것의 세계는 언제나 사고된 것의 세계로 전환될 수 있는 것이다. 어쨌든 칸트의 세계에 대한 그러한 이해가 우리의 일상적 경험을 잘못 번역하고 있다고 볼 수 없다. '내' 가 마주하고 있는 현상을 '나'는 항상 대상과 그 양태의 결합의 형태로, 주어와 술어로, 개념으로 이해하고 규정한다.

앞서 제출되었던 문제, 세계의 타자란 무엇인가라는 물음으로 되돌아가 보자. 세계의 타자는 이 세계를 초월해서 그 원리와 법칙의 근거가 되는 어떤——이데아와 같은——초월적 관념적 실체가 아니다. 오히려 세계의 타자는, 우리가 인간인 한 필연적으로 세계를 관념적으로, 개념으로 이해하고 규정한다는 사실 때문에 나타난다. 말하자면 그것은 우리가 개념으로 이해하고 규정해서 구성해 낸 이해 가능한 세계의 잉여로, 여분으로 주어진다. 그것은 세계가 이해 가능한 세계로 주어지지 않았다면 발생할 수 없다. 칸트가 말한 대로 감성에 기입되는 감각적인 것이 이해와 사유 이전에 주어지며, 이해 가능한 것의 근거라고 볼 수 있다면, 감각적인 것은 개념을 통해 이해 가능한 것으로 간단히 환원되지 않으며 항상 잉여의 존재를 갖는다——그 점에 칸트는 주목하지 않았으며, 아마 그 여분의 존재를 단순히 오류(Irrtum)[9]의 산물이라고 치부했을 것이다. 그 여분의 존재 총체에 세계의 타자가 나타난다.

감각적인 것의 여분에 들어오는 세계의 타자는 진부한 하나의 사물에 대한 경험에도 드러날 수 있다. 가령 『구토』에서 로캉탱은 하나의 사물, 돌멩이조차 세계의 타자에 기입될 수 있음을, 타자로서의 존재로 나타날 수 있음을 본다. 로캉탱은 하나의 돌멩이를 쥐어 보고, 그것의 즉자성 앞에서, 왜 그것이 존재해야 하는지, 자신과 어떤 관계를 맺고 있는지 이해하지 못하고 그것이 주는 낯섦과 무의미 앞에서 절망하며 "시큼한 구토증"을 느낀다. 잉여와 여분으로서의 감각적인 것이 사물에 대한 이런저런 지식과 관점을 통해 개념을 갖고 나름대로 세계를 이해하는 '나'와 맺고 있는 관계 가운데 들어올 때, 세계의 타자가 나타난다. 세계의 타자는 '내'가 마주하고 있는 사물을 의식을 통해 적극적으로 파악하지 못하고 일종의 혼란에 빠질 수밖에 없는 순간에 드러난다. 그것은 의식의 좌절을 낳는 혼란과 고통의 감각 가운데 현시된다. 세계에 대한 의식의 동일화작용의 한계를 가리키면서 '나'의 나르시스적 세계 이해를 무시하는 타자의 침입은 감각을 거쳐 이루어진다. 김상봉의 타자에 대한 사유에 적지 않은 영향을 주었던 것처럼 보이는 박동환은 이

---

9) "오성의 기능이 적용되는 대상으로서 오성에 종속된 감성은 실재적 인식들의 원천이다. 그러나 같은 감성이 오성의 활동에 영향을 주어 그 판단을 결정하는 한, 감성은 오류의 근거이다." (I. Kant, *Kritik der reinen Vernunft, Werke 4*, Insel, 1956, p. 309〔B 351〕.)

렇게 말한다. "사람들이 집착하는 자신의 있음이 스치며 사라져 갈 궤도를 그려 주는 가장 생생한 모델은 태고의 기억을 좇아 쉼 없이 흩어져 가는 잠시의 감각이다."[10] 감각적인 것의 나타남 앞에서 일반적(또는 일상적) 이해는 감각의 '아니다'라는 규정 불가능성(A는 B가 아니다라는 규정과는 다른, 모든 의식의 긍정과 부정을 불가능하게 만드는 감각의 무규정성)에 부딪혀 한계에 이른다. 감각의 '아니다'는 의식이 개념과 관점과 지식을 통해 파악했었던 사물의 내용에 대한 부정이며, 그 부정은 이해 가능한 것으로 번역되지 않는 빈 사물인 감각적인 것과 감각이 맺는 "잠시의", 순간의 관계 가운데 현시된다. 그 부정은 "쉼 없이 흩어져" 감, 순간의 사라짐, 의식의 규정적 활동에 역행하는 감각의 움직임이다. 그 부정에 부딪힐 때, '내'가 지금까지 포착했던, '나'의 지배 가운데 동일화시켰던 세계가 흔들린다. 그 부정은 사물의 주어짐, 사물의 소여(所

---

10) 박동환, 『안티호모에렉투스』, 길, 2001, p. 24. 김상봉은 박동환을 근대 이후 한국철학의 출발점으로 보고 있다: 「절망의 철학과 양심의 논리: 박동환과 20세기 한국철학의 계보」, 『나르시스의 꿈』 참조.

박동환이 아직 많은 사람에게 알려져 있지 않은 상태이기 때문에 여기서 그에 대해 간략하게 소개할 필요가 있을 것 같다. 김상봉의 위의 평가에서 알 수 있는 것처럼, 박동환은 서양철학과 동양철학 모두의 전통을 깊이 있게 탐색했지만 궁극적으로는 자신이 서 있는 역사와 현실 위에서 자신에게 고유한 물음들을 일관되게 따라갔던 철학자이다. 그의 사유의 중심 문제들 가운데 몇 가지만 거칠게 요약해 본다면, 첫째는 개인의 의식(관념 구성)의 능력을 최소화시키는 관점에 섰을 때 존재는 어떻게 나타나는가라는 것이고, 둘째는 사회와 문화의 체제의 배면에서 생명의 움직임들이 어떠한 궤적을 그리고 있는가라는 것이며, 셋째는 제1세계가 아닌 지역에서 철학 자체는 어떠한 의미를 갖고 있는가라는 것이다. 그의 철학적 모색의 과정에 대해 소수만이 주목해 오고 있지만, 『교수신문』은 '현대 한국의 자생이론 20' 가운데 하나로 그의 사상을 소개했고, 또한 김상환 교수는 그의 사유가 현대철학의 핵심적 문제에 다가가 있다는 사실을 확인해 주었다. 박동환의 대표 저서들로는, 『서양의 논리, 동양의 마음』(까치, 1988), 『동양의 논리는 어디에 있는가』(고려원, 1993), 『안티호모에렉투스』(길, 2001)가 있다. 그에 대한 글로는 위의 김상봉의 글 이외에, 김상봉, 「절망의 끝에서 침묵하는 양심: 『안티호모에렉투스』의 경우」(문예아카데미 2002년 5월 2차 월례문예포럼, 미출간); 김상환, 「박동환의 3표론이 던지는 물음: 해체론을 어떻게 완성할 것인가」(철학아카데미 2008년 4월 12일 토요아카포럼 발표문, 미출간); 최세만, 「박동환의 '3표 철학'이란 무엇인가: 동서철학을 넘어 새로운 영토 개척」(『오늘의 우리 이론 어디로 가는가?—현대 한국의 자생이론 20』, 교수신문 엮음, 생각의나무, 2003)이 있다.

與)가 아니라, 순간의 사물의 사라짐, 말하자면 감각이 감각적인 것과 맺는 순간의 관계에서 명멸(明滅)하는 감각적인 것의 비가시적임, 비소여이다(그 부정은 의식의 능동적 부정이 아니라 수동적 부정, 감각에 의해 의식이 부정됨이다). "감각이 스쳐 가는 길처럼, 살아 있는 것들이 거쳐 가는 운명의 길을 가리켜 주는 것이 없다. 감각은 생각처럼 머물러 있는 자의 길을 고집하지 않는다. 생각은 감각에 암시된 것을 외면하고 허구의 존재에 집착한다. 그러나 감각은 세상에 있는 것들의 피할 수 없는 먼 여정(旅程)에 대하여 가르친다. 잠시 머물다가 흩어져 갈 차가움과 뜨거움이, 즐거움과 아픔이 살아 있는 것들을 향하여 다가온다. 그리고 부름의 메시지를 남기며 떠난다."[11]

　세계의 타자는 잉여와 여분으로서의 감각적인 것(빈 사물)의 현전 또는 그 공간의 현전이다. 그에 대해 한편 칸트도 표상될 수 없는 무제한성의 자연을 숭고라는 이름으로 말할 때 염두에 두고 있다고 볼 수 있다. "따라서 자연은 그 현상들에 대한 직관이 그 무한성을 포함할 경우 숭고하다. 그것은 우리의 구상력의 최대의 노력이 어떤 대상을 평가하기에 불충분한 것으로 드러나야만 산출될 수 있다."[12] 숭고한 것은 잡다한 감각을 하나의 종합에로 가져가는 구상력(상상력, Einbildungskraft)에 우선 관계하지만, 그것을 초과하고 또한 오성의 개념 구성 능력의 한계를 초월한다. 그것은 '나'의 정신에 대해 일차적으로 타자로 나타난다. 그러나 칸트는 숭고를 말하면서 구상력이 최대한도로 발휘되어도 포섭할 수 없는 절대적 크기를 가진 특별한 대상—예를 들어, 거대한 산, 거대한 피라미드—을 염두에 두고 있다. 숭고한 것은 타자이기는

---

11) 박동환, 『안티호모에렉투스』, p. 30.
12) I. Kant, *Kritik der Urteilskraft, Werke 8*, Insel, 1957, p. 342(B 93).

하되 어떤 특별한 현상에 대한 감각과 관계하는 타자인 것이다. 그러나 세계의 타자는 특별한 감각적 체험인 숭고의 체험 속에서만 제시되는 것이 아니라, ──칸트가 아마도 감각적인 것에 대한 직관과 오성의 범주 적용을 거쳐 대상을 산출하는 경험이라 여겼을── 일상적 체험 가운데에서도, 예를 들어 돌멩이에 대한 감각에도 이미 잠재적으로 드리워져 있다. 한편 하나의 조약돌은 너무나 진부한 이해의 대상, 동일화의 대상이지만, 다른 한편 그것은 순간의 감각과 함께 영원히 사라져 가고 '나'의 어떠한 이해의 능력으로도 전유할 수 없는 허(虛)와 무(無)의 공간에, 무규정적 현상에 이미 기입되어 있다. 칸트가 말하는 숭고의 체험은 그러한 무규정적 현상의 체험의 특수한 일부분일 뿐이다.

물론 우리는 언제나 하나의 사물인 조약돌을 보고 세계의 타자에 휘말리지 않는다. 일상 가운데 하나의 사물은 **일반적으로** 너무나 진부한 것이고, 항상 이해 가능한 것이다. 우리는 일상적 삶에서 그러한 사물들과 함께 안전하다.

그러나 꼭 그러한가, 예를 들어 하나의 사물을 두고 계속 같은 이미지를 반복해서 그리고 있는 한 화가에 대해 생각해 보자. 그가 바라보고 있는 일상의 사물이 완전히 남김없이 관념·개념(언어) 가운데 포착될 수 있다면, 그에게는 수고하면서 반복해서 같은 이미지에 집착하면서 그것을 그리려고 할 이유가 없다. 그는 우리 일반인들이 이해할 수 없는 어려움 가운데 순간에 명멸하는 감각의 궤적을 추적했었던 것이 아닐까? 순간의 감각과 함께 영원히 사라져 갈 공간을, 그 공간에서 또한 지워질 그 사물을, 그리고 자신을. 아마도 일반적으로 예술가는 철학자보다 그 허와 무의 공간에 들어오는 무규정적 현상에 더 민감할 것이다. 아마도 독일 관념론은 칸트에서부터, 그가 감각적인 것과 감성에 대한 제한된 관점을 정당화했을 때부터 잘못된 길을 걸어왔을 것이다. 독일 관념론자들은, 특히 헤겔은 하나의 사물 안에, 하나의 조약돌 안에 그려지는 세계의 타자의 자취를 보지 못하고 거창하게 가능한 모든 세계들을, 신을 그리고 자기 자신을, 어쨌든 그 모든 것을 나르시시즘과 함께 전유하려 했던 것이 아닌가……

그렇다면, **일반적으로**, 언제 '내' 앞에 있는 이 진부한 사물들이, 진부한 세계가 타자화되어 나타나는가? 어떤 극단의 물리적(육체적), 비물리적(비육체적) 고통 앞에서 ── 예를 들어, 죽음의 체험, 타인의 죽음의 체험, 병, 사회로부터의 배제 ── , 한마디로 인간의 유한성(有限性, finitude)이 알려지는 곳에서, 우리는 익숙하고 친근했던 세계의 배면, 세계의 타자와 만난다. 세계의 타자는 결코 우리 앞에 펼쳐져 감각에 들어오는 세계 저 너머의 관념의 어떤 초월적·신적 세계가 아니다. '내'가 세계의 타자와 부딪히는 가운데 다만 '나'의 이해의 한계가 드러날 뿐이다. 이는 '내'가 사물들을, 그것들의 용도들이나 일반적 의미들을 이해하지 못한다는 것을 뜻하지 않는다. 이는 그것들이 펼쳐져 있는 세계의 있음 자체에 대한 이해 불가능성을, 다시 말해 '내'가 그 세계라는 공간으로 건너간다는 사실 ── 바깥으로 나감, 바깥에 있음(ex-sistance) ── 또는 열림 자체의 무의미를, 따라서 '나'의 있음의 무의미를 말한다. 그러한 무의미가 세계의 타자가 우리에게 남기는 메시지이다. 그 무의미는 감상적(感傷的)인 것도 관념적인 것도 아니며, 인간의 유한성에 대한 자각을 강요하는 모든 육체적·비육체적 고통이 세계의 타자와의 관계 내에서 번역되어 남긴 최후의 말이다. 유한성을 각인시켜 주는 고통을 겪으면서 ── 그것이 어떠한 것이든지 ── 우리는 인간인 이상 또는 인간이기 때문에 다시 세계의 한계와 무의미가 주는 고통을 겪는다. 모든 종류의 심한 상처는 무의미의 상처로 인해 덧난다.

* * *

　비록 지금까지 세계의 타자에 대한 논의가 『나르시스의 꿈』 바깥에서 이루어지기는 했지만 세계의 있음의 무의미와 마주함 또는 세계의 타자와 마주함은 저자가 말하는 "허무"와 "덧없음"과 마주함과 본질적으로는 다르지 않을 것이다. (위에서 세계의 타자는 『나르시스의 꿈』의 저자의 관점을 벗어나 감각과의 관련하에 논의되었다. 그러나 감각에서가 아니라면 그 타자는 도대체 어디에서 알려질 수 있는가?) 김상봉은 다른 곳에서 이렇게 말한다. "그리하여 존재의 의미를 나 속에서 묻는다는 것은 나의 유한성 속에서 존재일반의 유한성과 부정성을 드러내고 해명하려는 시도이다. 여기서 우리의 존재사유는 없음에서 벗어난 절대적인 순수 존재를 지향하는 것이 아니라, 정반대로 있음이 아무리 애를 써도 자기에게 동화시킬 수 없는 영원한 타자(他者)인 없음을 향해 나아간다. 그리하여 존재론은 더 이상 순수 존재에 대한 반성이나, 그것의 담지자인 신에 대한 성찰이 아니라, 도리어 존재의 허무와 덧없음에 대한 명상이다."[13]

　세계의 타자와 마주함, 세계 배면의 허와 무의 공간에 처할 수밖에 없음, 그것이 먼저 '나'의 나르시스적 환상을 깨뜨린다. 따라서 서양철학의 정점에서 발견된, 세계를 매개로 절대주권에 오른 헤겔적 자기의식과 같은 환상을 의문에 부쳐야 한다. '나'는 결코 세계의 중심이 아닐 것이며, 세계는 '나'의 거주처, '나'의 땅이 아닐 것이다.[14] '나'는 땅과

---

13) 김상봉, 『자기의식과 존재사유』, 한길사, 1998, p. 15.
14) "'근원적으로 자유란 그리스적 사유에서 보았을 때, 자기 땅에 머무르는 것을 의미했다.' (『나르시스의 꿈』, p. 266) 자신의 집, 자기 땅에 머무른다는 것은 또한 철학적 관점에서 보았을 때 의식이 항상 자기 곁에 머무름, 자기 자신을 긍정함을 의미한다.

집이 없는 자, 세계의 바깥으로 쫓겨난 자, 궁극적으로 자신을 긍정할 수 없는 자, "타자인 없음"에 이미 돌이킬 수 없이 매몰되어 있는 자에 불과할 것이다.

그러한 사실은 일차적으로 의식이 아니라 감각에 알려진다. 감각은 칸트가 생각했던 것처럼 단순히 개념으로, 주어와 술어의 결합으로 전환되어 표현되어야 할 자료에 불과한 것이 아니다. 그것은 정신의 틀에 의해 재단되어야 할 필요가 있는 단순한 질료 덩어리가 아니다. 또한 그것은 진리라는 무게로부터 벗어나게 하는 어떤 심미적 쾌락을 가져다주는 탐닉할 만한 감각도 아니다. 진정한 감각은 사물들이 쉼 없이 흩어져 가는 허와 무의 공간, 세계의 타자와 마주하는 데에서 오는 반전(反轉)의 충격과 고통이다. "그러므로 보다 높은 진리는 증명으로 주어지는 것이 아니고 반증과 반전으로 '부딪히는' 것이다."[15] '나'의 주변성을 알리는 세계의 타자와의 만남은 지극히 경험적인 통로로 알려진다. 그 만남은 일차적으로 의식이 추적해서 정식화할 수 있는 것이 아니다——만일 그렇게 할 수 있는 것이라면, 그 만남은 결코 **타자**와의 만남이 될 수 없을 것이다. 그것은 부재(不在)를 알리는 감각을, 예를 들어, 머리를 치는 충격을, 어지러움을, 한숨을, 외마디를, 또는 김상봉이 시인 한용운에 대한 해석에서 말하는 것처럼 한 방울의 눈물을 동반한다.[16] 부재의 감각은, 가령 한 방울의 눈물은, 세계에 대한 우리가 지식으로 쌓을 수

---

15) 박동환, 「비극의 역사의식과 우리철학의 비젼」, 『철학』, 한국철학회 편, 1988, p. 54. 또한 이 논문 끝에 실린 심재룡 교수의 논평을 참조할 것. 이 논문은 다음 책에 다시 실렸다: 박동환, 『동양의 논리는 어디에 있는가』, 고려원, 1993.

16) "시인은 눈물 속에서, 슬픔 속에서 당신을 보았다고 말한다. 이는 철학적으로 말하자면 슬픔과 눈물 속에서 존재의 진리를 보았다는 말일 것이다."(『나르시스의 꿈』, p. 300) 김상봉은 또한 함석헌의 역사철학을 논하는 자리에서 그의 아름다운 표현, "눈에 눈물이 어리면 그 렌즈를 통해 하늘나라가 보인다"를 반복하여 인용한다: 「함석헌의 역사의식과 고난의 자기의식」, 『나르시스의 꿈』 참조.

있는, 그에 따라 사물들과 세계에 대한 관리를 용이하게 하는 그 어떤 인식도 보태 주지 않는다. 그것은 오히려 그러한 인식이 가능할 수 있기 위해 전제되어야 할 축인 자아를 뒤흔들고, 그 한계를, 그 주변성을 알리는 징후이다. 그것은 사물과 세계의 빈자리로 들어간다는 사실에 대한, 또한 '나'의 주변성에 대한, 즉 '아니다'에 대한 감각이다.

3. 윤리 이전

그럴 것이다. 지금까지 서양철학은 인식(관념과 사물의 일치)을 통해 다다를 수 있는 관념의 빛의 세계에만 주목해 왔을 것이다. 자아의 힘이 보장되는 자아의 동일성에 대한 확인이, 확고한 자기의식이 진리의 기준으로 매김되는 밝은 세계에 이르기만을 열망해 왔을 것이다. 서양철학은 빛의 세계 배면의, 그 이하의 세계를, 나르시스적 자아의 자기동일성이라는 환상이 깨지고 빛의 근원인 자아의 부재가 눈물로 표현되는 어둠의 세계를 외면해 왔을 것이다. 그러나 "존재의 진리를 나 속에서 묻는 것은, 절대적 없음 앞에서 우리가 체험하는 정신의 동요와 전율 속에 고통스럽게 머무르려는 결단에서 시작된다. 절대적 존재, 순수한 존재의 빛을 향해 상승하려는 욕구가 아니라 없음과 소멸 그리고 결핍의 어둠과 하나되려는 용기 속에서 참된 존재사유는 시작되는 것이다. 그것은 나를 존재의 충만함으로 정립하려는 욕망을 버리고 나의 존재를 없음의 비어 있는 가난함 속에 내맡김으로써 가능해진다".[17]

    존재의 타자에 드리우는 어둠에서 김상봉은 비로소 그의 궁극적 주

---

17) 『자기의식과 존재사유』, p. 16.

제인 타인으로서의 타자와 타인과의 만남에 대한 사유를 본격적으로 시작한다. "그러나 비어 있는 가난을 너무 슬퍼해서는 안 된다. 한낮의 밝음 아래에서는 아무것도 같은 것이 없다. 그때 우리는 모두 외따로 떨어진 섬처럼 홀로 있다. 그러나 보라. 아무것도 없는 어둠 속에서는 모든 것이 하나이다. 없음의 어둠 속에서 우리는 모두 하나가 된다. 모든 나의 없음 속에서 비어 있는 가난함 속에서 하나의 우리가 된다."[18] '나'와 '너'의 만남, '나'와 타인의 만남과 하나됨, 그것이 김상봉에게는 모든 종류의 인식이 추구하는 빛이 비출 수 없는 세계의 타자의 어둠과 마주해 추구될 수 있는 반나르시스적 궁극의 진리이다. 그러나 그에게 그러한 '나'와 '너'의 하나됨은 모든 종류의 나르시시즘을 극복하고 '나'를 '너'에게 양도하는 윤리를 통해 이루어진다. "그러나 만남이란 무엇인가? 그것은 너를 위해 나를 양보하는 것, 네가 나 속에 머물 수 있도록 나를 비우는 것이 아니었던가? 그리고 그것은 너에게 나의 주체성을 양도하는 것이 아니었던가?"[19]

우리는 이러한 표현에서 드러나는 정신의 가치를 보고, 진정한 만남—어둠과 가난에서 '너'를 찾아 만남—을 희구(希求)하는 열정의 소리와 나아가 나르시스적 자아를 거부하면서 '너'를 품으려는 양심(良心)의 소리를 듣는다. 결국 서양정신에 뿌리 깊게 박혀 그 정신을 주도하고 있는 나르시시즘을 극복할 수 있는 정신은, 인간의 유한성을 알리는 고통과 마주해서 마찬가지로 그 고통 앞에서 신음하는 타인을 위해 나를 양도하는 휴머니티 바깥에서 발견될 수 없을 것이다. 자아 스스로가 자신 안에 갇히는 데서 오는 나르시시즘의 병을 치료할 수 있는 정신

---

18) 같은 곳.
19) 『나르시스의 꿈』, p. 31.

은 결국 윤리의 정신이다. 결국 김상봉이 세계의 타자에 내리는 어둠을 거쳐 도달한 곳은 사물들을 비추는 인식의 빛이 아니라, '참된 빛', 어둠 앞에서의 '인격적 만남'이 가져오는 '너'와 '나'의 동일성, '진리의 빛', 즉 윤리적 정신 또는 윤리적 자기의식이 마주하는 빛이다. "**도리어 진리는 나와 네가 만남 속에서 하나될 때, 그 일치 속에서 온전히 발생한다. 그러니까 우리가 슬픔의 어둠으로 낮아져 너와 네가 하나로 만날 수 있을 때 그 인격적 만남 속에서 비로소 진리의 빛은 우리 사이에 깃드는 것이다.**"[20)]

그러나 여기서 김상봉이 주목하고 있는, 세계의 타자에 드리우는 어둠으로부터 윤리의 빛으로의 이행에 대해 다시 한번 살펴보자. 존재 론적 어둠이 직접적으로 윤리의 빛을, '너'를 위한 '나'를 비움이라는 반나르시시즘적 지혜의 정신을 부르는가? 존재론적 어둠은 직접적으로 윤리적 정신의 모태인가? 세계의 타자에 스미는 어둠이 직접적으로 지시하는 것은 결코 윤리적 정신이 아니라 세계의 무의미와 그에 따르는 '나'의 유한성이다. 그 어둠은, 일차적으로, 윤리적 정신을 이루는 자기 의식(김상봉은 인식의 자기의식을 비판하고 윤리적 자기의식을 부각시킨 다)이 아니라 감각에, 예를 들면 한 방울의 눈물에 알려진다. 말하자면 그 어둠이 직접적으로 지시하는 것은 '나'의 근본적 결핍과 '내'가 '나' 라고 말할 수 없게 하는— '나'를 '나' 아닌 것으로 변형시키는—, 모 든 종류의 자기의식을 불가능하게 만드는 의식 이전의 고통이다. 그 결 핍과 고통 가운데 '나'는 결코 '내'가 아니며— '나'의 자기동일성은 한계에 이르며—, '나'를 대치하는 자는 이미 **자기의식을 상실한 자, 주 변자**이다.[21)] 주변자는 인간의 유한성을 알리는 고통과 마주하고 있는 자, 세계와 있음의 무의미의 고통에 노출되어 있는 자, 세계 내에서 자

20) 같은 책, pp. 32~33.

신을 근본적으로 확인하고 긍정할 수 없는 자이다. 그는 자신으로부터 추방된 자이며 **아직** 어떠한 자기의식도 가질 수 없는 자이다. 만일 우리가 타인을 부를 수밖에 없다면, 그 이유는 우리가 자기의식 가운데 충만한 '나'가 아니라 주변자이기 때문이다. 그 주변자됨, 그것이 모든 윤리적 정신과 나아가 (윤리적) 자기의식 이전에 타인과의 관계의 전제 조건이다. 우리는 일차적으로 주변자로서, 결핍된 존재로서, 윤리를 위해서가 아니라 세계의 무의미를 홀로 감당할 수 없기 때문에 타인을 부르는 것이다. 또한 타인의 주변자됨을 자기의식을 통해 앎으로─타인과 '나'의 동일성을 자각함으로─어떤 윤리에 도달하기 이전에, 타인의 주변자됨의 고통을 **느끼는** 것이다. 그러나 그러한 타인과의 소통 이전에 우리는 모두 근본적으로 결핍된 자, 타인을 부르는 자, 타인의 도움을 요청하는 자들이다. 우리는 모든 윤리에 앞서, 나아가 어떠한 윤리도 말하기 이전에, 타인과의 관계를 요구하며 타인에게 의존되어 있는 자들이다.

4. 나르시스와 헤겔

『나르시스의 꿈』 이전에 『자기의식과 존재사유』에서, 특히 마지막 장, 「'나'의 존재론에서 '우리'의 존재론으로: 선험철학의 완성과 극복을 위한 서론」에서 김상봉에게 타인으로서의 타자(인격적 타자) 그리고 그

---

21) 이에 대해 박동환은 명확한 표현을 주었다. "어느 때 자기의식을 잃는가? 고통과 충격이 다가왔을 때, 더 이상 버틸 수 없어서 자기 아닌 것이 되어 사태를 감당하는 것이다. 다름으로 뒤집히는 흐름에다 자기를 포기하는 것이다. 그것을 깨침의 순간이 아니라고 말할 수 없다. 다름으로 뒤집힘에 대항할 수 있는 자는 없다."(박동환, 『안티호모에렉투스』, p. 11) 이 '주변자'라는 용어를 필자는 박동환에게서 빌려 왔다.

와 맺는 관계라는 문제의 틀이 이미 형성되었다고 볼 수 있다. 그 문제는 칸트에 대한 비판적 관점을 유지하면서 '나'로부터 '너'로의 이행을 추적해 보는 데에 있다. 그 문제는, 보다 정확히, 칸트의 선험철학이 '나' 가운데 나 자신과 세계와 신만을 정초하고 "친구 삼을 수 있고 말건넬 수 있는 너"의 존재를 무시했다면, "너의 존재를 자기의식의 본질적 진리로부터 정당화시키지 못"했다면, "너의 존재"를 "나의 순수한 자기의식"의 본질적 계기로 정립시키는 데에 있다.[22] "요컨대 나의 순수한 자기의식 속에서 '너'의 존재 의미와 가치를 근거 짓는 것, 이것이 우리의 과제인 것이다."[23] 그렇다면 여기서 '나의 순수한 자기의식'에 근거 지어진 '너'란 누구인가?

칸트에게 자기의식은 반성적 의식의 일종이다. 반성적 의식은 사유하는 '내'가 만나는 것을 대상으로 정립하는 사유활동이며, 자기의식은 그 대상이 '내' 자신이 된 경우에 있어 반성적 의식이다. 김상봉은 그러한 칸트의 자기의식에 대한 정의에서 사물인 '그것'과는 다른 한 인간으로서의 '나'를 사물화시키는, 하나의 인식론적 대상으로 환원시키는 오류를 본다. "이런 의미에서 칸트가 말하는 자기의식은 사물적 자기의식이다. 나는 나 자신에게 '그것'인 존재이다. […] 나 속에서 주체=객체이다. 그러나 여기서 객체가 단지 사물적 대상인 한에서 객체는 3인칭의 '그것'일 뿐이다. 그리하여 주체와 객체의 동일성은 이제 나와 그것의 동일성이 된다. '나=나'라는 자기동일성의 의식이 '나=그것'이라는 사물적 자기의식이 되어 버린 것이다."[24] 문제는 그러한 사물적 자기의식을 극복하고 인격적 자기의식을 회복하는 데에, '나' 속에서 '그

22) 『자기의식과 존재사유』, p. 338.
23) 같은 책, p. 347.
24) 같은 책, p. 353.

것'이 아닌 '너'를 발견하는 데에 있다. "나에게 마주 선 인격, 마주 선 주체는 '그것'이 아니다. 타자성 속에서 나에게 마주 선 또 다른 '나', 그것의 이름은 오직 '너'이다. 내가 나에게 타자가 되고 대상이 될 때, 나는 '그것'이 되는 것이 아니라, '너'가 된다."[25] "나에게 의식된 나, 그러나 자기거리 속에서 마주친 또 다른 나, 그의 이름은 '너'이다. 그리하여 순수한 자기의식은 내가 나 자신을 너로서, 타인으로서 의식하고 체험하는 데 존립한다."[26] 그러한 '너'는 어쨌든 '나'의 의식에 기입된 '너', '내' 안에서 발견된 '너', '나'와 매개된 '너', 말하자면 '나'의 자기의식과 매개된 '너'이다. "나의 순수한 자기의식"에 드러난 '너'는 사물적 자연의 세계가 아니라 정신의 인륜적 세계(sittliche Welt) 가운데에 있다. 그러한 '너'는 결국 '나'의 세계 바깥에 자립적으로 존재하는 타자가 아니라, '나'의 자기의식을 통해 밝혀진 '너'이다. 따라서 '너'는 '나'의 세계 바깥에서 고유의 타자성을 보존하고 있는 '너'가 아니라, '나'의 인륜적 세계 내에서 타자로 드러나는 추상적인 '너'일 뿐이다. 다음의 인용에서 우리는 인륜적 세계 가운데 '너'와 '나'의 매개라는 헤겔의 목소리를 듣지 않을 수 없다. "그러나 나의 자기의식 속에서 인륜적 세계의 근거를 구한다는 것은 무엇을 뜻하는가? 한마디로 말하자면, 그것은 자기의식 속에서 '너'를 필연적으로 근거 짓는 것, 그리고 더 나아가 나와 너의 상호제약을 자기의식의 본질적 진리로 정초하는 것을 말한다. 자연적 세계는 '그것들'의 세계이다. 그러나 인륜적 세계는 인격적 주체들의 세계, 나와 너의 세계이다. […] 이제 너의 존재 역시 나의 의식 속에서만 존재론적 근거를 얻을 수 있는 것이다."[27]

---

25) 같은 책, p. 355.
26) 같은 책, p. 359.

『나르시스의 꿈』에서 '나'의 나르시시즘 가운데 '나'의 메아리로 전락될 수 없는 타인의 타자성을 회복하기를 원했던 저자는 의외로, 모순되게, 자신 스스로가 서양사상과 나아가 서양문화의 나르시시즘의 정점에 올려놓았던 헤겔에게로 돌아가고 있는 것처럼 보인다. 당연히 문제는 헤겔에게로 돌아가느냐 돌아가지 않느냐에 있지 않을 것이다(우리는 정당하게 헤겔의 어느 부분을 취할 수도 있고 다른 부분은 버릴 수도 있다). 문제는 물자체를 정신의 이념으로 봄으로써 세계의 모든 타자성을 제거한 헤겔이 세계의 중심으로 간주한 나르시스적 (절대적) '나'에 이번에는 인륜적 세계라는 주제가 결부되어 "너의 존재 역시 […] 존재론적 근거를 얻을 수" 있게 된다는 것이다. 어떻게 모든 타자를 사유화(私有化)하는, 서양 나르시시즘의 정점에 있는 헤겔적 '나' (『나르시스의 꿈』에서 저자는 그 사실을 거듭해서 강조했다)에 타인의 진정한 타자성이, '나'의 나르시스적 폭력을 벗어나는 타자성이 보존될 수 있는가?[28]

---

27) 같은 책, pp. 345~346. 여기서 김상봉은 스스로 자신이 말하는 인륜적 세계가 헤겔이 『정신현상학』에서 말한 '인륜성'(Sittlichkeit), '인륜적 세계'(sittliche Welt)와 관계없지 않음을 밝히고 있다(같은 책, pp. 341~342 참조).

28) 이 모순은 사소한 것이 아니다. 사실 그것은 김상봉이 『나르시스의 꿈』(2002) 이후에 그 책의 속편으로 내놓은 『서로주체성의 이념』(2007)에서 읽을 수 있는 논제들에서도 잔존하고 있다. 이에 대해 약간 상세히 살펴볼 필요가 있다.

그는 『나르시스의 꿈』 이전에 출간된 『자기의식과 존재사유』(1998)의 마지막 장 「'나'의 존재론에서 '우리'의 존재론으로」에서 "칸트의 체계 속에서 인간의 역사와 사회, 즉 인륜적 세계는 존재론적 기반을 얻지 못한다"(『자기의식과 존재사유』, p. 388)라고 평가하고 "한마디로 말하자면 '우리'의 존재론은 존재를 이제 인륜성의 지평에서 사유하려는 것이다"(같은 책, p. 72)라고 분명히 하면서, '우리' (즉 그의 용어를 빌리자면 '서로주체들')를 정초하기 위해 헤겔적이지 않을 수 없는 '인륜성'이라는 개념으로 돌아갔다. 가령 인륜성을 공유하는 '우리', 즉 '나'와 '너'를 설명하면서 그가 "나와 너는 서로를 향해 그리고 서로를 위해 자기를 부정하고 버림으로써 자기 자신에게로 복귀하고 자기 자신을 보존한다"(같은 책, p. 369)라고 말할 때 헤겔의 목소리를 듣지 않기란 불가능한 일이다. '나'의 의식적 자기부정에서 출발해서 타자의 의식을 매개하는 데에로, 즉 보편적 의식인 '우리'로 나아가는 길은 이미 헤겔이 우리에게 가리켜 보여 주었던 길이다.

'우리' 또는 '서로주체들'을 정초하기 위해 『자기의식과 존재사유』의 결론 부분에서 헤겔을 원용했던 저자는, 우리가 잘 아는 대로, 『나르시스의 꿈』에서 헤겔을 서양 나르시시즘의 완

헤겔적 인륜의 세계 가운데 드러나는 '너'는 추상적 타인일 뿐 결코 그 고유의 타자성을 간직한 타자가 아니다. 그러한 '너'는 이미 정립된 어떤 윤리적 법칙에 따라 구성되고 의식의 수다성(數多性)을 전제로 실현된 공동체에 단순한 구성요소로 끼워진 추상적인 한 부분일 뿐이

성자 또는 최고봉으로 간주하면서 과격하게 물리친다. 우리가 일반적으로 한 사상가의 어떤 주장은 받아들이고 다른 주장은 각하하듯이, 우리는 물론 정당하게 헤겔의 어떤 부분은 수용하고 다른 부분은 부정할 수 있다(헤겔 자체는 수많은 얼굴을 가진 철학자이며, 가령 이전의 코제브 그리고 최근의 지젝이 보여준 헤겔은 정신적·국가적 보편통합주의를 말하는 일반화된 헤겔이 아니라 인간 자체의 본성적 구조와 심연을 보여 주는 새로운 헤겔이다). 그러나 문제는 김상봉이 받아들이는 동시에 거부하는 헤겔의 주제가 하나의 같은 주제, 즉 인륜성에 정초된 '우리'라는 데에 있다. 그는 그 모순에 대해 자세히 설명하지 않는다.

가장 최근의 저서 『서로주체성의 이념』에서도 김상봉은 "그[헤겔]는 내가 우리이고 우리가 나라고 말할 때, 만남의 의미에 대해 누구보다 깊은 통찰의 가능성을 보여 주었"(『서로주체성의 이념』, p. 171)다고 평가하면서, 곧이어 "우리의 과제는 헤겔이 멈춘 바로 그 지점에서 생각을 시작하는 것이다"(같은 책, p. 172)라는 선언으로 넘어간다. 그러나 그가 말하는 '우리'와 '서로주체성'이 어떻게 헤겔의 지평을 넘어설 수 있는가라는 의문에 대해서는 구체적인 답변이 없고, 독자 입장에서는 텍스트 곳곳에서 "서로주체성을 압축적으로 표현하면, 내가 아닌 너를 통해서만 내가 된다는 것을 의미한다"(같은 책, p. 235)와 같은 전형적으로 헤겔적인 정반합의 논리를 만날 수밖에 없게 된다. 만일 그 의문이 다시 제기된다면, 그는 자신이 『서로주체성의 이념』에서 제시한 봄과 들음이라는 주제를 들어, 자신은 헤겔과는 달리 주체의 능동적 능력인 봄 이전에 주체의 수동적 능력인 ── 타자를 ── 들음'을 강조한다고 대답하는지 모른다. 그러나 그러한 타자 앞에서의 수동성이나 타자를 위한 자기상실은 "서로를 위해 자기를 부정하고 버림으로써 자기 자신으로 복귀하고 자기 자신을 보존"하기 위해 이미 헤겔이 반복해서 강조한 바가 아닐 수 없다.

김선욱 교수는 『서로주체성의 이념』에 대한 서평에서 이렇게 말한다. "김상봉 교수는 서로주체성의 핵심을 파악하기 위해 거울이 필요했는데 그것은 독일 관념론이었다. [⋯] 그런데 언어는 수단이 아니다. 언어는 자신의 생각을 전달하는 도구가 아니라 생각 자체를 형성하고 있는 벽돌과 같은 것이다. 김상봉 교수는 우리의 철학을 제시하면서 관념론에 본래적으로 내재된 문제를 자신의 개념 속으로 고스란히 가져와 버리지 않았는가라는 의문을 금할 수 없다"(『연세대학원신문』, 2007년 4월 9일자). 사실 그가 애착을 갖고 쓰고 있는 '인륜성', '주체성', '자기의식', '이념'과 같은 용어들은 모두 독일 관념론에서의 중요한 용어들이며, 그의 사고의 패러다임 역시 독일 관념론적이다. 특히 그가 무엇보다 강조하는, 그리고 여기서 문제가 된 '나'와 '너'로부터 '우리'로의 이행 과정은 정신 또는 의식의 매개 과정이라는 점에서 전형적으로 변증법적이며 근본적으로 헤겔적 사유의 테두리 내에 있다. 아마 '우리'라는 문제를 헤겔을 벗어나서 사유하기 위해 필요한 것은, '너'와 '나'라는 관계의 항들이 아니라 관계 자체에 주목하는 것이며, 김선욱 교수가 말하고 있는 대로, 그 관계 자체는 정신이나 의식이나 관념이 아니라 몸에 바탕하고 있을 것이다. "이 책 『서로주체성의 이념』에서 거울로 사용하고 있는 관념론적 패러다임을 보다 과감하게 버려야 한다고 본다. 그래야 만남이 더 적절하게 설명될 수 있다. 만남은 '선험적으로 이해되어야 한다'는 설명 방식이

다[29]——예를 들어 그러한 공동체는 가족·민족 또는 정부일 수 있다. '나'의 자기의식 가운데 매개된 '너'는, '내'가 마주한 인륜적 현실성을 지닌 현실적 공동체라는 인륜적 실체[30]에서 추상적으로 파생된 것에 불과하다. 여기서 '나'는 자기의식 가운데 이미 정립된 윤리적 법칙들과 현실적으로 인정된 객관적 공동체들을 이해하고 있으며, 결국 '우리'를 선취하고 있다. 헤겔의 인륜적 세계라는 개념과 단절하지 못한 채 '너'로 나아가려 하면서 김상봉은 현실적으로 객관적 힘을 지니고 있는 보편적 '우리'를 미리 상정하고 있으며, 다만 '우리'에 한 부분으로 끼워진 '너'에 대해 말하고 있을 뿐이다. 그에게 '나'의 순수한 자기의식은 이미 단순히 '나'에게만 속하는 것이 아니라 이미 "'우리'의 서로주체성의 의식"[31]에 도달해 있는 것이다.

　　타인이 진정한 타자일 수 있으려면, 그는 어쨌든 '나' = '우리'의 틀 바깥에 있어야 하지 않는가? 누가 '나'에게 지금 앞에 서 있는 '너' 앞에서 의식적·매개적 동일성 가운데 그 자체로 보편적·객관적인 큰 '우리'가 될 수 있는 권리를 부여하였는가? 도대체 문제는 어디에 있는가?

아니라, '살가운 만남이 몸으로 요구되어야 한다'가 원래의 의도를 더 잘 해결하는 방식이라고 본다'(같은 곳). 그러나 김상봉은 "현대철학"이 "주체의 개념에 대해 모욕을 표시하는 것에서 자기의 정체성을 찾'은 것은 "마치 이승만이나 박정희가 공산주의를 반대하는 것으로 자기의 정체성을 삼은 것과 같다"(『서로주체성의 이념』, p. 239)라고 말할 정도로 자기의식적 주체에 강한 애착으로 보이고 있고, 그 주체 개념이 독일 관념론 자체를 정의할 수도 있는 개념이라고 본다면, 그는 자신의 5·18에 대한 해석에서 증명하고 있듯이 마찬가지로 독일 관념론의 테두리 내에서 자신의 사유를 노정할 것이다(이 책 아래 「무상無想 무상無償」에서 pp. 201~204 참조).

29) "따라서 이러한 규정에 따르면 인륜적 실체는 이제 현실적으로 존재하는 구체적인 실체, 즉 일정한 객관적 상태에서 존재하는 의식의 수다성(數多性)을 통하여 실현된 절대정신인 셈이다. 이러한 점에서 지금의 이 정신은 곧 공동체(Gemeinwesen)이라고 하겠거니와[…]." (헤겔, 임석진 옮김, 『정신현상학 II』, 지식산업사, 1988, p. 551.)

30) "결국 정신이 지니는 바로 그 정신적 실재는 이미 인륜적 실체로 지칭된 바 있었으나 지금의 정신성은 인륜적 현실성이다." (같은 책, p. 544.)

31) 『자기의식과 존재사유』, p. 371. 또한 김상봉에게, '나'는 이미 '우리'의 높이를 선취한 '나'일 것이며, "나의 자기의식은 그 자체로 하나의 인륜적 세계이다"(같은 책, p. 370).

헤겔이 틀렸다는 것이 문제의 핵심이 아니다. "그[헤겔]는 어느 한도 내에서 자신이 옳았던가를 알지 못했다."[32] 헤겔은 현실을 너무나 정확하게 보았다. 문제는 그가 현실을 너무나 정확히 보았기 때문에 현실 밖을 보지 못했다는 데에 있다. 헤겔적 인륜의 세계라는 '나'의 자기의식이 마주한 세계는 분명 현실적·객관적으로 윤리적 측면에서, 가족·민족 등의 공동체와의 관계에서 '나'뿐만 아니라 '너'의 사고와 행동을 규제한다. 인륜적 세계는 이성의 힘에 기초한 빛의 세계, 낮의 세계, 우리의 현실을 좌우하는 세계이며, '나'는 그 세계를 진정 '나'에게 매개된 세계로 '나'의 자기의식 가운데 받아들일 때에만, 윤리적·인륜적 관점에서 힘을 소유할 수 있다. 헤겔의 관점에서 보았을 때, 추상적 자기의식에 머무르지 않으려면 '나'는 현실의 인륜적 세계에 참여해야만 한다. 그러나 '힘'을 통해 '너'와 '내'가 서로를 제한하고 부정하는 관계 바깥에, 둘 모두가 이미 구성된 큰 '나' = '우리'에로 동일화되는 관계 바깥에 진정한 타자로서의 타인이 있지 않겠는가?

따라서 헤겔이 비난했던 독일 낭만주의자들 그리고 헤겔을 비난했던 키에르케고르가 그랬던 것처럼 현실세계에 흡수될 수 없고 양도될 수 없는 '나' 고유의 주체성을 찾는 것이 문제가 되지 않는다. '나' 고유의 주체성을 찾는 것, 그에 따라 어떠한 형태로든 객관적 윤리의 세계인 인륜적 세계를 무시하고 그 세계를 초월하는 '나'의 가치를 발견하는 것이 문제가 되지 않는다. 어디에서 '나' 고유의 주체성이 아니라, ─ '나' = '우리'의 동일성 바깥의 ─ 타인 고유의 진정한 타자성이 스스로를 주장하는가? 타인은 현실 세계의 빛의 '힘' 바깥에서, 세계의 타자라

---

32) 인용된 문장은 조르주 바타유의 것이다. Jacques Derrida, *L'Écriture et la différence*, Seuil, 1967, p. 369에서 재인용.

는 공간 가운데 자신의 타자성을 요구할 것이다. 그는 빛이 꿰뚫고 지나 갈 수 없는 어둠 속에서 자신의 주변됨을, 주변자로서의 현전을 드러낼 것이다.

5. 자기의식에 반대하여

우리가 세계의 타자에 놓일 수밖에 없다는 사실에, 거기로부터 영원히 벗어날 수는 없다는 사실에 우리 공동의 유한성이 있다. 그 유한성 가운데 인간은 스스로를 주변자로 드러낸다. 인간이 스스로 충만한 신(神)이 아니라 주변자라는 것, 그것이 모든 윤리적 요구 이전에——또는 모든 윤리가 기반하고 있는——타인과의 관계의 전제이다. 만일 우리가 절대적 자기의식을 가진, 영원히 충만한 자기 자신, 신이라고 가정해 보자. 그 경우 우리에게 타인이, 타인과의 관계가 필요하겠는가? 만일 인간이 세계의 토대로서, 세계에 의미를 부여하는 의식의 주체라고 생각해 보자. '나'에게는 근본적으로 타인이 필요 없을 것이다. 가령 헤겔의 경우, 주인으로서의 정신인 '나'와 절대적 자기의식을 말하면서, '우리' 바깥의 타인에 대해, 타자로서의 타인에 대해 말할 수 없다. 만일 우리 모두가 언제나 홀로 자족적으로 자기의식 가운데 완전하게 충만한 존재로 존재할 수 있다면, 우리에게는 본질적으로 타인이 필요 없다. 신은 자족적이고——자기목적적이고——스스로 충만함에도 불구하고, 또는 충만하기 때문에 사랑할 수 있을는지 모르지만, 인간의 경우 그렇지 않다. 인간이 세계의 타자에 매몰될 수 있다는 것, 인간이 유한한 존재라는 것, 그 사실이 타인과의 급진적 관계의 조건이다. 유한성이 우리의 관계의 조건이다. 인간이 자기의식 바깥의 주변자라는 것, 그것이 우리의 급진적 소통의 조건이다. 타인과의 관계가 '나'의 결핍과 유한성에 기초 지어져 있다는 것, 그 사실은 자기의식에 근거해서 '우리'의 서로주체 성의 높이를 가리키기 이전에 급진적 소통이 문제가 된다는 것을 의미 한다.

분명 서양철학은 나르시시즘의 역사를 기록하고 있고, 그 역사에 자기의식이라는 주제가 제시되어 있으며 그 역사의 정상에 헤겔적 자기 의식이 놓여 있다. 김상봉은 아마 헤겔이 주장한 자기의식을 포함해 서 양의 모든 자기의식을 교정하기를 원할 것이다. 다만 또 다른 '자기의 식'으로. 그는 헤겔이 아마도 심각하게 고려하지 않았을 세계의 타자와 그 어둠 그리고 거기에 처할 수밖에 없는 자들의 가난과 슬픔 그리고 눈 물을 본다(『나르시스의 꿈』에 의하면, 그 가난·슬픔·눈물의 체험은 특별 히 비참한 굴종의 근대를 거쳤던——거치고 있는——한국인들의 것이며 문 학·역사·철학에서 각각 한용운·함석헌·박동환의 사유에 기록되어 있다). "그렇다면 빛은 어디에 있는가? 오직 빛은 가장 깊은 어둠 속에 있다. 밝은 눈을 잃고 어둠 속으로 낮아진 뒤에야 비로소 지혜를 얻은 오이디 푸스처럼 정신은 오직 가난과 슬픔의 어둠 속에서 비로소 참된 빛으로, 참된 진리로 통하는 문을 보게 된다."[33] 슬픔의 어둠으로부터 빛으로의 이행, 그것은 자기의식의 상실에서 참다운 자기의식으로의 이행과 다르 지 않다. 그 참다운 자기의식은 자아에 대한 긍지에 뿌리박고 있는 서양 의 자기의식 또는 헤겔의 자기의식과 완전히 같지 않을 것이다. 왜냐하 면 슬픔이 '나'의 자기의식의 본질적 계기이기 때문이다. "그러나 어떤 의미에서, 슬픔이 나의 존재의 본질적 진리일 수 있는가? 여기서 우리 가 말하는 '나'는 어떤 특정한 개인이 아니라 순수한 주체성으로서의

33) 『나르시스의 꿈』, p. 32.

나, 그러니까 순수한 자기의식으로서의 생각하는 나를 뜻한다."[34]

슬픔에서 비롯된 상실의 자기의식은 긍지에서 비롯된 헤겔적 자기의식과 동일화될 수 없을 것이지만, 본질적으로 '내'가 마주하는 '그것' 또는 '그 누구'를 매개로 자기를 확인하고 규정한다는 점에서 구조적으로 헤겔적 자기의식과 다르지 않다. 나아가 헤겔 자신 역시 세계가 무(無)로 변하는 과정에서만, 그 부정(否定) 가운데에서만 정신이 참다운 진리를 얻을 수 있다는 것을 간과하지 않았다.[35] 무에 거하는 슬픔으로부터 하나의 본질적 자기의식을 길어 낸다는 것, 그것은 분명히 어둠으로부터 빛으로의 전환이다. 그러나 그것은 또한 '내'가 마주한 무의 중심에 서서 자기 스스로를 긍정하고 나아가 자신의 '힘'을 확인하는 또 다른 나르시시즘으로의 전환일 수 있다. 문제는 '내'가 세계(현실, 예를 들어 인륜적 세계)와 마주하느냐 아니면 무(슬픔, 부정적인 것, 세계의 타자)와 마주하느냐에 있지 않다. 문제는, 설사 어둠과 슬픔 앞에서 **"나는 없다. 그리고 아무것도 없는 나는 또한 아무것도 아니다"[36]라는 자기의식을** 갖더라도, 그렇게 스스로를 규정한다 하더라도, '나'의 탈존 자체가 자기의식의 헤겔적·변증법적 확인에서 마감될 때, 자기의식의 운동의 구조에 들어가 있을 때, 필연적으로 '나'는 내가 마주한 모든 '그 무엇' ——

---

34) 같은 책, p. 305.
35) 『정신현상학』의 유명한 문장을 보자. "그러나 이와는 다른 진정한 정신의 생명력은 죽음을 두려워하는 나머지 그 자신이 파멸되지 않도록 이를 고이 보존하고 간직하기보다는 오히려 죽음을 감내하며 바로 이 죽음 속에서 자기의 생명을 보존하고자 한다. 정신은 오직 갈기갈기 찢기다시피 한 내적 자기분열을 통해서만 그의 진리를 획득한다. 그리하여 정신이란 결코 부정적인 것을 외면하고 긍정적인 것에만 집착한다거나 또는 우리가 어떤 문제에 대하여 그것이 아무 의미도 없다거나 혹은 거짓된 것이라는 등의 단 한마디 말로써 끝맺음해 버린 채 딴 곳으로 고개를 돌리곤 하는 그런 힘일 수도 없으며 오히려 그것은 부정적인 것을 정면으로 바라보면서 바로 그 부정적인 것에 의지하여 그 속에 머무를 수 있는 힘인 것이다. 이와 같이 바로 그 속에 머무르는 것(Verweilen)이야말로 부정적인 것이 존재로 전환되도록 하는 마력과도 같은 것이다." (헤겔, 『정신현상학 I』, 1988, p. 92.)
36) 『나르시스의 꿈』, p. 307.

'내'가 그리로 건너가고 있는 '그 무엇' ─을 '내' 안으로 사유화(私有化)할 수밖에 없게 된다는 데에 있다. 어둠과 슬픔은 단순히 '나'의 본질적 자기의식의 계기에 불과한가? 그 이전에 어둠과 슬픔은 의식 나아가 자기의식으로 번역되지 않는 고유한 여분의 것을 가지고 있지 않은가? 오히려 어둠과 슬픔은 보다 본질적으로 인간의 주변자됨을 말하지 않는가?

결국 『나르시스의 꿈』의 정점에서 발견되는 것은, 자기의식의 빛이 슬픔을 거쳐 본질적 자기를 비추고 이어서 '너'와의 만남의 빛과 조응해야 한다는 윤리적 요청이다. 인식과 발견의 빛, 만나는 대상을 사물화시키는 빛과 다른 어둠과 슬픔에서 발하는 자기의식의 빛은 또한 '너'와 '나'의 인격적 만남의 빛이다. "그러나 진리는 무엇이며, 빛은 또 무엇인가? 그것은 우리가 자기 자신의 관계를 벗어나 당신을 만날 때, 나와 너의 참된 인격적 만남 속에 깃들인다."[37] 진정한 '나' 자신의 회복에 이어지는 만남의 빛은 '너'를 드러냄으로써 어둠 속에서 발하는 최후의 빛이 된다. 그 빛은 어둠 속에서 '너'와 '나'의 하나됨을 가능하게 하고 '너'와 '나'의 동일성을 비춘다. "한낮의 밝음 아래서는 아무것도 같은 것이 없다. 그때 우리는 모두 외따로 떨어진 섬처럼 홀로 있다. 그러나 보라. 아무것도 없는 어둠 속에서는 모든 것이 하나이다. 없음의 어둠 속에서 우리는 모두 하나가 된다. 모든 나는 없음 속에서 비어 있는 가난함 속에서 하나의 우리가 된다. 그리고 참된 존재사유는 모든 나를 없음의 어둠 속으로 불러모음으로써 하나의 우리를 만드는 근원적 실천인 것이다."(「존재의 의미를 나 속에서 물음」, 『자기의식과 존재사유』 머리말)

이러한 문장 가운데 드러나 있는 정신의 고결함에 주목해야 한다.

---

37) 같은 책, p. 32.

또한 여기서 표현된 진리에 귀 기울여야만 한다. 문제는 그 진리가 틀렸다는 데에 있지 않다. 그것은 어둠 속에서 우리가 걸어야 할 참다운 길에 빛을 비추고 있다. 문제는 하지만 그것이 하나의 윤리적 규정에 머무를 뿐, '나', '우리' 바깥의 타자로서의 타인에 대해 말하지 못한다는 데에 있다. 앞에서 인륜적 세계를 언급하면서 지적했었던 것처럼, 여기서도 어둠 속에 있는 '나'는 빛을 발견함에 따라——진정한 자기의식의 회복에 따라——이미 '하나의 우리'의 위치에 도달해 있다. "모든 나는 없음 속에서, 비어 있는 가난함 속에서 하나의 우리가 된다." '나'의 자기의식을 기반으로 해서 만난 '너'는 이미 '나'의 확대인 '하나의 큰 우리'의 지평에 나타날 뿐, 본질적으로 자신 고유의 타자성을 간직하지 못한다. 자기의식은 자신이 만나는 '그것'과 '그 누구'를 통해 자신을 주체로 확립한다. 그에 따라 '나'는 '하나의 우리'의 지평으로 확대되고——그 '하나의 우리'가 슬픔과 어둠에 처한 아무것도 아닌 '우리'라 할지라도——, 이어서 또 하나의 주체 '너'를 '나'와 동일한 자로 규정한다. 그러한 자기의식의 변증법적 전개가 윤리적(규정적)인 이유는, 그것이 '나'와 '너'를 하나의 의식의 틀 안에 고정시키는 과정과 다르지 않기 때문이다.

"철학이 슬픔에 대해 묻는 것은 생각이 자기의 본래성에로 돌아가려는 노력이다. 끝내 완벽히 이루어질 수 없는 노력. 왜냐하면 슬픔은 언제나 철학보다, 생각보다 더 크기 때문에."[38] 그러나 여기서 김상봉은 어떤 방법으로도 자기의식 내에로 해소될 수 없는 **슬픔의 비변증법적 요소(슬픔의 비-자기의식적 요소)**를 드러낸다. 이는 세계의 타자에 드리우는 어둠의 크기를 드러내는 것과 다르지 않다. 자기의식의 한계, 사유의 한

---

38) 『나르시스의 꿈』, p. 302.

계를 드러냄, 빛이 도달하지 못하는 저편의 어둠, 사유로 치유되지 않는 슬픔의 병, 그 가운데 세계의 타자가 나타날 것이다. 세계의 타자, 자기의식을 좌절시킴으로써 인간의 궁극적 유한성을 감각에, 부재의 감각에, 한 방울의 눈물에 각인(刻印)시키는 타자. "어느 때 자기의식을 잃는가? 고통과 충격이 다가왔을 때, 더 이상 버틸 수 없어서 자기 아닌 것이 되어 사태를 감당하는 것이다."(박동환)

칸트는 인간이 신(神)처럼 초월적 관념의 세계에서 사물을 파악할 수 없다는 것과 감각을 통해서만 사물에 대한 인식에 이를 수 있다는 것을 동일시했다. 말하자면 칸트에게서도 감각은 인간이 절대적으로 자율적 존재가 아니라 다만 피조물이라는 사실의 징표가 되는 '인간적인 너무나 인간적인' 것이었다. 그러나 감각은 다만, 칸트가 생각했던 것처럼 의식에서 개념으로 번역되는 경험의 자료에 불과한 것이 아니라, 그 번역이 불가능해지는 지점을 가리키는 부재(不在)의 담지자이자 고통과 충격에서 드러나는—극단적인 시련, 병과 죽음, 사회로부터의 추방과 배제, 사랑하는 자의 상실 등에서 드러나는—인간의 유한성의 징후를 전하는 자이기도 하다. 여기서 인간이 겪을 수 있는 어떤 고통·충격 또는 슬픔을 과장하는 감상주의(感傷主義)는 문제가 되지 않는다. 그것들을 동반하는 극적인 사태 앞에서 자기의식을 갖지 말라는 냉소적 교훈을 전하는 것은 더더욱 문제가 되지 않는다. 중요한 것은 주변자됨이 자기의식에 기초한 삶보다, 피조물로서 유한성을 떠날 수 없는 벌거벗은 인간 존재의 모습을 그 밑바닥에서 보여 준다는 데에 있다. 주변자는 자기의식에 기초한 '나'에 앞선다. 인간은 주체·자아·자기의식을 결정적 죽음이 오기 전까지 붙들고 있다. 그러한 점에서 주체·자기의식은 사라지지 않는다. 그러나 주체 이전에 주변자가 있고, 주체는 언제나 주변자로 변할 수 있다. 주체는 주변자의 가장(假裝), 변장(變裝)에 불과하다.

자기의식은 그 자체로 헤겔적이며 또한 나르시스적이다. 자기의식은 경제원리에 입각해 있다. 그것은 만나는 '그것' 또는 '그 누구'를 '내' 안으로, '내' 집, '내' 땅 안으로 '나'를 확인——설사 그것이 '나'의 없음에 대한 확인이라 할지라도——하기 위해 끌어들이는 의식이다. 타인과의 진정한 만남은 타인에게 자기의식의 빛을 비추는 데에 있지 않다. 소통의 지고성(至高性)은 빛의 구원(자기복귀)을 바라지 않고 주변자의 탈존을 인간의 가장 보편적인 조건으로 '직접적으로' 받아들이는 데에 있다. 타인과의 진정한 만남은 포괄적인 하나의 '우리'를 먼저 가정하고 타인을 그 속에 귀속(歸屬)시키는 데에 있지 않고, 타인의 주변자로서의 탈존에 응답하는 데에, 그것으로 열리는 데에 있다. '우리'의 의식의 틀에 타인을 묶어 두는 것이 아니라, 타인의 주변자로서의 탈존에 응답하는 것, 거기에 타인의 환원 불가능한 타자성을 보존하는 길이 있을 것이다. 우리는 자기의식의 빛 이전에 먼저 어둠 속에서 타인을 만날 것이다. 어둠 속에서 '나'와 타인의 동일성은 하나의 큰 '우리'에 속하는 주체들을 지정하는 데 따라 주어지는 명사적 동일성이 아니라, '나'와 타인이 함께 세계의 타자로 열리는——즉 주변자의 탈존을 공유하는——사건 가운데서의 동일성, 말하자면 동사적 동일성이다.[39] 따라서 타인의 타자성이라는 것은 '나'와 타인이 서로 아무런 연관 없이, 어떠한 동일성도 나누지 못하고 분리되어 있다는 것을 의미하지 않는다. 어떠한 동일성도 전제하지 않는 타인의 '절대적' 타자성이란 관계의 완전한 부재를 통해서만 보존될 수 있을 뿐이다. 타인의 타자성은, 주변자가 우리 공동의 인간이라는 사실에 근거하고 있다. 그 사실에 비추어 볼

---

39) '나'와 타인 사이의, 명사적 동일성과는 다른 동사적 동일성에 대해 우리는 이 책의 2부 3장 「환원 불가능한 (빈) 중심, 사이 또는 관계」에서 다시 살펴보았다.

때 사회의 기준들에 따라 동일성 —— 남자, 여자, 인종, 국적, 정당, 정치적 이데올로기 —— 을 고정시키는 행위는 절대적이지 않거나 나아가 피상적이다. 타인의 타자성은 타인 앞에서 어떤 자기의식의 빛을 비출 때, 어떤 윤리를 보여 줄 때가 아니라, 타인의 주변자로서의 탈존을 다만 나눌 때, 스스로를 주장할 것이다. 그러한 나눔은 윤리를 긍정하지도 부정하지도 않으며 윤리 이전의 소통의 지고성과 관계한다. 그것은 윤리의 빛이 다가가지 못하는 어둠에서 이루어질 것이지만, 결국 그것이 모든 윤리의 기반일 것이다.

에필로그

사실 발표자는 이 논문을 쓸 때도 그랬고, 지금도 김상봉 교수를 개인적으로 잘 알지 못한다. 물론 그가 이전에 인사동에서 '거리의 철학자'로 남아 있었을 때, 발표자도 인사동 거리에 왕래가 잦았기 때문에 그를 이런저런 기회에 자주 보기는 했다. 그러나 발표자는 그와 지금까지 한 번도 속내를 들여다볼 수 있는 기회를 갖지 못했다. 그렇다고 발표자는 그가 멀리 떨어져 있다고 느끼지도 않는다. (사정은 이 논문의 줄거리를 제공해 주신 박동환 교수의 경우도 마찬가지이다. 발표자는 학부 시절부터 대학원 시절까지 매해 수없이 박동환 교수의 강의를 들었지만 그와 한 번도 친밀하게 대화를 나눌 기회를 갖지 못했다.)

김상봉 교수를 개인적으로 잘 알지 못하는 익명의 다수에 속한 입장에서 말해 본다면, 발표자는 정치적 측면에서 또는 윤리적 실천의 측면에서 —— 간명하게, 그리고 너무 성급하게 '고백'한다면 —— 그를 지지한다. 그가 강조하는 학벌사회의 문제, 대학들 간 서열 문제, 상하 사이의 위계적 질서의 문제, 중등교육을 지배해서 학생들의 정신을 화석화시키고 있는 '노예도덕'의 문제, 그 모든 문제가 이 사회에서 얼마나 심각하며 얼마나 큰 폐해를 낳는가를 발표자도 마찬가지로 통감한다. 이 불합리하고 억압적인, 그 이전에 '죽어 있는' 현실에 대한 그의 분노에 전적으로 공감한다.

그러나 발표자가 이 논문을 쓸 때 그를 개인적으로 잘 알지 못했었음에도 불구하고 그를 가깝게 느끼고 그에 대한 애정을 갖고 있었다면, 그 이유는 발표자가 다만 사회를 향한 그의 말과 행동을 지지하는 많은 사람 중에 한 사람이었기 때문만은 아니다. 그 이유는 『자기의식과 존재사유』와 『나르시스의 꿈』에서의 논의들 가운데 많은 부분이 발표자에게 상당히 익숙했었기 때문이다. 그것들은 발표자가 학부 시절부터 박동환 교수에게 들어 왔던 것들과 원칙적으로 다르지만 직접적 또는 간접적으로 관련이 있어 보였다. 발표자는 그 두 책을 읽으면서 한편으로는 저자의 관점의 참신함에 주목하면서 많은 것을 배웠지만, 다른 한편으로는 학부 시절부터 알고 있던 것들을 복습하는 느낌도 들었다. 그것이 김상봉 교수의 글과 생각에 집중해서 이 논문을 쓰게 된 가장 큰 이유였음을 밝히면서, 이제 김상봉 교수에게 몇 가지 질문을 제출해 보려고 한다. 사실 이 논문은 논문이란 것이 요구하는 형식에 따라 쓰여진 면이 있기 때문에, 발표자로서는 거기서 '직접적'으로 하지 못한 말들이 있다. 발표자는 독자들 앞에서 보다 '직접적'인 방식으로, 김상봉 교수의 미출간 원고 「나르시스의 꿈을 넘어서」[40]도 참조하여, 먼저 몇 가지 견해를 개진해 보고, 이어서 몇몇 물음을 제출해 보려고 한다.

---

40) 김상봉은 『나르시스의 꿈』의 논점들을 확장 개진해서 『서로주체성의 이념』을 썼으며, 이 원고 「나르시스의 꿈을 넘어서」는 『서로주체성의 이념』의 근간이 된 텍스트이다.

1. 『나르시스의 꿈』의 주제들을 이어가고 있는 「나르시스의 꿈을 넘어서」에서 주목하게 되는 대목은, 서양의 나르시스적 자기의식이 현실세계와 현실 사회에서 구체화되고 있는 양상들에 대한 분석이다. 그것들을 김상봉 교수는 '서양 나르시시즘의 현실태'라고 부르고 있는데, 그것들은 인식·기술과 법 그리고 자본이다. 인식·기술과 법과 자본은, '내'가 자신의 복제된 분신에 불과한 '나 자신'과의 독백에 기초해서 정립한 나르시스적 자기의식이 무한한 자기증식을 거쳐 현실에서 구체화된 형태들이다. 나르시스적 자기의식은 타자를 배제하면서 '나'와 동일한 '나 자신'을 보편적이고 추상적인 인간으로 격상시켜 인간 일반이라는 '사물적' 관념을 설정하고, 그에 따라 현실에서 인간 모두를 통제하는 권력의 질서를 만들어 낸다. 그것이 인식·기술과 법 그리고 자본이다. 이 세 가지는 인간이 만들어 낸 기준이고 척도이지만, 그것들은 최종적으로 인간 위에 군림하는 '주체'가 되고 '초자아'가 된다. 인식·기술을 소유한 자들은 그 힘(권력)을 무제한적으로 축적하게 되고, 그것들을 소유하지 못한 자들은 그 힘에서 소외되게 된다. 인식·기술은 지금도 동서양을 막론하고 인간 모두를 지배하고 있는 익명의 절대권력('초자아')이다. 법 역시 마찬가지이다. 가령 지금 여기서 문제가 되고 있는 자유무역협정(FTA)의 경우를 생각해 보자. 거대 농업산업을 경영하고 있는 한 미국인과 한국 촌락의 한 자영 경작인이 법의 시스템 내에서 동등하고 추상적인 개인들이 되어 동일한 법적 기준 위에 놓이게 된다. 법은 인간 자체를 추상화시키고 개인들이 놓인 상황들과 조건들을 무시하면서 주인의 척도로 군림할 수 있다. 나르시스가 맞게 되는 근본적이고 궁극적인 '초자아'는 자본이다.[41] 우리는 자본을 왜 더 많이 소유해야

---

41) 「나르시스의 꿈을 넘어서」, p. 31.

하고 최대한 누려야 하는지 알지 못하고 그것에 맹목적으로 복종한다. 그러나 우리는 왜 그래야 하는지, 그 근거를, 나르시스적 근거를 알고 있다. 자본이라는 사물화된 '나 자신'은 거울에 비추어진 가장 강하고 아름답고 탐닉할 만한 동시에 '나'에게 가장 만족을 주고 가장 확고하고 믿을 만한 '나'의 분신인 것이다. 인식·기술과 법 그리고 자본은 현재 인간들 위에 군림하고 있는 '초자아들'이며, 그것들은 모두 나르시스적 자기의식이라는 하나의 폐쇄적 관념에 뿌리박고 있다. 덧붙여 말한다면, 그것들은 분명 어떤 관념에서 비롯되었기에, '자연적' 생명의 흐름을 벗어나서 구축된 거대한 '의식적·문화적' 건축물이다.

2. 김상봉 교수는 인식·기술, 법과 자본이라는 문화적 피라미드 앞에서 '탈주'한다는 것이 허위라고 지적한다. '탈주'라는 용어를 보고 알 수 있듯이, 그는 그렇게 말하면서 지금 많은 이에게 큰 영향을 주고 있는 들뢰즈를 암시하고 있다. "욕망의 실현은 고사하고 자기의 목숨을 부지하기 위해 그(노동자)는 죽은 노동(즉, 자본)에게 자기의 산 노동을 헌납하지 않으면 안 된다. 그런즉 자본주의 사회에서 쾌락이란 흡혈귀에 피를 빨리는 고통의 반대급부이다. 오직 노동하지 않고도 살 수 있는 철학자들만이 이 명백한 진실을 외면할 수 있다. 그리하여 자본이라는 초자아의 검열을 벗어나 '그것'이 홀로 쾌락을 향유할 수 있다는 듯이, 그들은 '그것'의 탈주를 선동하는 것이다."[42] 발표자는 이러한 언급에 대해 누군가 텍스트 분석을 거치지 않았으며 너무 성급하고 너무 거칠다고 지적한다면 충분히 수긍할 수 있다. 그러나 때로는 비전문가(김상봉 교수는 아마 프랑스철학 비전문가일 것이다)의 과격한 발언이 문제의 핵심을 찌르는 것일 수 있다. 물론 탈주가 '죽은'——과도하게 문화화

---

42) 같은 글, p. 26.

된 ─ 자본을 거슬러 넘어서려는 자연의 움직임이며, 자본이라는 거대 체제를 거부하려는 비순응적 움직임이라는 것은 명백한 사실이다. 그러나 그것은, 김상봉 교수가 지적하고 있듯이, 자본이라는 초자아에 매달려 있는 동시에 위협당하고 있는 수많은 사람의, 예를 들어 자본이라는 화려한 건축물의 그늘에서 "피를 빨리고 있는" 인간들의 현실에 직접 부딪치지 않는다. 사실 들뢰즈가 탈주를 말하면서 염두에 둔 인간은 '고귀한' 예술가적 인간이다. 또한 그는 예술가적 인간의 전형을 니체 철학에서 발견하였고, 분명 니체는 독일 낭만주의자들(슐레겔 형제, 노발리스, 티이크 등)의 직계 아들이다. 들뢰즈 사상의 근저에는, 최초로 독일 낭만주의자들이, 이어서 니체가 역사에 각인시켜 놓은 귀족적·예술가적 정신이 놓여 있다. 설사 들뢰즈가 독일 낭만주의를 직접적이고 구체적으로 참조하지 않았고 양자 사이에서 수많은 차이가 발견될 수 있다 할지라도 그렇다. 독일 낭만주의자들에게는 현실을 무시하고 독특하고 환원 불가능한 주관성 내에서 어떤 환상적인 세계로 비약하거나 도피하려는 움직임이 존재한다. 탈주는 어떤 극단적인 상황에서 의식이 파열되는 체험이고, 그러한 한에서 주관성이 아닌 익명성을 전제할 수는 있겠지만, 자본이라는 현실에 정면으로 부딪치지도 않으며, 자본에 완전히 역행하지도 않는다. 무엇보다 그것은 자본으로부터 상대적으로 자유로운 예술가들만이 근본에서 실행할 수 있는 낭만적인 것이다. 새벽부터 밤늦게까지 직장에서 자본의 부속품이 되어 버린 인간들에게 과연 탈주가 무슨 의미가 있겠는가? 자본이라는 관념·의식의 과잉에서 나온 괴물 앞에서, 이 거대한 문화의 괴물 앞에서 진정한 자연적 '실재'는 우리 또는 우리의 타자들이 지금도 노출시키고 있는 '고귀하지 않고' 다만 고통받는 '공동의 몸'이다.[43]

3. 김상봉 교수는 눈길을 타자에게로, 타자의 슬픔과 고통으로 돌

릴 수밖에 없었을 것이다. 그러나 발표자는 논문에서 타자성(윤리적 타자성)의 사유를 견지하고 있는 김상봉 교수에 대해 어느 정도 비판적 거리를 유지했다. 그 이유는 발표자가 김상봉 교수의 생각에 근본적으로 반대했기 때문이 아니었다. 오히려 발표자는 그의 윤리적 에토스를 이해한다. 결국 문제는 그가 '자기의식'이라는 어쩔 수 없이 강하게 헤겔적 뉘앙스를 갖고 있는 용어로 스스로 나르시시즘의 정상이라고 보는 헤겔을 비판하는 동시에, '나'와 타자(들)로부터 '우리'로 나아가는 길을 일종의 자기의식의 헤겔적 전개라는 관점에서 제시하고 있다는 데에 있다. 발표자는 이렇게 썼다. "자기의식은 그 자체로 헤겔적이며 또한 나르시스적이다. 자기의식은 경제원리에 입각해 있다. 그것은 만나는 '그것' 또는 '그 누구'를 '내' 안으로, '내' 집, '내' 땅 안으로 '나'를 확인—설사 그것이 '나'의 없음에 대한 확인이라 할지라도—하기 위해 끌어들이는 의식이다."

도대체 무엇이 문제인가, 고통받고 피 흘리는 타자를 '우리'로 끌어안으려는 이 윤리적 자기의식이 왜 문제가 된단 말인가? 발표자가 의문을 갖는 점은, 자기의식이라는 개념으로는 의식 바깥에서 현시되는 급진적 타자를 말할 수 없다는 데에 있다. (발표자는 그렇게 말하면서 궁극적으로는 레비나스로 돌아가려 하지 않았다. 언젠가 사석에서 발표자는 김상봉 교수에게 어떤 점에서 보면 "타인은 과부이고 고아이며, 나는 강자이고 부자"라는 윤리적 비대칭성을 부각시키는 레비나스의 철학은 서구 1세계에서 '자리'를 확보한 사람들에게만 결정적인 의미가 있는 메시지라고 말한 적이 있다.[44] 오히려 발표자는 논문에서의 타자에 대한 논의를 결정적

---

43) 이 책의 2부 3장 「환원 불가능한 (빈) 중심, 사이 또는 관계」 참조.
44) 같은 장 참조.

부분에서 박동환 교수를 참조해 전개했고, 특히 그의 '주변자'라는 개념을 원용하였다.) 다시 말해 자기의식은 **자기**에 대한 **의식**이기에, 그것은 어쨌든 '나'에 대한 의식적·문화적 틀이기에, 의식을 깨뜨리면서 문화의 지평 바깥에서 현시되는, 피 흘리는, "어둠을 짖는 개"[45]가 되어 버린, 그 자체 벌거벗은 **자연**으로서 극한에서 나타나는 타자를 포섭할 수 없다.

자기의식은 어쨌든 '나'에 대한 '너'나 '우리'에 대한 의식적 규정, 나아가 언어적·개념적 규정, 결국 문화적 규정이다. 그렇기에 김상봉 교수가 타자에 대한 윤리를 말하기 위해 붙잡고 있는 자기의식도 결국 문화적 테두리 내에서 움직일 수밖에 없다. 즉 그는 자기의식으로 되돌아가면서 문화적 테두리가 아닐 수 없는 민족적 테두리를 사유의 최종 심급으로 삼고 있다(왜냐하면 그에게 민족이란 정신과 이념과 역사의 지평에서 규정된 '우리'이기 때문이다). 자기의식 내에서의 타자와의 만남은 문화 내에서의 만남이다. 자기의식을 매개로 한 만남은 어떤 문화적 특수성을, 가령 민족적 특수성을 벗어날 수 없다. (민족의 문제와 관련해 발표자의 소박하고 단순한 정치적 입장에 대해 말씀드린다면, 발표자는 아직까지 동서 열강들 사이에 끼여 있으면서 긴장하고 있는 이 작은 우리에게 '민족주의적' 전략들이 필요하며, 더 나아가 상황에 따라서는 극단적으로 강대국들에 대립되는 방향으로 나아갈 필요가 있다고 본다. 그러나 그 이유는 우리가 '한국 민족'이기 때문이 아니라 대국들 사이에 놓인 '타자'이기 때문이다.) 그렇기에 김상봉 교수는 타자와의 만남, '너'와의 만남 그리고 '우리'를 말하면서도, 자신의 논의에 두드러지게 드러나는 민족주의의 색채를 지울 수 없었던 것이다. 왜 슬픔에 매몰된, 인간이 못되고 개가 되어 짖는 인간들이, **자연**으로 돌아가 버린 이 가련한 자들이 비참한

---

45) 윤동주, 「하늘과 바람과 별과 시」, 『나르시스의 꿈을 넘어서』, p. 49에서 재인용.

근현대를 거쳐온 한국 민족밖에 없겠는가? 지금의 이라크 민족은, 나치 치하의 유대인들은, 나아가 서구 1세계에 그림자처럼 드리워져 있는 궁핍한 수많은 부랑자들, 노숙자들은?

『나르시스의 꿈』은, 그리고 「나르시스의 꿈을 넘어서」는 상당 부분 우리의 민족주의와 민족 감정에 호소해서 설득력을 얻고 있다(만일 이 두 텍스트를 어떤 타자의 시선으로, 외국인의 시선으로 보게 된다면, 거기서 우리가 느꼈던 설득력이 그대로 남아 있게 될 것인가라는 의문이 남는다). 하지만 이 두 텍스트에는 분명 지배주의적이거나 파괴적인 민족주의가 아니라 방어적 민족주의 또는 피해자의 민족주의가 표현되어 있다. 그러나 우리는 후자가 어떻게 전자로 쉽게 변하게 되는가를 독일의 역사를 통해 잘 알고 있다. 피히테에게서 철학적으로 정립된 주체 개념은, 이전에 유럽의 열등 민족이었던 독일 민족에게서, 낭만적 정신에 접목되어 바그너의 오페라에서 결정적으로 개화했다. 바그너는 문화적·민족적 열등감에 시달려 왔던 독일 민족에게 구세주였으며, 보들레르나 말라르메가 그에게 보냈던 편지들이 증거해 주고 있듯이, 그의 오페라는 독일이 전 유럽을 문화적으로 제패했다는 상징이었다. 그리고 히틀러가 이어졌다.

김상봉 교수는 독일 민족이 걸어갔던 방향에 결코 동의하지 않으려 할 것이고 그것을 용인하지 않으려 할 것이다. 다만 자기의식의 수준에서 타자와 '우리'를 말하고 어떤 주체성을 정립하려는 시도는, 독일 관념론의 역사와 독일 근대 역사가 보여 주듯이, 민족적 주체를 구성하는 데에로 나아갈 수 있으며, 이는 맹점을 안고 있다는 것을 발표자는 덧붙이고자 한다.

4. 발표자가 드리는 마지막 질문은 박동환 교수에 대한 것이다. 김상봉 교수는 「절망의 철학과 양심의 논리 — 박동환과 20세기 한국 철

학의 계보」(『나르시스의 꿈』)에서 박동환 교수를 20세기 한국 사상을 대표하는 인물들 중의 하나로 소개했다. 이는, 『나르시스의 꿈』에서 마찬가지로 20세기 한국 사상을 대표하는 인물로 거론된 한용운과 함석헌의 경우를 두고 볼 때, 많은 사람에게 상당히 놀랍게 여겨졌을 수도 있다고 본다. 많은 사람이 아직 박동환 교수를 잘 모르기 때문이다. 발표자에게 분명한 사실은, 박동환 교수가 강의에서 너무나 많은 문제점과, 때로는 충격과, 지금까지도 잊혀지지 않는 지적 자극들을 주었다는 것이다. 김상봉 교수는 『나르시스의 꿈』에서는 박동환 교수가 갖고 있는 철학적 가능성을 크게 부각시켰던 반면, 2002년 봄 문예아카데미에서 있었던 그의 저서 『안티호모에렉투스』에 대한 논평에서 그의 철학에 윤리적 관점이 부재하고 다만 '절망'만이 부각되어 있다는 비판적 입장을 견지하였다. 필자의 입장을 간단히 말씀드린다면, 박동환 교수의 『안티호모에렉투스』에는 그가 말하는, 또한 발표자가 원용한 '주변자'라는 개념이 여전히 부각되면서, 일종의 휴머니즘에 대한 암시가 있다고 본다(그 휴머니즘은 단순히 인간들 사이의 연대를 강조하거나 사랑과 환대를 말하는 것이 아니라, 문화세계 바깥의 인간인 주변자에 대한 그림을 통해 드러난다). 사실 발표자로서는 박동환 교수를 20세기 한국 사상의 핵심을 표현한 철학자라고 판단하기에는 그에 대한 보다 본격적인 연구가 필요하다. 그러나 김상봉 교수가 『나르시스의 꿈』에서 박동환 교수에 대해 공적으로 자리매김을 했다면, 이는 앞으로 다시 되돌아가 봐야 할 문제로 여겨진다.

2. 무상(無想) 무상(無償)
— 5·18이라는 사건

1. 무덤의 웅변, 침묵의 절규

적지 않은 사람들이 이제 5·18은 과거의 일이 되어 버렸다고 말한다. 이 나라의 17대 대통령으로 당선된 이명박은 최근 대통령직 인수위원장에 전두환의 5공 출범 당시 국가보위입법회의 입법의원이었던 이경숙을 임명한 후 주위의 반대 의견에 답하면서 "그 정도 흠이 없는 인물이 있겠냐"고, "이미 20여 년 전의 일이 아니냐"고 반문을 던졌다.[1] 그러나 국가보위입법회의는 1980년부터 1981년까지 전두환 군부독재정권의 틀을 짜는 입법부의 기능을 했고, 따라서 그 정권의 탄생에 결정적으로 정당성을 부여한 기구였다. 5·18 당시 수많은 광주시민을 학살했던 책임자이자 불법적으로 국가권력을 찬탈한 인물에게 '적극적으로' 협조했던 것이 왜 '크지 않은' 흠에 불과한 것일까? 5·18민주유공자유족회가 엮어 2006년과 2007년에 각각 간행한 『그 해 오월 나는 살고 싶었다』 1·2권과 『꽃잎만 봐도 서럽고 그리운 날들』 1·2권[2]을 보면 한 아들,

---

1) 『한겨레신문』, 2007년 12월 26일자.

한 딸, 한 아버지, 한 어머니를 잃어버리는 고통이 한 세대를 넘어 지금까지 계속되고 있다는 사실을 분명히 알 수 있다. 심한 종류의 어떤 고통은 시간이 지나도 아물지 않는다. 더욱이 5·18로 인해 가족을 잃어버린 자들의 고통은 단순히 심리적이거나 관념적인 것이 아니었고, 현실의 절실한 고통, 즉 갑자기 생계를 책임져야 했던 고통, 자식을 교육시킬 수 없었던 고통이었고, 폭력으로 인해 치명적인 병을 얻었던 가족을 지켜보고 돌보다 결국은 떠나보낼 수밖에 없었던 고통, 또한 아무 죄도 없이 끊임없이 감시와 차별의 대상이 될 수밖에 없었던 고통이었다.

1980년 광주의 5·18은 1980년대 중반이 되어서야 겨우 대학에서나마 공론화될 수 있었다. 오랜 기간 동안 우리는 5·18에 대해 잘 몰랐거나 하나의 폭동으로 치부했거나 알고서도 국가권력이 두려워 말하지 못했거나, 특히 5·18 유가족들의 경우, 피해 당사자들임에도 불구하고 마치 죄인처럼 지내야 했다. 독재정권의 하수인들은 5·18의 흔적들을 제거하기 위해 유가족들에게 시신들을 이장하도록 강요했다. 그러나 그들의 감시 대상이었던 사람들은 "내 나라를 사랑한 죄로 죽어야 했고, 그 시신마저 죄인이 되어야 했고, 가족도 그들의 총에 움츠러들어야 했다".[3] 가해자들(있을 수 없는 폭력을 휘둘렀던 자들)은 여전히 높은 위치에서 명령하고 통제하며 또 다른 폭력들을 재생산했고, 피해자들(인간

---

2) 『그 해 오월 나는 살고 싶었다』 1·2권(5·18민주유공자유족회/5·18기념재단 엮음, 한얼미디어, 2006)은 5·18 당시 사망했던 시민들의 가족들이 남긴 기록이고, 『꽃잎만 봐도 서럽고 그리운 날들』 1·2권(5·18민주유공자유족회/5·18기념재단 엮음, 5·18기념재단, 2007)은 5·18 당시 행방불명되었던 시민들의 가족들이 남긴 기록이다.

3) 이성자(5·18 사망자 이경호의 누이)의 증언, 『그 해 오월 나는 살고 싶었다』 1, pp. 226~227. 또한 김영춘(5·18 사망자 김명철의 아들)의 증언을 들어 보자. "유족들에 대한 그간의 탄압이란 이루 말로 다 할 수 없다. 무슨 일이 있을 때마다 기동대에 끌려가 하루 이틀 잠자고 나오는 것은 아무 일도 아니었다. 납치, 연금 또는 관광을 빙자해서 무작정 끌고 가 아무 데나 내려놓는 등 가증스럽기 짝이 없는 행동들을 일삼아 왔다. 이장을 하면 취직시켜 주겠다, 생활비를 대 주겠다는 등 온갖 유혹의 말로 분열시키고 뒷조사와 미행을 자행한 저들이었다."(같은 책, p. 87).

이하로 전락해서 수모와 폭력을 겪었던 자들)은 여전히 비참한 낮은 위치에서 모욕을 받으며 또 다른 폭력들에 지속적으로 노출되었다. 왜 이러한 불균형이 발생하는가?

광주민중항쟁은 전체적(전체주의적) 관념 또는 집단적 이데올로기를 전유하고 통제할 수 있던 자들과, 오직 몸만 남아서 몸으로만 모든 것에 부딪힐 수밖에 없었던 자들 사이의 충돌이었다. 그것은 손에 피를 묻혀서 실제로 몸에 폭력을 가했던 자들과 오직 몸으로만 저항해서 스러질 수밖에 없었던 자들 사이의 전쟁이 아니었다(그 폭력이 아무리 잔인하고 끔찍한 것이었다 하더라도 그렇다). 그것은 전체주의적 관념 또는 이데올로기에 몸이 쓸려 나가는 사건이었다. 그렇기 때문에 우리는 5·18에 투입되었던 공수부대 병사들을 법정으로 소환하지 않았던 것이며, 나아가 어떻게 보면 그들도 피해자들이라고 말하기도 하는 것이다. 5·18은 어떤 이데올로기를 답습해서 극단적인 폭력을 정당화할 수 있었던 자들('이데올로기의 전적인 답습', 즉 숭미주의, 극우 반공 이데올로기, 국가주의, 지역주의의 반복, 그렇기 때문에 5·18은 결코 우발적 사건일 수 없는 것이며 이 나라의 문제들과 모순들과 부조리들이 집약되는 장소일 수밖에 없는 것이다)과, 이데올로기는커녕 제대로 구성된 저항담론도 없이 다만 몸으로, 피와 뼈로, 절규와 눈물로, 결국 죽음으로 맞설 수밖에 없었던 자들, 그 양자 사이에서 벌어진 충돌의 사건이었다. 전남대학교 총학생회장이었던 박관현도, 마지막까지 전남도청에 남아 영웅적 항전을 감행했던 윤상원도, 사회운동가이자 들불야학의 지도자였던 김영철도 신군부의 구태의연하고 진부하지만 '절대적'인 이데올로기에 대립할 수 있는 대항담론을 당시 만들어 낼 수 없었다. 물론 이는 그들의 개인적 역량의 한계가 아니었고 이 나라의 역사적 한계이자 당시의 시대적 한계였다. 분명 5·18 직전 1980년 5월 14일부터 16일까지 전남도청

앞 광장에서 벌어진 광주 지역 민족민주화성회에서도, 그리고 5월 18일 이후 27일까지 항쟁 당시에도 '군부독재 종식', '민주주의 회복' 또는 '계엄 철폐'와 같은 정치적 관념들이 존재했고 그에 따르는 정치적 담론들이 표명되기도 했다. 그것들은 물론 5·18의 중요한 가치를 담고 있는 요소임에 틀림없고 다시 상기해야만 하는 부분임이 분명하지만, 엄밀히 말하자면 5·18을 이끌고 갔던 가장 중요한 추동력은 아니었으며 지금까지도 우리에게 충격을 주고 있는 '5·18 자체'는 아니었다.

5·18에는 당시 그러한 정치적 관념들 또는 담론들에 관심이 없거나 그 역사적·사회적 배경을 잘 이해하지 못했던 사람들조차 투쟁에 뛰어들지 않을 수 없게 했던 요인이 있다. 즉 M16 총알로 한순간 동물의 두부로 변한 헤집어진 인간의 얼굴, 바깥으로 흘러내리는 내장, 철심이 박힌 검은 진압봉에 맞아 으스러진 두개골, 몇 번이나 수의를 갈아입혀 시체를 다시 뉘여도 관을 다시 붉게 물들이는 피, 관을 쪼갤 정도로 부풀어진 보랏빛 시체들, 개당 2000원이라는 꼬리표를 단 리어카에 실려 겹쳐 넌 시체들, 인간의 몸들, 생명이자 죽음, 생명이지만 죽음……, 거기에 5·18의 실재가 있다. 낭만성이 어떤 관념이 자아를 확인시켜 주고 긍정하게 만들 때 확보되는 것이라면, 5·18의 실재는 어떠한 관념성과 낭만성——설사 그것들이 혁명적이라 하더라도——을 통한 접근도 허락하지 않는다.[4]

---

[4] 작가 홍희담(홍희윤)은 자신이 겪었던 5·18에 대해 다음과 같이 말하고 있다. "우리가 쫓아다녔던 게, 그것이 어떻게 보면은 굉장히 낭만적이었던 것 같애. 낭만적 혁명이고 사상이라구 해야 하나? 내 개인적으로두 보면 그게 80년 전인데 굉장히 근사한 거야. 하여튼 낭만적 혁명이 주는 그런 것. 가슴 아리게 하는 그런 것들이 있잖아요. 모택동, 중국 혁명. 이상한 환상인데 그런 것과 더불어서 사람들을 고양시키는 그런 것들이 있었는데 80년 사건으로 이제 눈앞에 막 터진 거잖아요. 이거는 혁명도 아니고 잔악한 그런 것들이. 우리가 갖고 있던 후회지, 후회. 막연히 갖고 있던 낭만적 혁명이 확 벗겨지고 자기 실체를 들여다보는 거고. 그나마 갖고 있었던 허위의식 요것들의 감수성이 다 깨져 버린 거예요." (홍희윤, 「옥바라지로 변혁운동을 돕다」, 『5·18항쟁 증언자료집 IV』, 전남대학교출판부, 2005, p. 32~33)

생명 또는 죽음, 5·18의 실재는 낭만적 관념의 접근뿐만 아니라 원칙적으로 모든 관념의 접근을 거부한다. 애초에 5·18이 동등한 관념과 관념의 대결로 전개되지 않았으며, 하나의 절대적·전체주의적 관념에 무력한 몸이 부딪쳐 모든 것이 날것으로 드러나는 장소였기 때문이다. 그렇기 때문에 5·18 가운데에는 말로 하기 힘든 점이, 글로 쓰기 고통스럽게 만드는 점이, 말하기 이전에 좌절하게 만드는 것이, 침묵으로 유혹하는 힘이 존재한다. 여기서 다시 윤상원을 떠올려 본다. 그에 대한 평전이나 증언을 살펴보거나 그의 지인들의 말을 들어 보면,[5] 그는 어떤 관념을 신봉하는 경직된 투사가 아니라 인간에 대한 보편적 이해력을 갖춘 온화하고 섬세하며 유머 있는 사람이었다. 대학 시절 초반 연극에 빠져 있었던 그는 투사라기보다는 창도 잘하고 춤도 잘 추며 늘 좌중을 즐겁게 만들었던 '순정파' 스타일의 청년이었다. 사실 그는 운동권의 핵심에 있던 인물이 아니었으며, 요주의 리스트에 올라 있었던 운동권 주동자들이 거의 모두 광주에서 빠져나갔을 때 5·18의 한복판에서 '홀로' 그것을 맞이했다. 그의 영정을 바라보고 있으면 이러한 이미지가 떠오른다. M16 앞에, 탱크와 장갑차 앞에, 나아가 신군부와의 합의하에 부산항에 정착해 있었던 미항공모함의 중무장 속에 감추어져 있었던 위선과 허위를 발가벗기는 발가벗겨진 몸, 생명이자 죽음, 생명이기 때문에 죽을 수밖에 없는 것, 죽음으로써만 생명을 증거할 수 있었던 것…….

문병란 시인은 5·18에 대해 말한다는 것이 어려움을 넘어서 거의 불가능하다는 사실을 윤상원에게 바친 시에서 다시 확인해 주고 있다.

---

5) 박호재·임낙평, 『윤상원 평전』, 풀빛, 1991, 2007. 블레들리 마틴, 「윤상원 그의 눈길에 담긴 체념과 죽음의 결단」, 『5·18 특파원 리포트』, 풀빛, 1997. 특히 박병기 선생님께 감사드린다.

그대의 무덤 앞에 서면

벌써 우리의 입은 얼어붙는다

말은 실천을 위해 있을 때 말이지

말은 말을 위해 있을 때는 말이 아니다

그대의 무덤은 우리에게 남은 5월의 부채

갚을래야 갚을 길 없는 생존자의 큰 빚이다

죽음은 말이 필요 없는 위대한 종교

그대는 무덤으로써 웅변하고

그대는 침묵으로써 절규한다

[…]

그대는 나에게 하나의 채찍 가책이다

그대를 죽인 살인자들 틈에 끼여

또 하나의 작은 살인자 되어

지식을 팔고 논리를 팔고

나의 무능 나의 비겁 합법화시키며

가식의 꽃다발을 없는 털 난 손들과 손을 잡는

나의 손은 또 하나의 더럽혀진 손……

이 손으로 드리는 기도를 경계한다

이 손으로 바치는 꽃다발을 경계한다.[6]

6) 문병란, 「그대의 무덤 앞에 서면 —— 다시 불러 보는 부활의 노래」, 박호재·임낙평, 『윤상원 평전』, pp. 5~6.

문병란의 이러한 말은 하나의 말이라기보다는 윤상원의 몸의 절규와는 또 다른 절규, 그의 절규에 응답하는 최고의 형식으로서의 말일 것이다. 우리는 이 시의 진정성에 대해 의심하지 않아야 하며 의심하지 않는다. 그에 대해 의심한다는 것은, '윤상원'으로 대변되는 광주민중항쟁에 참여해서 스러져 갔던 수많은 익명의 '우리'에 응답하려는 또 다른 익명의 우리를 믿지 않는다는 것이기 때문이다. 「그대의 무덤 앞에 서면」에서 시인은 아마 정치적·윤리적 차원에서 스스로 행동하지 못했던 점에 자책하면서, "가식의 꽃다발을 얹는 털 난 손들과 손을 잡는/나의 손은 또 하나의 더럽혀진 손……/이 손으로 드리는 기도를 경계한다/이 손으로 바치는 꽃다발을 경계한다"라고 고백한다. 우리 모두의 5·18에 대한 부채의식을 아마 정확히 대변하고 있는 시인의 그러한 고백은 5·18에 대한 필연적인 응답의 한 방식이다. 그러나 5·18에 대한 부채의식은, 나아가 그에 따르는 죄책감은 시인을 비롯해 누구든, 설사 죽음을 스스로에게 부과하는 행위를 제외한 있을 수 있는 가장 극단적인 행동을 실천에 옮겼다 할지라도, 완전히 제거할 수 없는 종류의 것일 수 있다.

여기서 5·18과 관련해 반드시 기억되어야만 하는 또 다른 중요한 인물 김영철의 경우를 생각해 보자.[7] 1948년생(당시 32세)인 김영철은 3세 때 아버지가 작고한 후 어머니가 고아원 보모로 일하게 됨에 따라 어린 시절을 원생들과 함께 보냈고, 군복무 중 이번에는 어머니가 돌아가셨고 그후 신문배달원·청과물장수·목장 잡부·우산팔이 등의 노동으로 생계를 이어갔다. 그는 그러한 경험을 바탕으로 사회에서 소외당

---

7) 이후 김영철에 대한 기록은 다음을 참조해서 작성했다. 김영철, 「광주여, 말하라」, 『광주오월항쟁사료전집』(한국현대사사료연구소 편), 풀빛, 1990, pp. 218~224.

하는 사람들을 깊이 이해하게 되고 그들과 함께하는 삶을 실천해 나갔다. 그는 6·25 직후 피난민들과 부랑자들을 위해 지었다고는 하지만 너무 낡고 관리를 안 해서 동굴과 같았던 광주 광천동 시민아파트를 거주자들을 설득하고 그들의 협조를 얻어서 깨끗하고 살 만한 거주지로 만들어 놓았으며, 5·18 이전 광주 YWCA 신용협동조합 직원으로 일할 당시에는 윤상원·임낙평·박기순·임희숙·최기혁·박관현·신영일 등이 강학으로 참여하고 있었던 들불야학의 실질적인 지주로서 모든 후원을 아끼지 않았고, 5·18의 한복판에서는 들불야학과 협력해서 투사회보를 발행했다. 김영철은 광주민중항쟁 마지막 날 새벽까지 윤상원·이양현 등과 함께 전남도청을 끝까지 사수하다가 윤상원과는 달리 '살아남았고', 그 이후 상무대에 끌려가 차라리 도청 현장에서 죽었던 것이 백번 나았을 것이라는 후회를 명백하게 만들어 줄 모진 고문을 받게 된다(그는 도청을 끝까지 사수했던 시민군들보다 훨씬 나이가 많았고 게다가 대학생이 아니었기 때문에 북한의 간첩이자 항쟁의 주동자로 몰려 상상할 수 없을 만큼 심한 고문을 받았다). 그러나 주목해야 할 점은, 5·18 현장 한복판에서 그리고 그 이전에도 아마 민중을 위해 최선을 다했을 그가 "들불야학에서 함께 활동했던 윤상원·박용준 등의 사망소식을 접하고 죄책감을 견디다 못해 상무대 영창 안에서 자살을 기도"[8]했고(그가 택했던 방법은 화장실 콘크리트 벽에 있는 힘을 다해 머리를 찧어 버리는 것이었다), 아마 그것이 이유였겠지만, 석방 후에는 정신이상이 되어 "대낮에 하늘을 보고 '하느님, 용서해 주세요'라고 울부짖는가 하면, 심지어는 알몸으로 일신방직 앞까지 달려가고……",[9] 그러한 상황에 빠져 있

---

8) 같은 책, p. 218.
9) 같은 책, p. 223.

었다는 것이다. 그는 결국 정신이상에서 빠져나오지 못하고 1998년 삶을 마감했다.

김영철은 광주민중항쟁의 실재를 증거하는 또 다른 인물이다. 윤상원은 죽음이라는 희고 순결한 수의 위에 놓여 있는 광주의 영광이며 영예의 몸이며, 이는 하나의 부인할 수 없는 진실이다. 광주의 빛도 진실이지만, 살아남았던 자의 '죽음보다 못한 삶', 광주의 꿰뚫고 지나갈 수 없는 어둠 또는 벽, 그것도 광주의 또 하나의 진실이다. 윤상원은 살아남은 자의 고통을 떠맡지 않았으며——못했으며——, 우리는 그를 죽음 위에 놓인 영광의 삶으로 승화시켜 그에게 응답했다. 반면 김영철은 죽은 자와 산 자의 모든 고통을 껴안지 않을 수 없었다. 그는 죽은 자와 산 자 모두의 고통 그 자체이다. 어떻게 보면, 그는 아무런 보답 없는 절대적 무(無)로 내려갈 수밖에 없는, 또는 한 번의 지옥이 아니라 영원히 계속되는 지옥과 마주할 수밖에 없는 깎아지른 듯한 광주의 비극을 대변한다.[10]

김영철과 같이 해야 할 모든 것을 다한, 겪을 것을 모두 겪은 인물조차 5·18에 대한 죄책감과 그에 따르는 절망에서 벗어나지 못했다. 이는 5·18에 대한 우리의 부채의식을 정당화하고 거의 필연적인 것으로 만들며, 그에 따라 광주민중항쟁의 실상을 우리에게 알려 준다. 5·18은 단순히 정치적인 관점이나 윤리적인 관점에서 파악될 수 없다. 엄밀히 말해 그것은 정치적·윤리적 지평에서 먼저 이해되어져서는 안 되며, 그 정치적·윤리적 중대성을 말하기 위해서 우리는 먼저 다른 지평에 들어

---

10) 문병란은 김영철의 영결식장에서 낭독된 조사에서 "여기 한 사나이는/무너진 도시/컴컴한 절망을 안고/18년을 앓으며 살았다/18년을 죽으며 모질게 살았다", "당신은 조금씩 죽어가며/광주의 죽음을 온 몸으로 울었다."(문병란, 「오월의 죽음——故 김영철 동지의 영전에」, 『인연서설』, 시와사회, 1999, pp. 127~128)라고 고백하면서 그를 기렸다.

가야만 한다. 5·18은 정치적 차원에서 대단히 중요한 의미를 갖는—가령 1987년 6월항쟁으로 이어져 군부독재의 종식을 가져온 출발점이 된—사건일 수만은 없으며, 윤리적 차원에서 심오한 가능성의 비전을 보여 준—가령 그 혹독한 상황에서도 광주시민들이 공동체의 최고의 현실을 보여 주었다는—사건일 수만도 없다. 그것은 무엇보다 먼저 이 세상의 것이 아닌 것이, 지옥 또는 날것의 '자연'이, 이 세상에 내려앉아 이 '사회'를 뒤덮어 버리는 존재론적 사건이었다. 바로 그렇기 때문에, 즉 5·18이 '사회'에서 교육받아 구성된 우리의 정치적·윤리적 입장과 의식을 무차별적으로 상대화시키고 우리의 살과 피와 뼈에 파고드는 사건이었기 때문에, 그 정치적·윤리적 의의의 명백한 진정성이 확보될 수 있는 것이다. 그러나 바로 그렇기 때문에, 즉 그것이 위대한 정치적 또는 윤리적 사건이기 이전에 '절대'의 사건이었기 때문에, 그것에 우리가 '문화적' 의식 내에서 '사회적' 언어로 접근하는 데에 필연적으로 어려움을 겪게 되는 것이다. 5·18은 몸(죽어 간 몸)과 의식(우리의 의식) 사이의, 죽음과 관념 사이의, 자연과 문화 사이의, 지옥과 사회 사이의, 실재와 언어 사이의 메울 수 없는 거리에 놓여 있다. 거기에 5·18을 정치적·윤리적 차원에서 아무리 적극적으로 옹호한다 하더라도, 그것을 아무리 강한 관념·의식·언어로 지지한다 하더라도 우리가 아포리아에 빠지게 되는 이유가 있다. 거기에 신군부가 총칼 이전에 이데올로기적 관념들(극우 반공 이데올로기, 질서와 사회체제를 무조건적으로 정당화하는 관념)로 광주시민들을 죽였듯이, 우리가 말을 통해 구성될 수밖에 없는 어떤 관념으로—그것이 무엇이든 간에—그들을 다시 죽이지나 않을까, 언어를 통해 절대적 사건을 관념적으로 일반화하고 절대적 시간을 평균적·일반적 시간으로 변질시키지는 않을까라는 두려움을 갖게 되는 이유가 있다. 그러나 여기서 우리는 왜 말할 수 없는 것에 대해 다시 말하는가, 왜, 어떠한 권리로 다시 쓰는가? 이것은 여기서 하나의 물음으로 남을 수밖에 없다.

2. 정치적 관념의 자기증식

"6월항쟁은 바로 '광주의 전국화'였다."[11] 1980년의 광주민중항쟁에서 표출되었던 저항의 움직임은 1987년 전국으로 확대되었으며, 그에 따라 군부독재가 종식되었고 우리에게 적어도 형식적·절차적 민주주의가 주어졌다. 이는 현재 많은 사람들이 받아들이고 있는 보편화된 견해이다. 그러나 광주의 무엇이 오늘의 '우리'를 있게 하였는가? 이 물음에 대해 생각해 보기 위해 먼저 1980년 광주로부터 1987년 전국으로의 이행 과정을 되돌려 생각해 보자.

그 과정에 노동자들로부터 학생들까지, 회사원들에서부터 지식인들까지, 기층민들로부터 정치인들까지 전국에서 전 국민이 참여했다. 하지만, 그 과정에서, 광주의 피와 눈물과 절규와 광주의 반항과 투쟁이 모든 이의 것들이 되게 만들었던 과정에서 기지 역할을 했던 자들은 학생들과 지식인들이었다. 1980년대 중반부터 대학 곳곳에 광주의 참사를 알리기 위한 격문들과 사진들이 붙어 있었으며, 민주화를 위한 집회와 시위의 장소들에서 광주는 거부와 저항과 비판의 근거로 나타났다. 광주는 부당하게 억압받는 자들의 고통의 상징이자 마찬가지로 부당하게 사회의 상층부에 오른 기득권세력에 대한 분노의 상징이었다. 바로

---

11) 김동춘, 「5·18, 6월항쟁 그리고 정치적 민주화」, 『5·18민중항쟁과 정치·사회·역사』, 5·18기념재단, 2007, p. 216.

학생들과 지식인들이 그 광주라는 상징을 모든 이의 것이 되도록 만드는 데 중심 역할을 했다. 그들은 광주에서 발원한 민주라는 가치, 인간과 자유와 평등이라는 가치, 공동의 기쁨과 공동의 고통이라는 가치를 보장하고 전파하기 위해, 또한 군부세력과 그 세력과 결탁한 기득권 계층의 무지와 폭력과 부정의를 고발하기 위해, 수많은 경우 자신들에게 보장된 사회적 가치들(가정·지위·직업)을 포기했다. 그들은 각자 나름대로의 방식으로 광주에 응답했고, 한국이라는 사회가 민주화를 향해 과거보다 나은 방향으로 나아가게 하는 데 기여했다.

우리는 그 사실을 부정할 수 없다. 그럼에도 불구하고 광주에 응답하고자 했던 학생들·지식인들의 행보 가운데 어떤 관념적·가상적(假象的) 요소가 동시에 있었다는 사실을 지적하지 않을 수 없다. 문제는 그들이 80년대 민주화운동을 이끌어 가면서 견지했던 사상들인 맑스주의와 레닌주의와 주체사상이다. 이 사상들과 5·18은 어떠한 연관을 갖고 있는가?

사실 80년대의 민주화운동은 이념적 차원에서 5·18에 대한 반성에서 시작되었다. 80년대 초 민주화라는 문제를 두고 볼 때 5·18을 분수령으로 본 일군의 학생들은, 그것을 한편으로는 위대한 저항의 운동으로서 거대한 정치적 잠재력을 담고 있는 사건으로 생각했다. 그러나 그들은 그것을 다른 한편으로는 70년대 운동의 한계를 전적으로 노정한 계기로 생각했다. 그들에게 5·18의 실패는, 즉 저항의 흐름이 전국적으로 확산되지 못하고 전남도청의 함락과 더불어 끝나 버렸던 것은 바로 70년대 운동의 여러 문제들을 단적으로 보여 주는 증거였다. 조희연은 그 문제들을 다섯 가지로 정리하는데, 그것들은 첫째 소시민적 운동관에 입각해 있었던 70년대까지의 사회운동에는 국가권력과 경제적 불평등에 대한 양심적·도덕적 비판만 있었을 뿐 정치권력의 획득이나 경제체제 자체의 변혁에 대한 전망과 의지가 없었다는 것, 둘째 사회체제를 변혁시킬 목적의식을 가진 혁명적 전위가 없었다는 것, 셋째 기층 민중과 노동계급의 정치화가 없었다는 것, 넷째 반외세(반미)에 대한 의식이 부족했다는 것, 다섯째 지배권력의 파쇼적 폭압성에 대한 의식이 부족했다는 것이다.[12]

이러한 70년대까지의 운동의 문제들에 대한 인식으로부터, 또는 그것들을 인식하게 해주었던 준거점으로서 80년대 초 레닌의 전위당론이 급속도로 도입되어 유포되었다. 또한 이후 반미주의와 민족주의의 흐름과 더불어 우리의 상황을 주체적으로 파악하자는 요구와 함께 80년대의 움직임에 보다 크게 영향을 준 주체사상이 유입되었다. 맑스주의·레닌주의·주체사상 모두가 너무나 폭압적이었던 지배세력의 이데올로기에 대항하기 위한 강력한 이데올로기가 필요했기 때문에 수용되었을는지도 모르고, 운동권 내부에서 결집력을 확보하는 데 일정 부분 기여했을는지도 모른다. 그러나 그것들 모두는 어떠한 여과도 없이 여기에 그대로——단적으로 말해 스탈린주의적으로——수용되었고, 그에 따라 그 현실성 또는 적합성이 문제가 될 수밖에 없었다. 80년대의 경우, 시대적으로 보았을 때 노동자들이 19세기 식으로 스스로를 혁명의 주체들 또는 프롤레타리아들이라고 규정하고 계급혁명을 원했었던 것은 아니며, 공간적으로 보았을 때 시민들이 스스로를 민족해방의 전위라고 규정하고 남한이 북한과 같은 공산주의 사회로 전환되기를 원했었던 것은 전혀 아니다. 따라서 80년대 사회운동에 적극적으로 개입했던 일군의 학생들·지식인들이 너무나 많은 경우 자신들이 속해 있었던 그

---

12) 조희연, 「광주민중항쟁과 80년대 사회운동」, 『5·18민중항쟁과 정치·사회·역사』, pp. 108~109.

룹 바깥에서, 즉 현실 사회에서 발판을 마련하지 못하고 이후에 급히 중
산층의 삶으로 편입되기를 원했고 편입되었던 것은 우연이 아니다. 문
제가 되는 것은 '변절'한 그들의 양심이라기보다는 하나의 이데올로기
를 현실의 맥락을 떠나서 그대로 받아들이는 관념성이다. 그들은 도덕
적 측면에서 '변절자'이기 이전에, 즉 자기를 속이기 이전에 관념의 자
기증식(이데올로기적 자기증식)에 속았을 뿐이다. 관념이 관념에게 속았
을 뿐이다.[13]

80년대 초반 학생들은 분명 광주민중항쟁이라는 전대미문의 사건
을 바탕으로 사상적으로 실천적으로 저항세력을 재구축했다──그로부
터 유명한 무림-학림 논쟁, 야비-전망 논쟁이 이어졌다. 그러나 엄밀히
보아 그때마저도 광주라는 사건을 중심으로 정치적 노선이 재정비되었
다기보다는 어떤 전체적 관념들을 중심으로 정치적 프로그램이 구성되
었으며, 그 이후에는 말할 것도 없다. 가령 80년대 중반에 이르러 당시
운동의 주도세력이었던 민주화운동청년연합은 80년 5월의 광주시민들
이 경제적 평등을 실현하기 위해(물론 5·18이 일어나게 되었던 배경에
한 지역에 가해졌던 경제적 불평등이 없었다고 말할 수는 없지만, 경제적
평등이 5·18의 목적이라고 말할 수는 없다) 일어섰다고 분명히 함으로써
5·18을 계급적 차원에서 해석했다.[14] "말하자면 광주항쟁과 80년대의

---

13) 김동춘은 80년대 운동의 관념성을 이렇게 지적한다. "6월항쟁 당시 대다수가 중간층인 학생
   들이 자신의 출신계급의 구속성을 뛰어넘어 계급해방을 자신의 과제로 한 것은 매우 놀라운
   일이었기는 하나, 기실은 이들의 현실 인식상의 관념성을 그대로 보여 주는 것이기도 했다.
   즉 이들이 관심을 기울인 것은 구체적인 노동자의 삶, 앞으로도 노동자로 살아갈 수밖에 없
   는 민중들의 삶과 정치, 사회, 문화적인 규정성이었기보다는 '혁명의 주체'로 '예정되어 있
   는' 프롤레타리아였기 때문이다. 따라서 관념에서의 프롤레타리아와 실제 온갖 보수적이고
   부정적인 모습을 지닌 개인 '노동자' 간의 괴리를 심하게 느꼈을 때 이들은 자신의 활동에
   회의를 느끼고, 그와 전혀 반대되는 삶을 살아가기도 하였다."(김동춘, 「5·18, 6월항쟁 그리고
   정치적 민주화」, p. 219 각주)

민중주의는 직접적인 사실상의 인과관계를 갖는다기보다는 '해석적 연관'을 가지는 것으로 볼 수 있다."[15] 즉 5·18이 80년대의 운동을 직접적으로 촉발했다기보다는, 그 운동에서 5·18이 필요에 의해 이데올로기적 차원에서 깊이 없이 (재)해석 또는 번역되었다고 말할 수 있다. 1980년대 5·18은 다만 참혹한 사진들과 대자보들과 구호들에 등장하는 상징이었을 뿐 실제로 모색과 탐구의 대상은 아니었다. 5·18 그 자체는 한 번도 우리의 정치적 담론에 본격적으로 개입한 적이 없다. (다만 맑스주의·레닌주의·주체사상은 사상체계로서 연구의 대상이 되지만 5·18은 하나의 사건이기에 그럴 수 없었던 것인가. 아니면 80년대의 시대 상황 때문인가.)

80년대 일군의 학생들과 지식인들의 행보가 분명 5·18에 대한 하나의 응답 방식이었다는 사실을 부인할 수 없다. 그들은 5·18에서 희생되었던 수많은 익명의 민중들과 마찬가지로 사회 상부의 폭압적인 권력과 맞서 싸웠고 기층의 억압받는 자들의 위치에 내려가 '혁명적' 세력을 구축하였다. 그러나 그 '혁명적' 세력의 특성에 대해 주목해 보아야 한다. 그것은 궁극적으로는 현실을 떠나 어떤 관념적 구도에 따라 형성된 방향으로 나아갔다. 그에 따라 5·18은 80년대 운동의 한 축에서는 거의 전적으로 계급투쟁의 사건으로 이해되었고, 다른 한 축에서는 민

---

14) "80년 5월의, 독재를 타도하려 했던 '민주'는, 외세를 배격하고 통일을 외치던 '민족'은, 경제적 평등을 실현하려 했던 '민중'은 5월 광주의 기억 속에 생생히 살아 있다."(민주화운동청년연합, 「아, 5월이여! 광주여! 영원한 민주화의 불꽃이여!」, 민주문화운동협의회, 『80년대 민중·민주운동 자료집 II』, 1984, p. 428. 조대엽, 「광주항쟁과 80년대의 사회운동문화」, 『5·18민중항쟁과 정치·사회·역사』, p. 184에서 재인용) 여기서 "독재를 타도하려 했던 '민주'"는 타당한 표현이라고 볼 수 있지만, 5·18은 외세(미국)에 대한 새로운 비판적 인식을 가능하게 했던 최초의 사건이었을 뿐 당시 반미주의는 매우 생소한 것이었으며, 5·18의 원인들 가운데 하나가 경제적 불평등이었을지는 모르나 항쟁의 목적이 경제적 평등은 아니었다.
15) 조대엽, 「광주항쟁과 80년대의 사회운동문화」, p. 184.

족해방을 위해 제국주의 세력과 투쟁했던 사건으로 받아들여졌다(그 두 축은 각각 '민중민주' PD와 '민족해방' NL으로 불리며, 80년대 이후 한국의 진보정치 그룹임을 자임해 왔지만, 현재 그 기반의 가상성假象性이 노출되고 있다). 계급투쟁, 프롤레타리아 해방 그리고 민족해방 등을 가리키는 관념들 속에서 정치·사회·경제·윤리·문화의 모든 문제가 이해되었고, 또한 그 답들이 손에 확실하게 주어졌다. 80년대 학생들과 지식인들의 혁명적 운동이 봉착했던 아포리아는 '형이상학적' 아포리아였다. 설사 그들이 가졌던 사상이 내용의 측면에서 아무리 유물론적이었다 하더라도 그렇다.

말하자면 우리는 어떤 과학적이고 자기정합적이라고 여겨지는 관념들이 전체를 포착할 수 있고 규정할 수 있으며 나아가 전체를 예상할 수 있다는 독단론적 믿음 위에 서 있었던 것이다. 우리는 내일이라도 당장 혁명과 해방이 이루어질 것이라고 기대하고 있었던 것이다. 하지만 그러한 관념들은 민중과의 관계에서 형성되지 않았으며, 민중에게 광범위하게 공유되지도 않았고, 다만 일군의 학생들과 지식인들에게 전파되고 유포되었을 뿐이다. 그것들은 그들에게 사회·공동체의 지평과 역사·미래의 지평에서 정합성을 확보하고 있다고 여겨졌고, 그들 안에서 전체의 포착과 결정을 원하는 이성의 요구를 만족시켰다. 관념의 자기긍정, 관념의 자기확장, 분명 그것이 80년대 사회운동의 특성을 결정하는 중요한 요인이었다. 자신의 타자(현실, 상황, 타인들, 관념이 가리키는 외부와 관념이 수신되는 타인들)를 무시하는 관념들은 자기후퇴를 모르고 일종의 가상의 자유 공간에서 끊임없이 증폭된다. 80년대 진보 그룹의 경우 그러한 관념들에 기초하고 있는 담론은 사실 그 타당성의 근거가 초월성(하나의 관념이 현실 너머 또는 배면에서 작동할 수 있다는 믿음에 전제되어 있는 초월성)에 있었으며, 당시 우리는 담론이 오직 인간들로부터 나와서 타인들에게 전해지며 우리 '사이'에 소통될 수밖에 없다는 운명을 지녔다는 사실을 망각했다.

정치적인 것은 일부 지식인들이 먼저 포착해서 일반 민중에게 전달되지 않는다. 정치적인 것은 전대미문의 무엇도 아니며, 근본적으로 본다면 사회 바깥에서 내부로 주어지는 어떤 급진적인 것, 탁월한 것, 혁명적인 것도 아니다. 그것은 미래에 완전하게 현전해야만 할 어떤 것도 아니며, 여기에 이미 언제나 도래해 있는 것이며, 우리 모두가 어떤 형태로든 이미 공유하고 있는 것이다. 다만 보이지 않게, 드러나지 않게, 즉 관념으로 명확하게 정식화되지 않은 채로. 그것은 언제나 '평범한 선(善)'(한나 아렌트Hannah Arendt가 평범한 악惡을 타인이 시야에 들어오지 않기에 타인의 입장에 서지 못하고 타인의 고통을 감지할 수 없는 무능이라고 지적했다면, 평범한 선이란 타인으로 열릴 수 있고 타인과의 관계를 놓지 않을 수 있는 능력이라고 말할 수 있다)에 기초하고 있으며, 따라서 모두가 접근할 수 있는 것일 수밖에 없다. 거기에 진정한 의미에서의 데모크라시(민주주의)가 있을 것이다. (따라서 누구나 정치에 대해, 평범한 선에 기초한 정치에 대해 동등하게 알고 있다고 가정해야 하며, 거기에 민주주의의 기반이 있다. 우리는 흔히 스스로에게 또는 타인들에게 '정치를 아는가'라고 묻는다. 지금 여기서 문제가 되고 있는 광주항쟁의 경우를 생각해 보면, 사실 당시의 최고 정치권력자보다 정치에 대해 더 몰랐던 자는 없었으며, 정치에 대해 가장 잘 알고 있었던 사람들은 지식인들도 학생들도 아니었고, 흔히 신문이나 교과서에서 말하는 '민주주의'를 대부분 이해하지도 못했던 익명의 다수였다. 이를 새삼 강조할 필요도 없을 것이다.)

여기서 다시 윤상원을, 즉 80년 5월, 보이지 않게, 드러나지 않게 사라져 갔던 광주의 익명의 한 시민을 생각해 본다. 그는 물론 끝까지 전남도청에 남아 '영웅적' 투쟁을 전개했지만, 한때는 서울 주택은행

봉천동 지점의 한 은행원이었고 가족을 염려하고 친구들과 어울리기를 좋아했던 어디에서나 볼 수 있는 '이웃청년'이었다. 그는 영웅이 아니라 다만 영웅적으로 행동할 수밖에 없었던 당시의 익명의 한 시민이었을 뿐이고, 익명의 시민들을 대변하는 한에서 의미가 있을 뿐이다. 그는 80년 5월 27일 새벽 전남도청에서 총상과 화상으로 사망한 후 트럭(정확히는 쓰레기차)에 실려가 묘지에 묻혔고, 80년대 내내 학생운동권 내부에서도 거의 잊혀진 채로 남아 있었다.

3. 몸의 정치 또는 무상(無想)의 정치

김동춘은 5·18을 염두에 두고 "민주화를 추동하는 힘이 민주화라는 이념과 그것의 보편성이라고 보는 것은 하나의 이상적인 관념에 불과"하다고 보면서, 그것이 우리의 역사에서 그토록 큰 파장을 불러일으킬 수 있었던 가장 중요한 요인을 "우리 사회에 최초로 형성된 공공(pulic)의 윤리, 집단적 도덕성"[16]에서 찾고 있다. 그러나 어떠한 윤리가, 어떠한 도덕성이 광주에서 드러났으며 전국적으로 퍼져 나갔는가?

그 윤리는 지배계급의 이데올로기에 봉사하고 그것을 공고히 하기 위한 도구(맑스)에 지나지 않는 것이 아니었고, 사회 내에서 자기를 보존하고 자신의 권력을 잃어버리지 않기 위한 근거(니체)에 불과한 것이 아니었다. 간단히 말해, 그것은 단순히 '사회적'(또는 체제적, 체제 지향적) 윤리가 아니었다. 5·18 당시 그리고 그 이후 익명의 시민들은 자기 보존이나 권력의 옹호나 질서의 보존과 같은, '사회적' 윤리 배면에 감

---

16) 김동춘, 「5·18, 6월항쟁 그리고 정치적 민주화」, p. 216.

추어져 있는 계산된 명목들 너머에서 그 윤리를 긍정했다. 5·18의 윤리
는 우리의 사회적·문화적 의식을 깨뜨리는 자연적인 것들(죽음·피·절
규·눈물)에 기초한다. 5·18 자체가 '이 세상'의 것일 수 없는 지옥과 같
은 자연이 이 사회를 뒤덮는 사건이었고, 지배계급의 사회적·문화적 이
데올로기에, 오직 날것의 몸만으로 부딪힐 수밖에 없는 사건이었다. 문
병란은 윤상원을 기리는 시에서 "총구멍 난 가슴으로 가르쳐 준 진리",
"한 아름 쏟아 놓은 창자로 깨쳐 준 진리"를 기억하면서, "그대 마지막
한 방울의 피까지/생명의 대지에 되돌려줄 때/그대 썩은 살더미 속에
자라는 자유/그대 썩은 핏줄기 속에 영그는 대지/우리들의 사랑은 그대
의 피를 마신다/우리들의 자유는 그대의 살덩일 씹는다"[17]라고 고백한
다. "총구멍 난 가슴", "한 아름 쏟아 놓은 창자", "한 방울의 피", "썩은 살
더미", "썩은 핏줄기", "살덩이", 그것들이, 그 자연적인 것들이 5·18의
실재이다. 물론 문병란은 그것들을 이런저런 언어들로 표현했지만, 80
년 5월의 광주시민들은 그것들을 언어 너머에서 날것으로 경험했고, 그
경험이 5·18의 핵심적 경험이다. 그들은 그것들을 언어 너머에서, 또는
언어(관념)에 사물을 종속시키는 문화 내에서의 일상의 경험이 아니라
언어가 깨지는 경험으로, 즉 그 조건이 언어의 한계일 수밖에 없는 경험
으로 겪어 냈다. 그 자연적인 것들에 비하면, 모든 관념들은, 당시에 또
한 지금까지 이 **사회** 내에서 긍정적으로 받아들여지고 있는 '독재 타
도', '민주화', '공동체의 이념', '저항과 희생의 정신'과 같은 정치적·도
덕적 관념들조차 부차적인 것에 지나지 않는다.

어떤 윤리는 말할 수 없는 것과 마주해서 현시되며, 말로 표현되기
를, 아니 말 자체를 거부한다. 그것은 사회의 테두리를 벗어나 자연 앞

---

17) 문병란, 「그대 무덤 앞에 서면 — 다시 불러보는 부활의 노래」, pp. 7~9.

에 놓여 있다. 그 윤리는 사회의 기준 내에서 파악될 수 없는 존재론적 경험을 전제하고 있으며, 그렇기 때문에 언어와 적대적인 관계에 놓여 있다. 반면 '사회적' 윤리는 그 안에 아무리 좋은 내용들과 이념들을 담고 있다 할지라도 사회체제를 유지하고 강화하는 기능과 분리될 수 없기 때문에 말로 표현되어야 하고 전수되어야 하며 가르쳐져야만 한다. 그것은 언어와 분리되면 무용지물이 되며 체제의 비호를 받는 이데올로기적 언어와 전체성 내에서 결합되면 파시즘에 이를 수 있다. 5·18에서 드러났던 윤리 그리고 5·18이 지금 우리에게 호소하고 있는 윤리는 근본적으로 그러한 '사회적' 윤리의 반대편에 놓여 있다.

윤상원의 몸은, 즉 80년 5월 광주에서 스러져 간 익명의 한 인간의 몸은 문화나 사회의 지평이 아니라 자연의 지평에서 우리에게 정치적인 것의 진실을 가르쳐 준다. 우리는 광주를 발판으로 삼아 전체를 설명할 수 있는 전체적 관념들을, 더 나쁘게는 전체주의적 관념들을 소유했고 따라갔다. 그러한 관념들의 속성은, 정치·사회·역사라는 큰 지평을 위에서 조감할 수 있도록 해주며, 자기에게 자아를 확인시켜 줄 뿐만 아니라 자기를 확증(의식의 자기현전)시켜 주고, 나아가 자아가 확대된 형태로서의 이념적 공동체의 모습과 미래와 미래의 프로그램들을 제시해 준다는 데에 있다. 우리는 80년대에도 그랬고 지금도 그러한 관념들을 제시하는 것 가운데, 그리고 그것들 안으로 타인들을 포섭하는 데에 정치가 있다고 믿을 수 있다(우리는 지금까지 혁명적인 것, 급진적인 것, 강하고 센 것을 지나치게 사랑해 왔다). 그러나 광주의 이름 없는 한 시민이 죽음을 통해 침묵 속에서 우리에게 알려 준 정치적인 것은, 관념의 제시와 확증과 관념을 통한 동일화와 같은 고도의 문화적·의식적 계기들의 반대편에 있다. 그것은 자연의 현시, 문화의 익명적 바깥의 현시, 말하자면 몸을 내어 줌이다. 타자로의 익명적(비개인적)인, 익명적일 수밖에

없는 열림, 왜냐하면 몸은 우리의 개인적(개체적) 자기의식이 구성되는
장소인 문화·사회 이전이며 그것들 너머 또는 그 이하이기 때문이다.
그 익명적 내어 줌과 열림만이, 나아가 시민들 사이의 몸에 뿌리내린 소
통만이 문화적·의식적 나아가 경제적 사회체제를 넘어섰으며, 5·18을
'혁명적'인 것으로 만들었다. 어떠한 이념도 이데올로기도 우리를 그렇
게 하도록 이끌지 못한다. (따라서 광주민중항쟁을 몸에 기초한 정치, 몸
의 정치라고 볼 수 있다면, 광주민중항쟁 자체가 익명적이다. 그것은 광주
에게도 광주정신 — 만일 그러한 것이 있다면 — 에게도 귀속되지 않는다.
그것은 모두의 것이지만 특정 누구의 것도 아니며, 모든 지역의 것이지만
어떠한 특정 지역의 것도 아니다.[18])

　　김상봉은 광주의 고통을 기억하는 한 자리에서 "육체에서 일어나
는 고통은 엄밀하게 말하자면 고통의 외적 원인일 뿐 고통 그 자체가 아
니다"라고 말하면서, "타자적 주체의 자리에 나 자신을 위치시키고 그
와 나를 상상력 속에서 일치시킬 때에만 비로소 나는 그의 고통과 만나
게 되며, 이를 통해 그를 온전히 인격적으로 만날 수 있는 것이다"[19]라고
덧붙였다. 그러나 5·18의 고통은 전적으로 몸의 고통, 즉 죽음의 고통
(이유 없이 칼에 난자당하고 총알에 머리가 관통당해 죽어 갈 수밖에 없는
고통), 폭력과 고문의 고통(밤낮없이 가해지는 구타에 몸을 내맡겨 놓을
수밖에 없는 고통), 가난의 고통(상이자傷痍者의 아내와 자식으로서 고된
노동을 하고도 배고플 수밖에 없었던 고통)일 수밖에 없다. 그것은 의식

---

18) 5·18과 관련해 근래 광주에서 생산되고 있는 담론들이 광주라는 지역의 자기긍정(나르시시
즘)을 위해 봉사하고 있다는 비판에 대해 살펴보기 위해, 박구용, 「문화, 인권 그리고 광주정
신」, 『민주주의와 인권』, 5·18연구소, 2007, pp. 154~155 참조.
19) 김상봉, 「그들의 나라에서 우리 모두의 나라로 — 두 개의 나라 사이에 있는 5·18」, 사회와
철학연구회 하계 심포지엄 '5·18의 철학적 해석'(2007년 8월 24일, 전남대학교) 발표문집, p.
26.

적·관념적 고통 또는 실존적 고통을 비롯한 그 모든 고통이 몸의 고통에 비하면 부차적이고 파생적인 것이라는 사실을 증명하는 고통이다. 그것은 사회적 권력을 갖고 합당하게 사회적 의식에 호소할 능력을, 사회적으로 용인된 관념의 힘을 소유하지 못한 기층 시민들의 고통, 당시 광주의 많은 시민들뿐만 아니라 지금도 여기에 있는 이름 없는 자들의, 말할 권리를 빼앗긴 몸밖에 없는 인간들의 고통이다. 그것은 "인격적" 차원에서 "상상력"을 통해 이입될 수 있는 정신적 주체들의 고통이 아니라, 우리의 정념을 직접적으로 건드리는, 거기에 단도직입적으로 호소하는 자연적이고 비의식적(익명적)인 고통, 간단히, '동물'의 고통이다.[20] "육체적 고통은 순수성이 더욱 높다. 따라서 민중의 고귀함도 더욱 높아진다"라는 시몬느 베이유(Simone Weil)의 말을 되새겨 봐야만 한다.[21] 5·18의 고통을 이념의 지평에서 정신적 고통으로 해석하는 것은, 나아가 5·18을 "우리 모두의 나라"를 위한 국가적 이념으로 끌어올리려는 시도는, 설사 그 공동체적 이념의 내용이 아무리 선하고 이상적이라 할지라도, 여전히 상부 관념의 자리 또는 관념의 상부 자리에서 이루어지고 있으며, 여전히 기층 시민들을 정치의 장에서 고려하지 못하고 밑바닥에 있는 정치적인 것의 핵심을 간과하게 되는 결과를 가져온다. 정치적인 것의 핵심은 정신적·정치적으로 '비범한' 인간들이 구성하는

---

20) 시민수습위원회의 대변인이었던 김성룡 신부가 1980년 5월 25일 계엄사 부사령관을 찾아가서 한 다음과 같은 말을 들어 보자. "앞으로 우리는, 아니 도민은 네 발로 기어 다녀야 한다. 우리는 짐승이다. 공수부대는 우리 모두를 짐승처럼 끌고 다니면서 때리고 찌르고 쏘았다. 공수부대의 만행은 말하지 않아도 다 아는 사실이 아닌가?"(『광주오월민중항쟁사료전집』, p. 106) 5·18은 정신적 또는 인격적 주체들의 만남을 통해 일어났던 사건이 아니라, 홍윤기가 본 대로, 익명적 인간들이, 동물의 수준으로 추락했던 인간들 또는 "단지 인간이기만 했던 인간들"이 벌였던—벌일 수밖에 없었던—"주체 없는 항쟁", "주체 없는 사건의 전형"이었다(김상봉의 위의 발표문에 대한 논평, 홍윤기, 「5·18은 끝났다. 5·18이여, 영원하라!」, 사회와철학연구회 하계 심포지엄 '5·18의 철학적 해석', p. 11).
21) 시몬느 베이유, 민희식 옮김, 『사랑과 죽음의 팡세』, 문예출판사, 1980, p. 108.

이념의 상부가 아니라 모든 인간이 속해 있을 수밖에 없는, 특히 이름 없는 평범한 데모스(demos)의 것인 익명적 몸 가운데 있다. 5·18을 비롯해 모든 중요한 정치적 사건은, 상부의 이념이나 정신의 문제가 아니라 반드시 익명적 민중의 몸의 문제(배고픔·노동·착취·감금·죽음, '유물론적'이지 않을 수 없는 문제들)에서 촉발되고 그러한 한에서 정당화되며 중대한 의의를 가질 수 있다.[22] 한 사건 또는 한 사상을 바탕으로 구성된 국가적 이념은 내용의 수준에서 무엇을 말하든 형식의 수준에서 헤겔주의(상부의 한 정신적 이념에 기초한 보편통합주의)에서 벗어나지 못한다──그 자체로 선하고 이상적이지 않은 국가적 이념이 어디에 있는가. 광주민중항쟁에서 분명해졌던 것은, 상부의 어떤 이상적인 총체적 국가 이념이 필요하다는 것이 아니라, 모든 국가 이념은 상대적이라는 것이고, 가르치고 주입시킬 수 있는 국가 이념 배면에 그 이하에, 보이지 않고 규정될 수 없는 하부의 공동체('광주 코뮌')가 언제나 있다는 것이며, 그 사실이 바로 하나의 국가 이념과 국가주의 자체를 거부하는 민주주의의 조건이라는 것이다.

관념이 우리의 모든 현실에 개입하고 있는 이상, 관념이 정치의 현실에서 중요하지 않다고 말할 수 없다. 또한 5·18이 폭압적 권력의 이데올로기와 벌거벗은 몸 사이의 전쟁이었다는 것도, 80년 당시 여기의 정치적 한계와 더불어 당시의 저항세력의 한계를 드러내 주는 것이 사실이다. 우리에게는 당연히 지배 이데올로기에 대항하는 정치적 관념들이 필요했고 지금도 필요하다. 그러나 관념은 그 현실적·구체적 타자가 상정될 경우에만 의미가 있다. 하나의 정치적 관념은 어떤 구체적인 문제점을

---

22) 5·18 당시보다 분명 상대적으로 평안한 지금도, 한미FTA 문제, 비정규직 문제, 장애인 문제, 외국인 노동자 문제, 대학과 교육의 문제와 같은 정치적으로 중요한 문제들은 이념이나 정신의 문제이기 이전에 민중의 몸의 문제이다.

지적하거나, 어떤 구체적 제도의 개혁을 목표로 삼거나 권력의 분배와 권력 구조의 재정비를 요구할 때에만, 또한 그것이 익명의 사람들이 공유하거나 공유할 수 있는 '공적'·'실증적' 문제들의 장에 놓일 때, 가상이라는 위험을 최대한도로 줄이면서 유의미한 것이 될 수 있다. 그렇지 않고 그것이 다만 이념이나 이데올로기의 수준에서 '정신'의 자기긍정만을 위해 쓰일 때, 한 집단이나 한 공동체나 한 국가의 자기동일성을 강화시키는, 그에 따라 안과 밖 사이에 금을 긋는 계기로만 작동할 수 있을 뿐이다(한 개인의 자기긍정, 한 집단의 자기긍정, 양자는 밀접하게 연관되어 있다). 어떤 정치적 관념이 이념의 수준으로 격상돼서 한 공동체를 정당화하거나 그 정당성을 보장해 주는 데 사용될 때 그 공동체는 이미 전체주의의 유혹과 마주하고 있는 것이다.

4. 5·18 : 몸의 현전 또는 침묵의 현전

80년 5월 광주에서 쓰러진 시민들의 몸 가운데 윤상원의 몸을 발견할 수 있다. 그 몸은 무력한 몸이다. 그랬기 때문에 그 몸은 당시에 관념의 힘과 결합되어 효과적으로 사회에서 제도와 권력의 수준에서 개혁을 가지고 오지는 못했으며, 거기에 5·18의 한계가 있다. 윤상원은 죽음의 자리에 들어가기 전 "오늘 우리는 분명 패배할 것이다. 그러나 역사는 우리가 승리자였음을 말해 줄 것이다"라는 말을 남겼다. 그러나 그가 진정한 승리자일 수 있다면 역설적으로 그가 무력했기 때문이다. 그가, 그의 몸이, 그의 시체가 궁극적으로는 사회적·문화적 나아가 정치적 권력의 빈 곳을 가리키고 있고 그것과 무관한 것으로 남아 있기 때문이다. 그 몸은 무력했기 때문에 역설적으로 더 큰 어떤 진실을 드러낸다. 그 몸은 침묵했었고 지금도 침묵을 지키고 있으며, 그로부터 어떠한 형태로든, 좋은 형태로든 나쁜 형태로든 권력을 얻어 내고자 하는 노력은 '이 세상'의 일로 남는다. 그렇기 때문에 어떠한 방식으로든 5·18에 대해 관념과 언어로 접근하는 데에 어려움이 있는 것이며, 현재 광주에서는 어디에서든 5·18에 대해 자신 있게 말하기 힘든 것이고, 꼭 좋은 태도는 아닐지라도 그것에 대해 말하지 말자고 권유하는 사람들이 있는 것이다. 5·18은 '이 세상'에서 일어나는 여러 정치적 사건들 가운데 하나가 아니며, '이 세상'과 '이 세상' 너머 또는 그 이하가 한 지점에서 조우하게 되는 사건이자 양자 사이의 간격이 분명히 드러나는 사건이었고, 그러한 한에서만 그것은 정치적 사건일 수 있다. 여기서 말하는 '이 세상' 너머 또는 그 이하는 어떤 초월적 이데아나 하나님의 나라 또는 이념의 나라가 아닌 적나라한 몸들의 현전이다. 자연의 현전, '이 세상'의 드러나지 않는 토대인 생명의 현전. 그 몸은 우리에게 정치적인 것의 핵심이 관념의 제시가 아니라 타자에게 자신을 열 것을 요구하는 생명에 대한 감지라는 것을, 또는 모든 정치적 관념에 선행되어야 할 조건이 바로 그 생명에 대한 감지라는 것을 말한다.

그 몸의 현전, "삶이 죽음이 되고 죽음이 삶이 되는"[23] 역설이 하나의 사실로 드러나는 몸의 현전은 자연이기에 침묵했고 침묵한다. 거기에 보답 없는 무(無)로 내려가는 단호함이 있고(**무상無償**), 변증법을 거부하는 절규가 있으며, 눈으로 볼 수 없고 명제들로 규정할 수 없는 드러나지 않는 어떤 것이 있다(**무상無想**). 그 현전이 과거에 단순히 억압적인 정치 상황 때문에 침묵했던 것은 아니며, 사실은 과거에도 스스로 침묵했었고 지금도 스스로 침묵한다. '이 세상'의 것이 아닌 것의, 그러나

---

23) 문병란, 「그대의 무덤 앞에 서면——다시 불러보는 부활의 노래」, p. 9.

드러나지 않을 뿐 가상이 아닌 자연의 침묵의 현전. 그러나 그것이 어떠한 정치적 관념이나 이데올로기나 정치사상보다도 5·18의 현실이었으며, 지금도 우리가 가감 없이 받아들일 수밖에 없는 5·18의 '현재'를 구성하고 있다. 어떤 관념이, 어떤 이데올로기가 아니라 바로 그 침묵의 현전이 지금 우리에게 전해지고 있으며, 오늘의 '우리'를 만들었다. 왜냐하면 그것이 묵언 가운데 있지만 우리의 내면에서 가장 믿을 만한, 적어도 어떠한 관념보다도 믿을 만한 '음악'으로 울리고 있기 때문이다. 죽어 간 한 시민의 몸이 정치적인 것은 관념이나 이데올로기의 지평이 아니라, 태어나서 병들고 죽는다는 사실이 공동의 것이자 모두의 것이 될 수밖에 없는 자연의 지평에 개입한다는 사실을 몸으로 지금도 증명하고 있기 때문이다. '나'에게, 지금 쓰고 있는 '나'에게 5·18에 대해 쓸 자격도 권리도 없다는 억압이 전해진다. 그것은 진실의 억압일는지 모른다. 그러나 어떤 몸이, 어떤 타자가, 관념적으로 말하지 않고 몸으로 말하는 몸이 누군가를 쓰는 데에로 유도한다. 그 몸이 특정 개인이 아니라 모두의 것이기에 '나'는 아마 쓸 수 있을는지 모른다. 하지만 문제는 하나의 글쓰기가 몸의 음악을 연주하는 한 방식이거나, 보다 단순하게, 그 음악을 듣는 방식일 수는 없는가라는 데에, 즉 더 쓰지 않는 데에, 더 말하지 않는 데에 있다.

3. 환원 불가능한 (빈) 중심, 사이 또는 관계*
—타자에 대하여

1. 전체주의와 '우리'

이 시대는 다원성의 시대이다. 서로 다른 가치를 인정하고, '너'와 배경·출신·종교를 달리하는 인간들을, '너'와 생각, 이데올로기를 달리하는 타인들을 용납하라고 우리는 자주 말한다. 또한 우리는 '나'의 관점과 기준을 타인들에게 일반적으로 강요하지 않는 것이 옳다고 일반적으로 생각한다. 다원성의 존중, 타인의 타자성에 대한 존중, 그러한 가치가 우리(여기 이곳 한국에서 사는 사람들을 포함하는 우리)에게 얼마나 실질적으로 내면화되었는가라는 물음은 차치하고, 적어도 그것에 우리는 대체로 동의하고 있다. 그 이유에 대해 분명히 말할 수 있을 것이다. 지난 20세기에 우리는 전체주의의 폭력을 실제로 경험했었기 때문이다. 진부하지만 그러한 대답이 주어질 수밖에 없다. 동서를 막론하고, 제1세계와 제3세계, 국내외를 막론하고 어떤 하나의 이데올로기나 이념이, 어떤 하나의 주체나 인간형이, 어떤 하나의 폭력적인 동일성의 원

---

* 이 텍스트는 2007년 12월 22일 (사)철학아카데미 주최 '토요아카포럼'에서 발표되었다.

리 또는 기준이 우리를 지배했고 '우리'를 파괴시켜 버렸다.

그러나 그러한 동일성의 폭력이 과연 20세기만의 문제인가라는 물음이 남는다. 그것은 인간이 문명화되면서부터, 관념의 비호 아래 인간이 사유하는 자라고 자부하게 되면서부터 언제 어디에서나 있어 왔던 것이다. 그러나 그 문화의 폭력 또는 관념의 폭력, 결국 이데올로기의 폭력이 20세기만큼 광범위하고 조직적으로, 대규모로 자행된 적은 없었다. 그것이 20세기만큼 과학과 교통·통신·소통 수단의 급격한 발전에 따라 집단적으로 전 지구적으로 엄청난 살상자들을 내면서 시행된 적은 없었다.

여기서 먼저 우리의 물음을 제출해 보자. 문화의 틀 내에서 어떤 관념의 지배 아래 발생하는 폭력이 어떠한 것인가라는 물음이 여기서 설정된 첫번째 물음이다. 또한 그 폭력이 가해지는 대상인 인간의 자연성(인간 안에 있는 자연)이란 무엇인가? 그것이 두번째 물음이다.

지금 그 폭력으로부터 어느 정도 비켜나서 다행스럽게 적어도 신체의 안전을 확보하고 있는 우리에게 여전히 고통을 주고 있는 것은, 보다 보편적이고 완전한 이데올로기가 없다는 사실이 아니다. 그것은 보다 전체적인 정치철학이 없다는 사실도, 보다 완벽한 주체의 상이 없다는 사실도 아니다. 그것은 '우리'가 파괴되었다는 사실 자체이다. '우리'는 이데올로기나 철학을 공유하는 집단도, 어떤 인간 유형의 집단도, 어쨌든 '이것'이라고 명사로 지정될 수 있는 집단이 아니고, 다만 우리가 태어나서 늙고 병들고 죽어 간다는 단순한 사실의 현시(現示)라는, 즉 자연적 실존 또는 **동사적 실존**의 현시라는 사건이다. 20세기 전체주의의 역사는 한마디로 말해 우리가, 즉 문화 내에서 형성된 동일성의 집단(민족·국가, 나아가 파시스트 집단, 나치 집단, 공산주의 집단)이 그 자연적(또는 '동물적' ── 이 '동물적'이라는 표현을 다시 설명해야 할 것이다)

'우리'를 무시했을 뿐만 아니라 그 '우리'를 살해해 온 역사이다. 그것은 과도하게 문화화된, 관념을 통해 어느 높은 곳에 있는지 알 수 없는 이상(理想) 가운데 설정된 우리가 우리 자신의 뿌리가 되는, 보이지 않고 단순하고 평범하며 결국 명사로 지정할 수 없는 '익명적' 우리에게 지속적으로 폭력을 행사해 온 역사이다. 우리의 밑바닥을 이루는 '우리'를 우리가 제거했을 때, 우리는 필연적으로 무너질 수밖에 없게 된다. 우리는 20세기 이후에도 여전히 '우리'가 파괴되었다는 사실로 인해 고통받고 있다.

지금의 정치적 문제는 문화의 수준에서 보다 세련되고 완벽한 새로운 이데올로기와 정치철학을 창조해 내는 데에 있지 않고, 보다 본질적인 주체의 상 또는 민족의 상을 구성해 내는 데에도 있지 않으며, 보다 이상적인 공동체의 형태와 프로그램을 제시하는 데에도 있지 않다(어떤 공동체가 자신을 지시하면서 그 토대와 근거와 목적을 이론적으로 정당화하려 한다는 것은 자신의 총체적 동일성을 스스로 결정한다는 것이며, 그럴 경우 그 공동체는 필연적으로 전체주의의 위험에 빠지게 된다). 모든 '창조적'이라고 불릴 수 있는 인간의 구성적·문화적 활동이 이 시점에서 부차적으로 느껴지는 이유는, 20세기 전체주의의 역사가 우리에게 자연의 '우리'에게, 이 세상으로 나오는 아기의 울음소리와 이 세상을 떠나는 노인의 주름진 얼굴에서 나타나는 미약한 '우리'에게 주목하라는 교훈을 남겨 주었기 때문이다. 문화가 우리에게 최종적으로 남겨 준 것은 문화 자신을 과도하게 신뢰하지 말고 자연에 주목하라는 요구이다. '우리'는 우리의 자연, 우리의 타자, 또는 한마디로 타자이다. 20세기 전체주의가 남긴 교훈은 타자에 대한 주시이다.

2. 정치 이전의 윤리

여기서 우리의 문제들을 보다 명확히 설정하기 위해 이 시대에 타자에 대한 사유를 대변하고 있는 엠마누엘 레비나스(Emmanuel Levinas)의 경우에 대해 생각해 보자——그러나 그가 말하는 '나'(동일자 l'un)에 대한 타자와 여기서 논하게 될 타자 사이에 상호 편차가 있으며, 그 점에 대해 다시 살펴보게 될 것이다.

레비나스의 타자의 철학은, 우리가 20세기의 전체주의를 경험하지 않았더라면, 설득력을 본래대로 가질 수 없는 철학이다. 그것은, 여러 전체주의적 정치사상(파시즘·나치즘·스탈린주의)과 그에 따라 정당화된 억압과 폭력과 살해가 20세기를 뒤흔들고 피로 물들이지 않았다면, 그 의미의 시의성을 확보할 수 없는 철학이다. 레비나스에 의하면, 전체주의라고 불리는 것을 옳다고 믿었던, 그것의 진리를 확신했던 의식에 구멍을 내는 것은 바로 타인의 얼굴이다. 그가 첫번째 주저인 『전체성과 무한』(*Totalité et infini*)을 중심으로 끊임없이 강조한 것은, 타인이 전체성(전체주의의 전체성은 말할 것도 없고, '진리'를 추구하는 모든 합리적 이론의 전체성)에 흡수되지 않고 그에 저항한다는 것이다. "우리는 전체성의 경험으로부터 전체성이 깨지는 상황으로 거슬러 올라갈 수 있다. [···] 그러한 상황 가운데 타인의 얼굴에서 외재성과 초월성이 섬광처럼 빛난다."[1] 그 사실에, 즉 타인은 의식이 구성해 낸 어떠한 이론적 총체성에도 흡수되지 않는 여분의 영역(타자성의 영역)을 갖고 있다는 사실에 레비나스의 철학 전체가 기초하고 있다.

그러나 그 사실은 단순히 레비나스가 자신의 사유를 통해 증명해

---

1) E. Levinas, *Totalité et infini*, Nijhoff, 1961, p. xiii.

낸 것이 아니며, 바로 우리가 역사에서 실제로 목격해 온 것이다.

전체주의는 단순한 허위나 거짓이 아니며, 한 집단의 구성원들이 어떤 시점에서 '진리'를 간직하고 있다고 간주한 전체적 사고의 체계이다. 그것은 단순히 한 집단 전체가 빠져 들어간 몽매한 미신이 아니라, 역사적·사회적 상황 전체를 정합성 가운데 설명할 수 있는 하나의 관점 위에 세워져 있다. 그러나 전체주의의 폭력 이후에 시간의 흐름 가운데 사라지지 않고 남아서 정치(현실 정치, 정체의 구성, 정당의 조직, 법과 질서의 정립, 권력과 반권력의 생산)의 맹점을 지적하는 타인의 얼굴은 바로 역사와 정치가 환원되는 지점이다. 나치의 유대인 학살의 경우에도 그랬었고, 스탈린주의의 실험 이후에도, 캄보디아의 킬링필드 이후에도, 가까이는 광주 5·18 민중항쟁 이후에도 그랬었다. 전체주의적 폭력의 역사에서 궁극적으로 문제가 되는 것은 단순히 정치의 영역에 속하는 것이 아니다. 다시 말해 거기에서 해결되지 않는 아포리아로 남아 끊임없이 우리에게 고통을 주고 있는 것은, 단순히 하나의 정체, 정당, 법 또는 권력의 문제와 치환될 수 있는 것이 아니다. 왜냐하면 그것은 합리적으로 추론할 수 있는 것, 논리적으로 그 타당성을 결정할 수 있는 것, 의지에 따라 구성하거나 폐기할 수 있는 것, 의식의 수준에서 옳고 그름의 기준에 따라 규정할 수 있는 것이 아니기 때문이다. 레비나스에 의하면, 정치는 우리의 의식과 의지에 객관적으로 '옳은 것'을 보장해 줄 수 있을는지는 모르지만 선(善, bonté)을 향해 열리게 하지는 못한다.[2] 선이란 바로 사고·의지뿐만이 아니라 합리성 너머에 있는 것이다. 하지만 이는 선이 우리가 합리성의 질서에 따라 생각한 것과 의지한 것에 무조건적으로 대치된다는 것을 의미하지 않는다. 다만 선은, 전체주의의 폭

---

2) 같은 책, p. 29.

력에 일그러진 타인의 얼굴이 우리에게 요구하는 응답은, 사고와 의지의 수준에서 결정된 것을 비켜나간다――그것과 언제나 차이를 갖는다. 타인이 나에게 요구하는 선은 옳고 그름에 대한 나의 집착을 이차적인 것으로 만든다. 선에 대한 요구는 옳음에 대한 요구와 대립되는 것이 아니라, 그것과 다른 영역에 속해 있다.

윤리와 정치는 다른 것이다. 그러나 이는 정치적 심급이 중요하다고 생각하는 사람들이 '정치는 윤리가 아니다'라고 말할 때 의미하는 바와 반대의 것을 지적하고 있다. 그들에게――그들은 적지 않은 경우 역사와 사회의 포괄적 또는 전체적(나아가 전체주의적) 구조의 중요성을 강조하는 자들인데――윤리는 다만 개인적 내면 차원의 준칙이나 양심을 가리킬 뿐이며, 정치는 역사와 사회에 대한 '객관적' 인식의 근거하에 구체적으로 현실에 개입하는 계기가 된다. 결국 그들에게 역사와 사회라는 전체의 영역에서 정치는 일차적인 것이고 윤리는――중요하지 않다고 말할 수는 없다 하더라도――이차적인 것이다. 그러나 20세기 전체주의의 역사가 궁극적으로 우리에게 전해 주는 말은, 윤리라고 부를 수 있는 어떤 것이 정치와 결코 분리될 수 없으며, 후자의 근거가 바로 전자에 놓여 있어야 한다는 것이다. 레비나스는 바로 그 사실을, 정치가 환원되는 지점은 윤리라는 사실을 끊임없이 환기시킨다. 정치가 윤리의 최종심급이 아니라, 윤리가 정치의 최종심급이다. 모든 격렬한 정치적 사건에서, 우리의 기억 속에 최종적으로 각인되는 것은, 부당하게 억압 속에서 핍박 받는 타인의 얼굴이다. 타인의 얼굴은 의식적 동일화 의지의 구멍을 가리키는 부정할 수 없는 것이다. 그것은 전체주의적 의지의 빈 곳을, 그 의지가 와해되는 지점을 가리킨다. 그것은 인간의 모든 종류의 폭력이 자연의 모든 폭력보다 더 잔인하게 일어나는 원인이 바로 전체주의적 동일화작용임을 증거한다.

레비나스가 말하는 윤리는 정치에 종속되는 윤리가 아니다. 그것은 정치의 지평에 수렴되거나 수렴되어야 하는 개인의 도덕적 준칙이나 추상적인 양심이 아니다. 그것은 종합적·객관적 — 나아가 전체적 — 정치의식에 매달려 있는 부분적·주관적 의식이 아니다. 레비나스에 의하면, 윤리는 모든 의식 이전에, 전-근원적(pré-originel)으로 감수성(sensibilité)에 먼저 개입한다. "감수성의 직접성, 그것은 감수성에 고유한 물질성에 근거해 타자를 위하는 데에 있다. 그것은 타자의 직접성 — 또는 가까움 — 이다. 타자와 가까이 있다는 것은 향유의 직접성 — 풍미의 직접성, 직접적 접촉을 통해 변형되는 '물질의 물질화' — 을 타자를 위해 양도한다는 것이다."[3] 말하자면 윤리는 의식 이전의 감각적 차원에서 내가 직접적으로 누릴 수 있는 향유(의식 이전의 감각적 향유, 즉 먹고 마심, 좋은 공기를 마심, 좋은 음악을 들음, 산보 등)를 포기하면서, 마찬가지로 직접적으로 타인을 향해 있는 데에 있다. 윤리는 나의 감각적 향유를 포기하는 데에 있기 때문에, 동시에 타인을 위해 내 외부로 열리는 것 자체가 나의 감수성을 뒤흔드는 과정이기 때문에 의식에 앞서는 것이다.

나와 타인의 관계는 의식 이전에 물질적 감각과 타인에 대한 감수성의 수준에 기초하고 있다. 종합적이고 객관적이라 자임하는 정치적 의식은 다만 추상화되어 전체를 대변한다고 여겨지는 '개인'(특정 개인이 아니라 전체의 부분 또는 원자로서의 개인, 보편적이라 여겨지는 추상적 개인, 관계 바깥의 개인)의 의식일 뿐 관계의 구체성을 이해하지 못한다. 20세기 전체주의 실험에서 문제는, 그러한 정치적 의식이 관계의 구체성을 무시했다는 데에 있다. 우리가 전체주의의 폭력과 압제와 살해에

---

3) E. Levinas, *Autrement qu'être ou au-delà de l'essence*, Nijhoff, 1974, p. 94.

분노하는 이유는, 그것들이 관계의 구체성을 파괴하면서 의식 이전의 우리의 감수성에 절망의 그림자를 드리워 놓았기 때문이다. 나와 타인 사이의 구체적 관계가, 즉 타인의 얼굴이 문제가 되는 그 관계가 모든 종류의 정치의 최종심급이다.

3. 정치에서의 진실

한나 아렌트가 지적했듯이, 서양 정치사상의 역사는 소크라테스의 재판에서부터 맑스의 혁명론에 이르기까지 철학자와 폴리스 사이의 갈등의 역사이다.[4] 말하자면 그것은 지적 엘리트들과 기존 사회체제의 대립의 역사이며, 그 대립은 철학자들이 설정한 이상적 관념과 현실의 사회질서 사이의 대립이다. 『변명』에서 볼 수 있듯이, 소크라테스는 자신의 영혼이 결코 사회의 '문화적' 질서 내에 흡수될 수도 없고 거기에서 어떠한 손상도 입을 수 없는 불멸의 초자연적 존재임을 입증하기 위해 독배를 든다. 정치적인 죄(즉 청년들을 선동하고 타락의 길로 빠지게 했다는 죄)로 기소된 소크라테스에 대한 재판에서 문제가 되는 것은, 다수와의 구체적 관계가 아니라 사회의 통념적 관념과 지적 엘리트의 어떤 관념 사이의 갈등이다. 보다 탁월하고, 보다 현명하고 자율적인 관념을 입증하는 것이 문제인 것이다. 그 사실을 플라톤은 보다 더 예시적으로, 보다 더 전체적인 지평에서 보여 준다. 플라톤의 이상국가론은 관조를 인간활동의 이상으로 삼은 철학적 엘리트의 정치사상의 전형이다. 이상국가론은, 사회 현실(즉 플라톤의 관점에 의하면, 이기적 욕망과 권력을 추구

---

4) 한나 아렌트, 이진우·태정호 옮김, 『인간의 조건』, 한길사, 1996, p. 61과 그 이하.

하는 개인들이 만들어 낸 아노미 상태, 또한 가장 정의롭고 지혜로운 자인 소크라테스를 죽일 정도로 불의에 물든 현실)에 대한 비판적 시각을 전제하면서 보편을 자임하고 있는 엘리트의 관념에 따라 완성된다. 국가의 위계(장인들을 비롯한 피지배계급, 무사계급, 통치자계급)와 그에 따르는 시민들의 활동의 제한(전문가들에 의한 직무 수행), 그리고 철학자 통치 등 이상국가론을 이루고 있는 각 관념은 보편으로 확장되기를 희구하는 한 탁월한 엘리트의 관념이다. 그 엘리트적 관념 또는 보편적 관념이 나와 타인의 관계에 대한 성찰의 계기가 될 수 있는 여지는 없다.

맑스주의(맑스의 사상의 한 부분과 더불어 특히 20세기의 맑스의 사상을 실험하는 데에서 토대가 된 이데올로기)의 경우도 마찬가지이다. 물론 맑스주의는 수없이 많은 얼굴을 갖고 나타날 수 있다. 그러나 여기서 우리가 문제 삼는 맑스주의는 불평등을 고발하고 저항의 필요성을 강조하는 맑스주의가 아니라, 어떤 관념들이 인간과 사회 전체를 규정할 수 있다는 가정에 서 있는 '형이상학적·전체주의적' 또는 교조적 맑스주의이다. 그 교조적 맑스주의 또한 철학적 엘리트의 관념에 기반하고 있다. 재산의 많고 적음에 따라 결정되는 인간의 정체성(부르주아 또는 프롤레타리아), 프롤레타리아 독재, 역사발전론(목적론), 유토피아, 그러한 맑스주의적 관념들은 보편 또는 본질이 되기를 원하는—보편 또는 본질로 가정된—엘리트의 관념이다. 특별히, 경제적 평등 또는 분배의 평등의 질서를 수립하는 것이 나와 타인의 관계가 이상적인 공동체로 확대되는 데에 필요한 절대적 조건이라는 관념, 그리고 그 질서의 구축에 모든 정치적 노력을 집중해야 한다는 관념이 그러하다.[5] 알랭 바디우

---

5) 그러나 우리는 여기서 경제적 평등이나 분배의 평등이 중요하지 않다고 결코 말하지 않는다. 그러한 평등은 다른 종류의 평등들, 가령 정치적 입장의 평등, 지식과 사상의 평등, 특히 인간의 평등과 다르지 않은 생명의 평등과 같이 고려되어야 한다.

(Alain Badiou)의 표현에 따르면, "교조적 맑스주의는 순전히 제도적이거나 아카데믹한 봉합들일 뿐이다".[6] 철학적 엘리트로부터 나와서 다수에게 적용된다고 가정된 맑스주의적 관념들은, 즉 개인(개체)의 양적 확장이 전체임을 전제하고 있는 관념들은——나와 타인의——관계에 대한 성찰을 미리부터 완전히 배제하고 구축된다. 그러한 관념들이 전제될 때, 우리는 '정치는 윤리가 아니다'라고 말하면서 윤리를 부차적인 것으로 여길 수 있다.

다시 생각해 보자. 나는 누구이고 타인은 누구인가? 양자는 다만 원자들처럼 흩어져 있는 개체들이 아니며, 전체(보편)에 종속되어 있는 동질의 부분들도 아니다. 나와 타인이 있기 전에, 즉 명사적 항(項)들이 있기 전에, 관계의 동사적 사건이, 즉 만남이 있다. 나와 타인은 개체들도 아니고 전체도 아니며(개체와 전체는 모두 관념의 산물일 뿐이다) 다만 관계이다. 즉 나와 타인은 본래부터 각자로, 또는 전체 내에서 부분으로 존재하지 않으며, 서로가 서로를 향해 있는 사건이 전제되고 나서——전개되고 나서——비로소 정해지는 관계의 항들일 뿐이다. 관계 바깥에 나(개체)라는 관념적 동일자(관념론의 역사에서 주체나 자아로 불려 왔던 것)가 있고 그 이후에 타인이 부수적으로 파생되는 것이 아니다. '나'라는 이름의 개체가 아닌——'나'라고 말할 수 없는——, 언어(존재자들을 대리하고 그것들에 의미를 부여하는 기호들의 집합) 이전의 익명적 존재가 인간들의 익명적 실존의 양태를 공유하는 만남의 사건이 먼저 발생한다. 여기서 익명적 실존의 양태란, 관념을 초과하고 문화의 테두리 내에서 규정될 수 없는,——문화적이라기보다는 자연적인——태어나서 늙고 병들고 죽어 가는 동물로서의 인간(그러나 동물과는 다른 인

6) 알랭 바디우, 이종영 옮김, 『철학을 위한 선언』, 백의, 1995, 82쪽.

간)의 생명의 전개 방식이다. 그것은 나에게 고유한 것도 아니고 너에게, 타인에게 고유한 것도 아니다. 우리는 그것을 나와 너의 구분 이전에 공유하고 있으며, 나와 너의 구분 이전에 감지한다. 우리는 그 익명적 실존의 양태 또는 실존의 익명적 양태를 자연적으로—직접적으로—감지한다. 우리는 그것을 익명적인 자들이 함께 속해 있는 공동의 영역으로, 나와 네가 아직 구별되어 있지 않은 비분리의 영역으로 감지한다. 그것을 바로 숨결이 표현한다. 관념 이전의 숨결은, 숨쉰다는 사실은, 즉 생명이라는 사실은 익명적인 것이다. 여기서 생명은 우리가 이 문화(문명)의 세계에서, 간단히, 이 사회에서 위계질서화된 의식적 관념들 안에 갇혀 있기 이전에 이 사회의 배면 또는 차이인 '자연' 가운데 있다는 사실을 입증해 주는 생명이다. 그것은 우리가 인간 또는 영장이기 이전에 자연적 생명임을 증명해 주는 생명이다. 그러나 그 생명은 물리적이거나 생물학적 생명이 아니고, 경험 가운데 구체적으로 들어오지만—즉 탈존과 외존에 수반되지만—언어로 고정시킬 수 없고 다만 정념을 건드리는 보이지 않고 들리지 않는 생명,—이러한 표현이 허용된다면—'현상학적' 생명 또는 생명 자체이다.

나는 개인(개체)이 아니고 너도 개인이 아니며 제3자도 개인이 아니다. 또한 나, 너, 제3자는 어떤 관념의 매개를 통해 개인들 또는 원자들로, 부분들로 추상화되기 이전에 익명적인 자들로 익명적 실존에 기입되어 있고, 그에 따라 공동의 영역 내에, 관계 내에 이미 들어가 있다. 전체주의가 파괴한 것이 바로 그 관계이다. 모든 전체주의적 폭력에는 반드시 어떤 보편적·전체적 관념(가령 신神, 특정 민족과 그 민족의 우월성, 계급, 이데올로기)이 정립되는 과정과, 그에 따르는, 인간을 전체의 부분으로 규정하는 과정(즉 인간을 그 보편적·전체적 관념에 종속시키는 과정)이 전제되어 있다. 그리고 그 보편적 관념의 지배는 필연적으로 나와 타인의 관계를 파괴한다. 그 관계는 결코 어떤 관념에 근거하고 있지 않으며, 다만 더 이상 어디로도 환원될 수 없는 자연적 생명활동이 우리에게 공동의 것이라는 사실에서 비롯된다. 전체주의적 폭력은, 하나의 전체적 관념의 지배가, ─따라서─ 문화의 힘이, 가장 기본적이고 자연적인, 무구한 생명활동을 자의적으로 제한하고 나아가 중단시키는 것이다. 모든 전체주의적 폭력은 반드시 과도한 관념화 또는 문화화의 과정(동일화 과정)을 포함한다. 그것은 하나의 지배적·전체적 관념에 뿌리박고 있는 문화가 자연에 가하는 폭력이다.

역사에서 그러한 관념을 구축하기 위해 엘리트들이 사유의 노력을 경주했고, 많은 대중이 그러한 관념에 매혹당하고 '열광'(전체주의의 확산에는 반드시 어떤 관념에 사로잡히는 '열광'이 필요하다)했지만, 이후에 우리에게 남는 것은 환원 불가능한 생명에 불과한 '우리'가 파괴되었다는 사실에서 비롯된 기나긴 고통이다. 전체주의적 열광이 아니라 그 고통이 정치에서의 진실이다. '참' 또는 '진리'인, 해결책이자 답인 전체적 관념을 구상하고 구축하는 것이 우리의 과제가 아니라 어디에서, 어느 곳에서, 왜, 어떻게 무구한 생명이 위협당하고 상처받고 죽어 갔는가를 사유하는 것이 우리의 과제이다. 어떠한 관념도 결코 생명 위에 놓여 있지 않다는 사실에 대해 사유해야 하며, 이는 간과될 수 없는 윤리적 과제이다.

4. 사건의 동사성

윤리를 정치에 종속시키면서 '정치는 윤리가 아니다'라고 말했던 자들(그 말에 이미 전체주의적 요소가 있다는 것을 지적해야만 한다)에 반대하여 레비나스는 분명히 그러한 윤리적 과제를 수행했다. 그의 문제는 정치적 지평에서든 철학적 지평에서든 결코 보편적 관념에 포착되지 않는 타자의 절대성을, 절대 타자를 옹호하는 데에 있었다. "타자, 절대적으로 타자, 그것은 타인이다."[7] "내가 '나' 또는 '우리'라고 말할 때 생겨나는 집합성은 '나'의 복수형이 아니다. 나와 너는 어떤 공통 개념에 따라 구성된 개체들이 아니다. 소유도, 다수가 하나의 단위로 전위될 수 있다는 사실도, 개념적 단일성도 나와 타자를 하나로 묶을 수 없다. 타자를 낯선 자로 만드는 공동 영역의 부재."[8] 이와 같은 문장들에서 레비나스는 나의 어떠한 관념에도 종속되지 않는 타인에 대해서, 나와 타인이 동일한 관념으로 매개될 수 없는 서로 다른——차이를 갖는——자라는 사실에 대해서 말하고 있다. 또한 여기에서 그가 암시하고 있는 바는, 내가 어떤 공통의——공통의 것이라 여겨지는——관념에 타인을 포섭하는 것이 전체주의적 폭력의 발단이라는 사실이다. 그럴 것이다. 관념의 지평을 기준으로 본다면 나와 타인 사이는 "공동 영역의 부재"에 의해 조건 지어져 있을 것이다. 이를 레비나스는 "분리"(séparation)라는 표현으로 강조한다.[9] "공동 영역의 부재", 즉 나와 타인 사이의 근본적 분리.

그러나 나와 타인 사이에는 과연 공동 영역이 완전히 부재하는가? 나와 타인은 과연 절대적으로 분리되어 있는가? 간단히 말해, 타자는 **절대** 타자인가? 나는 타인의 고통뿐만 아니라 기쁨을, 타인이 겪는 수난과 핍박뿐만 아니라 타인이 느끼는 만족과 환희를 관념 이전에 몸의 울림을 통해 감지한다. 관념과 개념의 수준에서가 아니라 몸의 수준에서

---

7) E. Levinas, *Autrement qu'être*, p. 159.
8) E. Levinas, *Totalité et infini*, p. 9.
9) E. Levinas, *Autrement qu'être*, p. 90.

나와 타인을 연결하는 공감각(共感覺, co-sensation)(함께―느낌)이 있다. 관념의 질서와는 다른 몸의 질서가 있다. 공감각은 몸을 통한 생명의 공동의 감지이며, 그것은 우리가 공동의 존재 양태에 공동으로 이미, 언제나 들어가 있다는 사실을 보여 준다. 공동의 존재 양태, 공동의 존재 방식, 말하자면 우리가 외부의 공간으로 열린다는 사건(탈존脫存, ex-sistance), 또한 외부의 타인으로 열린다는 사건(외존外存, ex-position). 관념으로 환원되지 않고 오히려 관념과 의식을 초과하며 언어(개념) 너머에서 전개되는 사건이 있다. 그 사건이 절대적으로 관념이나 언어에 대해 초월적이기 때문이 아니라―관념이나 언어로 결코 번역될 수 없기 때문이 아니라―그것들을 떠받치고 있고 그것들 내에로 남김없이 환원되지 않기 때문에, 그 사건은 관념·의식·언어 너머에 있다. 그것은 나 아닌 외부(ex)와의 관계의 사건이다. 그것은 명사로 지정할 수 있는 '어떤 것'이 아니기에 대상화될 수 없는 외부를, 즉 관조적 거리를 형성할 수 없는 외부를 향해 가는 동사적 움직임이다.

　　탈존은 외부의 공간으로 내가 열려 있을 수밖에 없다는 필연성을, 나의 존재의 필연성(가령 데카르트적 자아의 필연성) 이전의 필연성을 의미한다. 외존은 외부의 타인으로 내가 열려 있다는 사실이, 공간에서 발견되는 특별한 존재자인 타인과의 관계 가운데 있다는 사실이 환원 불가능하다는 것을 의미한다. 마르틴 하이데거와 모리스 메를로-퐁티가 전통적 의식철학(관념론)에 반대하면서 강조한 바가, 바로 탈존과 외존이 인간의 모든 경험에서 규정될 수 없는―언어로 '무엇'이라고, 또는 '무엇은 어떻다'라고 규정될 수 없는―중심, 따라서 빈 중심이라는 것이다. 우리의 모든 경험 밑바닥에, '무엇'이라고 가리킬 수 있는 어떤 사물이나 실체와는 다른 사건이, 보이지 않고 결정될 수 없지만 모든 경험의 전제가 되는 탈존과 외존이 있다.

사건은 관념·의식·언어 이전에 발생하고 그것들을 넘어서며, 따라서 문화의 테두리 안에서 결정되지 않는다. 그렇기 때문에 하이데거는 탈존과 동근원적인 존재에 있어서 이성보다 감정(Gefühl)이나 기분(Stimmung)이 더 개방적이라고 보았다.[10] 그렇기 때문에 그는 자기 시대의 문화의 본질을 규정하고 있는 기술의 폐해를 지적하고, 우리에게 존재의 목소리에 귀 기울여 현존재의 본래성을 되찾으라고 권할 수 있었다. 간단히 말해 하이데거에게 사건은 문화 이전의 자연으로 향해 가는 움직임이다. (그러나 그가 외존의 가능성과 불가능성에 대해 어느 정도로 급진적으로 사유했는가라는 물음이 남는다. 그에게 타인과의 관계의 문제는 결정적으로 중요한 문제가 아니었다.) 메를로-퐁티는 관념·언어 이전의 감각이 세계로의 열림이라는 역동적 사건을 담아 내고 있으며, 감각에 기입되는 그 사건(그의 표현에 의하면 "교직-교차"l'entrelacs-le chiasme[11])이 모든 경험에서 근본적이지만 비실체적(비명사적, 즉 동사적) 토대라는 것을 보여 주었다. 그에게서도 사건은 문화에 선행하는 동시에 문화를 초과하는 야생적 자연으로 향해 있는 움직임이다.

사건에 우리가 공동으로 개입하고 있다는 것, 그것은 우리가 문화의 테두리 내에 있지만 거기에 붙박이지 않고 생명을 공동으로 감지한다는 것이다. 우리는, 나와 타인은 어떤 보편관념이나, 나아가 어떤 전체적 관념에 묶이기 이전에, 또는 그러한 관념에 역행해 그것을 부수면서 사건을 공동화(共同化, la mise en commun)하고 있고, 그러면서 생명을 공유하고 있다. 관념적 동일화가 아닌 생명의 공동화. 그것이 전제

---

10) 마르틴 하이데거, 「예술작품의 근원」, F.-W. 폰 헤르만, 이기상·강태성 옮김, 『하이데거의 예술철학』, 문예출판사, 1997, pp. 562~563.
11) 모리스 메를로-퐁티, 남수인·최의영 옮김, 「얽힘·교차」, 『보이는 것과 보이지 않는 것』, 동문선, 2004.

되어야만 타자와 타자의 타자성에 대해 말할 수 있다. 타자는, 레비나스가 본 바와는 반대로, 절대 타자가 아니며, 나와 타인이 동사적인 공동의 탈존에 이미 들어가 있기에, 즉 생명을 공동으로 감지하고 있기에, 즉 태어나서 늙고 병들고 죽는다는 사실이 공동의 것이기 때문에 타자일 수 있는 것이다. 타자는 그렇기 때문에 나의 관념적 동일화작용에 의해 문화의 테두리 내에서 규정된 자와는 언제나 다른 자로, 차이를 주장하는 자로 현시될 수 있는 것이다. 타자가 주장하는 차이는, 관념적으로 표상된, 명사화된 자와 관계 맺음의 동사적 사건에서 현시되는 자와의 차이, 문화적으로 규정된 자와 자연적 생명을 표현하는 자 사이의 차이이다.

레비나스는 타자를 절대 타자로 간주하기 때문에, 그는 타자를 신(神)이라는 초월자와 결부시키기를 주저하지 않는다. "타인은 나의 신과의 관계에서 필요불가결한 형이상학적 진리가 나타나는 장소 자체이다."[12] 그러나 이러한 레비나스의 말은 타자가 전통 형이상학이나 신학에서 실체이자 절대자인 신과 동일하다는 것도, 타자가 신이 육화된 존재라는 것도 의미하지 않는다("타인은 신의 육화가 아니다"[13]). 레비나스에게 타인은 존재신학적 관점에서 나와 질적 차이를 갖는 자율적 실체가 아니다. 다만 타인이 나에게 요구하는 윤리(환대의 윤리) 가운데 절대의 요소를 포함하고 있기 때문에, 그는 신에 다가가 있는 것이다. 따라서 레비나스에게 타인은 윤리적 관점에서 나와의 관계 내에 놓여 있는 존재자이다.

레비나스의 사유는 나와 타인 사이의 관계와 소통에서 출발하고 있

---

12) E. Levinas, *Totalité et infini*, p. 51.
13) 같은 곳.

다. 그것은 관계에 주목하지 않으면서 오직 타인과 내가 분리되어 있다
는 사실만을 강조하지는 않는다. 그것을, 몇몇 해석자들의 비판[14]과는
반대로, 분리의 유아론(solipsisme)이라고 평가할 수는 없다. 레비나스
가 관계나 소통을 망각하고 있지는 않지만, 특히 두번째 주저인 『존재와
는 다른 또는 본질 너머의』(Autrement qu'être ou au-delà de
l'essence)에서 분명하게 드러나듯, 그는 타인의 고유성으로서의 타자성
과 나의 책임성으로서의 주체성을, 결국 관계 그 자체가 아니라 관계의
고유한 항들을 부각시키는 데로 나아간다. 레비나스는 절대 타자에 대
한 요구를 취소하지 않는다.

레비나스가 나와 타인 사이의 관계의 동사적 사건이 아니라 궁극적
으로 명사적 두 항(나와 타인)에 주목하고 있다는 것, 그것을 보여 주는
그의 개념이 "반대칭성"(asymétrie)이다. "나와 타자 사이의 관계는 항
들의 **불평등**(inégalité) 가운데 시작한다. [⋯] 타인으로서의 타인은 높
은 동시에 비천—영광스러운 비천—한 차원에 놓여 있다. 그는 가난
한 자, 이방인, 과부와 고아의 얼굴과, 동시에 나에게 자유를 부여하고
나의 자유를 인정하는 교사의 얼굴을 갖고 있다."[15] 레비나스가 타자를
신과 같은 초월적 실체로 생각하지 않는다 하더라도, 그는 궁극적으로
나와 타인 사이의 관계의 동사적 사건 자체에 주목하지 않는다. 그는 타
인을 관계 내에서—또는 아마도 관계 바깥에서—나의 위치와 다른

---

14) F. Jacques, "E. Levinas : entre le primat phénoménologique du moi et l'allégeance
éthique à autrui", *Études phénoménologiques*, n° 12, 1990, p. 131 ; M. Haar,
"L'Obsession de l'autre. L'éthique comme traumatisme", *Cahier de l'Herne Levinas*,
p. 534.

15) E. Levinas, *Totalité et infini*, p. 229. 레비나스에게 타인은 "약한 사람, '과부와 고아'"이
고 "나는 부자이고 강자"(엠마누엘 레비나스, 강영안 옮김, 『시간과 타자』, 문예출판사, 1996, p.
101)이며, 이는 나와 타인 사이의 불평등, 즉 비대칭성에 대한 간결하고 정확한 표현이다.

위치에 고정시킨다. 이는 관계 맺음의 최초의 사건의 동사성으로부터 항의 명사성으로의 전이 또는 후퇴이며, 관계의 역동성의 고정화이다. 그에 따라 나라는 또 다른 항의 위치가 정해진다. 말하자면 나에 대한 타인의 책임보다 타인에 대한 나의 책임은 언제나 클 수밖에 없으며, 다른 누구로도 대치될 수 없는 나는 관계 내에 있는 타인을 책임지는 유일한 자(l'unique)[16]로 남는다.

레비나스에게 나(동일자) 또는 주체는 실체로서의 자아도 아니고 의식적 주체(대자적 주체)도 아니다. '나'는 어쨌든 1인칭 주체가 아니라 타인에 의해 유일한 자로 지정된 나, 즉 대격(對格, l'accusatif)의 나이다. 이는, 레비나스의 윤리학을 유아론이라 비판하는 해석자들의 견해와는 반대로, 문제가 된 '내'가 자기동일한 자율적 '내'가 아니고 언제나 타인과의 관계에 놓여 있는 '나'라는 사실을 보여 준다──그렇기 때문에 레비나스는 타인 앞에서 동요하는 '나'의 감수성에 주목한 것이다. 오히려 여기서 '나'는 관계 내에서 어떠한 의식적 1인칭의 동일성도 가질 수 없는 자이고, 타인으로 인해 자신 안에 언제나 구멍이 나 있는 자이다. 스스로 동일성을 상실함으로써, 관계 내에서 빈 자리가 됨으로써 비로소 윤리에 접근하는 나, 이를 밝혔다는 점에서 분명 레비나스의 새로움이 있다. 그러나 우리가 제기하고 싶은 의문은, 그가 어쨌든 나와 타인이라는 두 항을 자신의 윤리적 관점에 따라 고정시키지 않았는가라는 것이다. 그가 결국 관계의 동사성(역동성)이 아니라 항들의 명사성(실체성은 아닐지라도, 단일성, 또는 일의성)을 강조하지 않았는가라는 것이다.

---

16) E. Levinas, *Totalité et infini*, p. 223.

5. 관계의 실존적 조건

타인을 위한, 타인에 의한 나의 자기동일성의 상실, 타인을 위해 죽어 감의 영광, 타인의 고통과 수난을 대신하려는 내 영혼의 광기, 이러한 표현들로 대변되는 레비나스적 윤리(흔히 극단적 순수주의angéßlisme라 불리는 윤리)는 더할 나위 없이 감동적이다. 그러나 비대칭성을 제시하고 있는, 즉 절대 타자와 그에 응답하는 유일한 '나'라는 명사적 두 항과 두 위치를 강조하고 있는 그 윤리는 관계의 사건을, 또는 만남의 사건을 무전제적으로 묘사하고 있는가? 그 사건에 고정된 주인도 손님도 없다는 사실을, 그 사건의 동사성을, 그 급진성을 밑바닥에서 보여 주고 있는가? 레비나스의 사유는 나와 타인의 관계와 거기에서의 양자의 실존을 날것으로 그대로 보여 주고 있지 않으며, 언제나 미리 정해진—선택된 여과 장치인—윤리적 퍼스펙티브에 따라 양자의 고유성만을 부각시킨다. 과연 타인은 언제나 "약한 사람, 과부와 고아"이고 나는 "부자이고 강자"인가? 타인은 언제나 스스로의 고유성(타자성)을 주장하면서 나를 가르치는 "교사"로 나타나고, 반면 나는 스스로의 고유성(책임성) 가운데에서 타인을 환대하는 위치에 고정되어 있는가? 차라리 레비나스는 그래야 한다는 미리 선택되어 고정된 윤리적 관점에 서 있는 것은 아닌가? 그의 사유는 하나의 가치 개념에 따라 정향된 윤리학일 수밖에 없다. 그 가치 개념이 바로 윤리적 관점에서 타인은 나에 대해 우위를 점하고 있다는(타인은 어떤 형태로든 나보다 더 강하기 때문이 아니라 더 약하고 더 고통에 노출되어 있기 때문에 내 위에 놓여 있다) 비대칭성이다.

비대칭성은 분명 윤리적 가치를 표현한다. 내가 타인을 위해 희생하고 나아가 목숨을 바칠 수도 있다는 것, 내가 타인이 나를 위해 할 수 있는 희생보다 더 큰 희생을 타인을 위해 할 수 있다는 것, 그것은 분명히 인간이 증명할 수 있는 지고의 가치이다──과연 그 너머의 가치가 있을 수 있겠는가? 비대칭성은 사회 내에서의 평화와 공존을 위해, 사회가 동물들의 집단보다 나은 공동체로 유지되기 위해, 결국 인간이 동물보다 낫다는 것을 입증하기 위해 요청되어야 한다. 그러나 그것이 하나의 가치로 남으려면, 그 전제를 밝혀야 한다. 그것이 하나의 가치이기 위해서는, 관계의 실존적 조건이 어떠한가를 말해야 한다.

레비나스의 철학은 한계경험론이다. 그의 사유는 경험에 대해 초월적인 어떤 근본적 도식이나 원리나 구조를 상정하고 있지 않으며, 다만 의식으로──또는 지향작용으로──포섭되지 않고 오히려 그것을 초과하는 어떤 경험에 대한 주목과 분석을 통해 전개된다. 나와 타인의 관계의 실존적 조건을 밝히기 위해, 여기에서 레비나스가 주시하는 한계경험과 다른 종류의 한계경험을 예로 들 필요가 있다. 어떤 경험론이 주장하는 바의 반대를 보여 주는 경험을 조망한다는 것은 그 경험론의 맹점을 지적하는 것이 될 수 있다.

과연 타인은 항상 "과부와 고아"인가? 내가 들어가 있는 개인적이거나 역사적인 경험 속에서 어떤 타인은 분명 윤리적 관점이 아니라 힘과 권력의 관점에서 나보다 강한 자로, 나아가 나를 부정하고 차별하며 나에게 견딜 수 없는 핍박을 가하고, 나아가 나를 죽음으로 몰아넣으려는 잔인한 의지를 가진 자로 나타날 수 있다. 어떤 경우와 상황 가운데 타인은 나에게 잊을 수 없는 고통과 모욕과 슬픔을 주는 자일 수 있다 (대표적으로 역사적 경험들을 예로 든다면, 홀로코스트를 자행한 나치, 킬링필드의 주역 폴 포트와 그의 추종자들, 근대의 수많은 식민지에서의 압제자들, 5·18에서 만행을 저지른 자들, 고문자들……). 나치에 의해 부모와 형제들을 잃어버렸던 레비나스 자신도 그러한 사실을 몰랐을 리가 없다. 나치를 끝까지 용서하지 않았던 —— 용서할 수 없었던 —— 그가 압제자·살인자로 나타나는 타인에 대해 거의 언급하지 않은 이유는, 그의 윤리적 사상이 비대칭성이라는 윤리적 가치 개념에 미리 정초되어 있기 때문이다. 과연 비대칭성은 관계의 가감 없는 실존적 조건인가? 핍박받아 개의 수준으로 전락한, 차라리 개보다도 못한 위치에 놓인 자들이 과연 비대칭성을 받아들일 수 있는가? 비대칭성에 기초한 레비나스적 윤리가 원래의 의미 그대로 수신되어야 할 곳은, 시대적·공간적으로 본다면, 제1세계와 그곳에 뿌리박고 살고 있는 자들이 아닌가?

　　문제는 레비나스가 나와 타인의 관계보다, **나**와 **타인**이라는 두 항에 주목했다는 데에 있다. 문제는 그가 관계 또는 사이의 동사성보다 두 항의 명사성을 강조했다는 데에 있다. 말하자면 레비나스 철학의 궁극적 과제는, 타인에게 속한 고유성인 타자성(그것을 특히 그의 첫번째 주저인 『전체성과 무한』이 증거한다)과 내가 갖는 고유성인 책임성 또는 주체성(그것을 그의 두번째 주저인 『존재와는 다른』이 변호한다)을 밝히는 것이다. 거기에서 두 항은 비대칭성 가운데 놓인 자들로, 서로 '절대적' 차이를 갖는 자들로 묘사된다.

6. "나는 타자다" —— '우리' 는 타자다

레비나스에게 "타자는 타인이다"(l'Autre est Autrui).[17] 즉 레비나스에 의하면, 나의 의식을 초월하면서 나에게 윤리적 책임성을 요구하는 현

---

17) 같은 책, p. 229. 또는 이렇게도 표현된다. "타자로서의 타자는 타인이다"(같은 책, pp. 42~43). "타자는 타인으로서 현시된다"(같은 책, p. 59).

현(顯現), 나에게 맡겨진 현현은, "과부와 고아"의 얼굴이 증거하는 현현은 타인에게 고유한 것으로 속해 있다. 이는 다시 레비나스가 말하는 비대칭성을 표현한다. 그러나 타자는 관계의 한 항인 타인에게 고유한 것이 아니며, 우리 모두는 타자를 현시시킬 수 있다. 타자는 모든 인간이 자신 안에 잠재적으로 담고 있을 수밖에 없는 익명의 영역에 놓여 있다. 인간 일반이 타자라는 것은, 인간이 완전히 자율적이고 자기충족적인 자가 아니고, 자신 아닌 다른 것과 타인에게 노출되어 열려 있고 매달려 있는 자라는 사실을 의미한다. 그것은 인간이 어디에 ─ 공간에, 시간에, 어떤 타인에게 ─ 내맡겨져 있는 자라는 사실을 의미한다.

인간은 물론 자아의 영역을 갖고 있다. 말하자면 인간은 사물들과 세계를 규정해서 자신의 관념들(표상들)로 전환시키는 중심축이며, 동시에 스스로를 정립하는 자기의식이다. 또한 인간은 사물들과 세계에 대해 사유하면서 자신을 정신적인 존재로 승격시키고, '나'라고 말하면서 스스로를 형이상학적·도덕적 진리의 주인으로 ─ 토대로 ─ 간주한다. 자아의 영역은 또한 정신적인 본질의 영역, 관념론이 끊임없이 탐색해 온 영역이다. 그러나 인간 ─ 인간 일반 ─ 이 자기 동일한 자아의 영역이 아닌 자기 비동일한 영역에, 즉 자신이 완전히 통제할 수 없는 타자의 영역에 속해 있다는 사실을 부인할 수 없다. 이때 타자는, 레비나스가 말하는 타인으로서의 타자도 아니고, 그가 책임성의 주체를 정의할 때 쓴 "동일자 내의 타자"(autre dans le Même)[18]라는 표현이 의미하는 타자도 아니고, 차라리 랭보(Rimbaud)의 "나는 타자다"(Je est un autre)라는 말이 함축하는 바에서의 타자이다. 그 영역은, 자아의 잉여

---

18) E. Levinas, *Autrement qu'être*. "동일자 내의 타자"는 타인을 책임지고 타인에게 응답하는, 주격의 주체가 아닌 대격의 주체(타인에 의해 지정된 '나')를 가리키기 위해 레비나스가 쓴 표현이다.

로서의 타자의 영역은 관념으로 포착될 수 없는 초과의 영역이고, 탈존과 외존의 영역, 즉 외부(ex)의 영역, 인간이 스스로에 대해 자율적이지 못하고 다만 외부로 열려 있을 수밖에 없는 영역이다. 그곳에 인간은 아주 단순한 경험들에서조차, 가령 어떤 사물을 보거나 듣거나 타인과 대화를 나누는 경험에서조차 이미, 언제나 들어가 있다. 왜냐하면 모든 경험은 경험되는 것을 내부의 관념으로 끌어들이는 표상작용에 근거하고 있지 않고, 언제나 외부(사물, 공간, 타인)로 열리는 사건에 토대를 두고 있기 때문이다. 모든 경험은 열림이라는, 보이지 않고 역동적이고 고정되지 않은 동사적 사건에 기반하고 있기 때문이다. 표상작용이란 그 열림의 사건을 언어(기호)로 고정시켜 일반화한 것에 지나지 않는다. 외부로 열리는 사건이 표상작용에 선행하며, 그것은 결코 남김없이 표상되지——관념화되지, 언어화되지——않는다. (그렇기 때문에 예술이 존재하는 것이다. 가령 사건이 남김없이 완전히 관념화될 수 있다면, 예술은 필요 없다. 언어가 모든 것을 그대로 보존해서 남김없이 표현할 것이기 때문이다. 프란시스 베이컨의 말을 다시 되돌려 보자. "우리가 그것을 말로 표현할 수 있다면, 왜 그것을 그리려 하겠는가?")

그러나 모든 인간의 내부에 있는 그 외부의 영역은, 타자의 영역은 어떠한 경우에 적나라하게 드러나는가?

첫째로 극단적인 고통 앞에서. 가령 극심한 병, 심한 굶주림, 사랑하는 자의 상실 앞에서. 우리 모두는 서로 다른 개인들이기에, 어떤 고통이 극단적인 고통인지 정확히 꼬집어 말할 수는 없다. 고통을 받아들이고 겪는 데에 개인마다 차이가 있을 수밖에 없다. 그러나 극단적 고통은 완전히 개인의 심리적인 문제가 아니며 객관적인 면을 갖고 있다. 말하자면 그것은 누구에게서라도 언어가 한계에 이르는 경험을 가져온다. 극심한 고통은 어떤 것이라도 말로 규정할 수 없는 경험, 말로 그 의미를 포착할 수 없는 경험을, 무의미의 경험을 가져온다. 암에 걸려 죽어가는 자는, 외부에서 볼 때는 그가 그렇게 죽을 수밖에 없는 이유에 대해 의학적으로 쉽게 설명할 수 있을는지는 모르지만, 자신 내부에서 육체적 고통 외에 그 고통을 자신의 관념으로 통제하지 못하는 고통을 겪고 있다. 우리의 세계, 우리의 이 사회 또는 문화적 세계는 언어를 기반으로 구축되었다. 극도의 고통을 겪는 자들은 언어를 박탈당한 자들이며, 따라서 문화적 세계로부터 추방된 자들이다. 그들은, 그 고통의 종류가 어떠한 것이든, 스스로를 추방당한 자로 드러낸다. 그들은 스스로 겪는 육체적·심리적 고통 이외에 그 고통이 무의미로 덧나는 고통(간단히, 무의미의 고통)을 겪는다. 모든 극단적인 고통의 경험은 언어를 상실하는 경험이고, 세계가 차단되는 존재론적 경험이며, 그러한 한에서 심리적인 차원에서 설명할 수 없는 객관적인 요소를 갖고 있다. 극단적 고통을 겪는 자는 이 문화의 세계에서 '나'라고 말할 수 있는 권리를 빼앗긴 자이고, 자아의 영역이 극도로 위축된 자들이며, 그러한 한에서 그는 자신을 차라리 자연적 존재로, 어린아이나 동물로, 즉 **타자로 경험하는** **(우리는 타인을 타자로 경험할 뿐만 아니라 '내' 자신을 타자로 경험하기도 한다)** **동시에 타자로 드러내는 자이다.** 타자는 언어와 문화적 제도의 틀 내에서 형성된 자아의 영역의 상실 속에서, 관념의 부재 속에서 스스로를 자연적 생명의 현시[19]로 드러내는 우리 모두의 안에 있는 인간이다.

---

19) 니체는 극단적 고통이 오히려 인간으로 하여금 자신 안에 있는 자연적 생명력을 자극한다고 분명히 말한 최초의 철학자다. 극단적 고통과 그에 따르는 자연적 생명력의 분출에 대한 긍정, 한마디로 그것이 니체가 말하는 비극적 사유다. 만일 어떤 극단적인 고통을 겪는 자 앞에서 우리가 놀라고 피하고 싶어진다면, 그 앞에서 우리가 죽음이 아니라 생명을 보고 있기 때문이다. 그러나 우리는 니체가 자신의 비극적 사유에서 보여 준 모든 영웅주의적·귀족주의적(예술가적) 몸짓을 제거하고, 고통과 그에 따르는 생명에 대한 긍정이 원칙적으로 우리 모두의 것이라고 분명히 말할 필요가 있다.

둘째로 죽음의 순간 앞에서. 죽음으로 다가가는 경험은 물론 극단적 고통의 경험에 속하지만, 그것은 자아의 영역의 결정적 파괴라는 점에서 특별하다. 인간은 죽음에 다가가면서 자아의 영역의 와해를 겪게 되고, 자신이 자율적이지도 자기완결적이지도 폐쇄적이지도 않다는 사실을 고백한다. 죽어 가는 자의 몸은 인간이 결국 자기동일적이지 않은 타자라는, 즉 언제나 외부를 향해 있으며 외부에 내맡겨진 자라는 사실의 징표이다. 죽음은 그 사실이 필연적이고 돌이킬 수 없다는 것을 증명한다.

셋째로 에로티시즘의 경우에 대해 생각해 보자. 에로티시즘은 '내' 자신을 몸(몸과 더불어 몸의 표현들)을 통해 타자로서 드러내는 것이며, 결국 내 자신이 내맡겨진 자라는 것을, 자신의 근거가 자신이 아니라는 것을, 자신이 신이 아닌 유한한 자라는 것을 폭로하는 것이다(여기서 에로티시즘은 좁은 의미로는 남녀관계에서의 성적 정념의 교환을 말할 뿐만 아니라, 모든 인간관계에서의, 그리고 예술창작과 예술작품을 통한 소통에서의 정념의 표현과 소통을 의미한다). 에로티시즘은 내 자신이 문화 내에서 완전히 규정된 관념적 존재가 아니라, 근본적으로 자연을 떠나지 못한 동물임을 인정하는 것이다. 그것은 내 자신 안에 있는 자연성(동물성)을 끄집어내 보여 주는 것이다. 그러나 에로티시즘은 한 번도 문화의 세례를 받지 못한 동물성 그 자체 내에 결코 있을 수 없으며, 언어·문화 내에서 틀 지어진 —교육받고, 훈육된— 관념적 인간이 자연(동물)으로 회귀하는 움직임 가운데 발생한다. 그 움직임은 한편으로는 문화적 틀(사회 내에서의 제도·관습·통념, 일반적으로, 관념 자체)을 부수는 데에 있으며, 다른 한편으로는 그에 따라 반대급부로 —상대적으로[20]— 감지되는 자연적 생명이 스스로를 주장하도록 내버려 두는 데에 있다. 또한 바로 그 움직임을 예술이 표현한다(앙토냉 아르토Antonin Artaud에 의하면, "사회의 자살자"인 반 고흐에게서 "생명은 습관적으로 예술가의 천분 속으로 생명을 찾아 나선다"[21]).

7. 타자를 나눔

고통과 죽음과 에로티시즘, 이 세 가지는 인간 모두의, '우리' 모두의 삶을 지탱하고 있는 축이다. (여기서 우리가 죽음을 말한다면, 그것은 언제나 삶 가운데에서의 죽음, 삶에서 경험되는 죽음이다. 삶과 관계없는 절대적 죽음 또는 삶 너머의 죽음에 대해 우리는 아무것도 모르고 아무것도 이야기할 수 없다.) 이 세 가지는 어느 누구에게도 고유하지 않은 익명의 탈존을 예시적으로 드러내며, 어느 누구도 단일한 자율적 주체로 스스로를 정립할 수 없는 공동의 영역을 표현한다. 고통과 죽음과 에로티시즘, 이 세 가지 삶의 축은 인간의 탈존(외부에, 공간에 열려 있음, 나아가 말려들어 가 있음) 일반을 익명성 가운데 떠받치고 있으며, '우리' 모두가 속해 있는 영역을 현시한다. 어느 누구도 '나'라고 말하지 못하는 비분리의 영역을. **또한 이 세 가지 사건의 특징은, 거기에 말려들어 간 자가 급진적으로 타인(들)에게 노출된다는 데에 있다.** 거기에 들어가게 된 자는 결코 스스로의 근거가 되지 못하며, 외부의 타인을 부르게 되며, 그의 존

---

20) 여기서 우리는 자주 문화와 자연, 문화적인 것과 자연적인 것을 대립항들로 설정해 놓고 있지만, 양자는 언제나 상대적으로 결정될 수밖에 없다. 즉 우리 인간에게는 순백의 자연도 없고 완전한 문화도 없다. 우리에게 모든 것은 문화인 동시에 자연이다. 설악산이 자연인 것이 아니다. 우리는 설악산을 볼 때, 그것을 이미 사회 내에서 부여된 의미나 스스로 덧붙인 의미의 틀 내에서 본다. 우리에게 자연은 문화에 어떤 폭력이 가해진 후에 나타날 수 있을 뿐이다. 한마디로 말해, 우리에게 자연은 문화의 여분이고, 문화는 자연의 여분이다.

21) 앙토냉 아르토, 조동신 옮김, 『나는 고흐의 자연을 다시 본다 ── 사회가 자살시킨 사람 반 고흐』, 숲, 2003, 89쪽.

재를 결정하는 것은 바로 타인의 응답이다. 이는 단순히 그가 타인에게 의존한다거나 어떤 형태로든 타인의 도움을 바란다는 것을 의미하지 않고, 그의 존재가 스스로 자율적으로 정립될 수 없고(자신의 자기의식의 불가능성) 타인이 사건을 공유함으로써만 존속될 수 있다는 것(공동존재의 가능성)을 의미한다.

고통은 단순히 육체적이거나 심리적이지 않다. 인간에게 고통은 결코 관념으로 통제할 수 없는 비인간적인 외부의 공간으로 어쩔 수 없이 말려들어 간다는 데에 있다(고통은 인간에게 언제나 덧나는 고통이다). 인간에게 고통이 덧난다는 것은, 그 냉담한 외부의 공간——가령 '나'에게 어떠한 응답도 하지 않는 이 벽——이 무차별적으로 주어진다는 것이며, 그것이 바로 모든 극단의 고통이 포함하고 있는 무의미의 고통이다(어떤 극도의 고통 앞에서 우리는 존재하는 것 자체가 커다란 짐이라고, 눈 뜨기가 괴롭다고, 이 방 안이 너무나 무겁게 느껴진다고, 햇빛이 무섭다고 느껴 보지 않았는가). 그 공간은 인간의 모든 관념보다 언제나 크며, 고통받는 '나'의 모든 관념 밖으로 언제나 넘쳐난다. 관념적 동일화 또는 존재의 동일화의 불가능성. 그렇지만 그 공간은 타인이 함께 개입함으로써만 비로소 견뎌 낼 수 있는 것이 된다. 외부로의 열림이 가져오는 정념의 공유를 통한 공간의 공유, 공간의 의미화, 존재의 폭력에 대한 공동의 저항.

죽어 가는 자는 타인의 입회 속에서만 무(無)에 대립하는 의미(언어에 여과된 개념적 의미가 아닌 정념의 **소통**의 의미)를 이어갈 수 있다. 그는 이미 자신의 전 존재를 타인에 내맡긴 자에 불과하다. 에로티시즘의 요구는, '내' 자신이 결코 '내'가 아니며——동일하지 않으며, 동일자가 아니라 자연과 문화 사이에서 찢긴 자이며——, '나'는 결코 자신 안에 갇혀 존재할 수 없는 자이고, 결국 타인에게 내맡겨진 자이며, '나'의

한 부분은 완전히 타인에게 속해 있다는 사실을 고백하는 것이다.

고통과 죽음, 에로티시즘, 우리 모두의 삶을 떠받치고 있는 이 사건들은, 인간이 아무리 사회화·문화화되고 스스로를 정신적인 존재로 자임한다 하더라도 결국은 자연을 떠나지 못한──또는 언제나 하나의 자연에, 하나의 생명에 불과한──어린아이 또는 '동물'에 불과하다는 사실을 보여 준다. 다시 말해 그 사건들은 인간이 문화적으로 결정된 정신적·의식적 자아가 아니라 **자아의 타자**에 불과함을, 가련하게도 자신의 외부에 매달려 있을 수밖에 없는 자임을, 주변자(周邊者)임을 증거한다.

우리에게 이 세 가지 사건이 없었다면, 우리는 타인과의 만남과 소통이 무엇인지, 공동체가 무엇인지 결코 이해할 수 없다. '우리'의 관계를 전제한다면, 고통과 죽음과 에로티시즘은 '내'가 '나'로 고정되고 타인이 타인으로 고정되기 이전에 스스로를 주장하는 익명적 사건들이다. 그것들은 관계의 항들의 위치가 명사적으로 설정되기 이전의 근본적 영역을, '나'에게도 '너'에게도 고유하지 않은 생명의 익명적 움직임과 그것의 **공동화**가 문제될 뿐인 무차별의 영역을 가리킨다.

그 영역에서 이루어지는 관계에서 중요한 것은, 어떠한 형태이든 명사적 항들의 위치를 고정시키는 것도, 나의 윤리적 책임성과 타인의 타자성을 구분하는 것도, 나와 타인의 차이를 발견하는 것도 아니다. (그렇다고 그 영역에서 윤리적 책임성을 무시해도 된다고 말해서는 안 된다. 그곳은 다만 윤리 이전의 실존이 문제되는 장소일 뿐이다.) 거기에서 중요한 것은, 모두가 무차별적으로 개입되어 있는 생명의 움직임을 공유하는 것, '우리'의 동사적 탈존(또는 '우리'라는 동사적 탈존, 즉 외존)에 공동으로 기입되는 것이다. '우리' 관계의 실존적 조건은, 레비나스가 말하는 윤리적 관점에서의 나에 대한 타인의 우위가, 즉 비대칭성이 결코 아니다. 그것은 단순히 '우리'가 신(神)이 아니라는 데에, 자율적이고 자기근거적인 존재가 아니라는 데에, 외부에 매달려 있고 타인에게 열려 있는 자라는 데에, 우리에게 이미 공동의 영역이 주어져 있고 거기에 우리가 언제나 들어가 있다는 데에 있다. 간단히 말해 우리 모두가 결핍된 자라는 데에 있다. 이는 분명 윤리적 사실이 아니라 실존적 사실이다——그러나 그로부터 모든 종류의 윤리가 파생되어 나온다. 인간은 자신 안으로 말려들어 가 갇혀 있는 관념적 존재나 자아에 지나지 않는 자가 아니다. 인간은 필연적으로 외부(ex)로, 공간으로, 타인으로 향해 펼쳐져——뒤집어져——있다. 이를 부정하는 의식철학 또는 관념론은 자율적 내면세계를 토대로 보고, 거기에 인간 존재와 존재 전체를 정초하려 하고, 모든 것과 모두를 억지로 집어넣으려 한 것이다.

우리의 관계에서도, '우리'는 이미 돌이킬 수 없이 외부로 향해서 돌출되어 있다. 우리에게는 '나'에게도 타인에게도 귀속될 수 없는 공동의 부분이, 동사적 탈존과 탈존이 부딪치고 겹치는 지점이, 또는 공동의 익명적 생명이 현시되는 영역이 있다. 그 영역, 말하자면 타자의 영역, 타인에게 귀속되는 타자가 아닌 우리 모두에게 공통된 타자, 또는 '우리'로서의 타자의 영역, 자아로의 회귀를 불가능하게 만드는 강한 탈중심화의 움직임이 주도하는 영역.

거기에서 나와 타인의 비대칭성은 존재하지 않는다. 타인을 위한 희생이나 대속도, 나아가 레비나스가 자주 말하는 "타인을 위해 죽어 감의 영광"도, 근본적으로 본다면, 어떤 윤리의 수행이라기보다는 다만 관계와 사건에 대한 극도의 감지와 주의(관계와 사건은 사물들과는 달리 인식되지 않는다), 또는 공동의 익명적 생명을 쫓아가려는 극단의 움직임일 뿐이다. 만일 그 움직임을 윤리와 결부시켜야 한다면, 그것은 타인을 위한 윤리라기보다는 관계의 윤리, 사건의 윤리 또는 **사이의 윤리**일 것이다.

사이의 공동 영역을 무시하고 파괴하려는 극단적으로 이기적이고 폭력적인 타인이 있을 수 있다. 그러한 타인에 대해 레비나스는 거의 고려하고 있지 않은 것처럼 보인다. "타인에 대한 무한책임"(responsabilité illimitée)[22]을 말하고, "모든 인간은 죄인이지만 나는 모두보다 더 죄인이다"라는 도스토예프스키의 감동적인 말을 자주 인용하는 레비나스에게 완전히 동의하지 않으면서, 이기적이고 압제적인 타인에 대한, 사이의 공동 영역을 감지하지 못할 뿐만 아니라 거기에 속해 있는 자들에게 회복될 수 없는 상처를 주는 자에 대한 거부와 저항의 가능성을 강조해야만 한다. 레비나스는 타인과 나의 일대일의 대면(face-à-face) 관계에서 나는 타인에 대해 무한책임을 지지만, 제3자의 출현에 따라—사회적 관계 내에서, 즉 판단·비교·계산·질서 등의 의식적 차원에서—그 무한책임을 완화시키는 상호 평등의 정의에 대한 요구가 나온다고 여러 번 말했다.[23] 여기서도 그는 비대칭성을 전제하면서, 다른 한편으로는 나와 타인과 제3자가 공동으로 들어가 있는 의식의 영역을 가리키고 있다.

그러나 나와 타인 사이의 공동의 영역은 의식적 영역 이전에, 제3자의 출현 이전에 문제가 되는, 탈존과 탈존이 겹치는 익명적 생명의 영역이다. 그 익명적 사이를 마치 나라는 한 항이 윤리적 책임성 아래 주관해야 한다고 보는 데에서 레비나스의 지나치게 이상화된 무한책임이라는 견해가 비롯되는 것은 아닌가? 나치에게 고문 당하는 레지스탕스의 예를 들어 보자. 바로 '내'가 그 레지스탕스라고 가정해 보자. 이 경우 '나'는 스스로가 "얼굴"이 됨으로써 — "과부와 고아"가 됨으로

---

22) E. Levinas, *Autrement qu'être*, p. 12.
23) 같은 책, p. 64. 또한 같은 책, pp. 20, 89~90, 200도 참조.

써—의식적 판단 이전에 이미 익명적 사이의 영역 또는 타자의 영역을 드러내고 있다. 반면 만일 고문하는 나치가 자신이 어떻게 다루어도 무방한—죽일 수도 있는—이 개보다도 못한 처지에 있는 가련한 자인 '내' 앞에서 겁을 내고 있다면(죽어 가는 나약한 생명이 주는 공포, 더 이상 약할 수 없이 약한 무너져 가는 것이 주는 공포), 그 이유는 나치주의와 반유대주의로 무장된 그의 의식을 뚫고 스스로를 주장하는 타자가 비참한 '나'의 얼굴에서 현시되기 때문이다. 이 인간 이하의 수준으로 떨어진 '나'는 스스로가 타자임을 '수동적으로' 증거하고 있다. 즉 그는 의식이 통제할 수 없는 익명의 공동의 영역을, 사이의 영역을 드러내고 있고, 그에 따라 의식에 앞서 관계를 '긍정'하고 있다. 타자는 타인에게 고유하지 않으며, 어떤 경우에는 '내' 안에 그려질 수 있다. 여기서 "타자는 더 이상 항들 중의 하나가 아니며 내 안에도 타인 안에도 있지 않고 관계 자체 이외에, 무한성을 요구하는 나와 타인의 관계 이외에 아무것도 아니다."[24]

타자가 하나의 명사적 항(나 또는 타인)에 고정적으로 귀속되지 않고 관계 내에서 현시된다는 것, 그것은 타자가 관계의 동사적 사건에, 또는 익명의 사이에 현전한다는 것을 말한다. 타자는 타인에게서가 아니라 나를 중심으로 스스로를 주장할 수 있다. 그러나 어떠한 경우라도 타자는 타인에게도 나에게도 고유하지 않으며, 관계 내에서, 사이에서 양자의 외부에 있는 익명적 공동의 영역을 지시한다. 나는 잔인하고 폭압적인 타인에 의해 스스로 타자를 수임(受任)할 수 있다. 그 경우 나는 자신을 보존하기 이전에 그 공동의 영역을 보존하기 위해 이기적인 타

---

24) M. Blanchot, *L'Entretien infini*, Gallimard, 1969, p. 105. '나' 역시 타자가 될 수 있음을 보여 주기 위해 제시한 이 레지스탕스의 예는 모리스 블랑쇼로부터 빌렸다.

인에게 저항해야만 한다. 그 저항은 제3자의 출현과 의식적 상호성에 따라 문제가 되는 (레비나스가 말하는) 정의와는 다른 전-근원적인 정의에 대한 요구이다. 단순히 사회 내에서 조율될 수 있는 산술적 평등에 대한 요구가 아닌, 탈존의 공동화에 대한 요구, '우리'가 타자 자체라는 사실에 대한 긍정.

8. 동물로서의 타자

레비나스가 본 바와는 반대로, 타자는 명사적이지 않으며, '우리'라는 관계의 동사적 사건 또는 익명적 우리 '사이'를 가리키는 이름이다. 타자는 나와 타인이 공동으로 증거해야만 비로소 현시되는 우리 외부의 '우리'이다. 타자는 문화 내에서 규정될 수 없는, '우리'의 공동의 탈존을, 문화의 틀을 뚫고 나오는 자연적 생명의 움직임을 지정한다. 타자는 의식에 따라 이해되고 해명되기 이전에 직접적으로 감지되는 '우리' 공동의 자연성, 나아가 동물성 가운데 표현된다. 일찍이 오이디푸스는 문화적 세계(바로 이 세계)에서 테바이의 왕이자 현인으로 여겨졌던 자신과는 다른 타자가 이미, 언제나 자신 외부에서 자신을 통제하고 있었다는 사실을 고백했다. 이어서 그는 그 사실이 모든 이의 실존의 조건이 아니냐는 물음을 던졌다. 오이디푸스는 세계의 중심이 아니었을 뿐만 아니라 자신의 중심조차 아니었으며, 이 세계(우리가 살아가고 있는 이 세계, 수많은 규정들과 법칙들과 기준들·구별들·분별들로 체계화된 이 세계)의 영원한 이방인 또는 이 세계가 낯선, 태어난 그대로의 어린 생명일 뿐이었다. 테바이 사람들 앞에서 그가 자신은 시민들을 다스리는 왕도 아니고 지자(知者)도 아니고, 다만 '아무것도 모르는' 어린아이일 뿐이라고 자백했을 때, 시민들은 경악했던 것이다. 오이디푸스는 인간이 문화와 자연 사이에서 찢긴 존재일 수밖에 없다는 사실을 증명한다. 그는 모든 이들을 대신해서 인간이 이 세계에 군림하는 만물의 영장으로서의 지성적 존재가 아니라, 궁극적으로는 어린아이나 동물과 다를 바 없는 나약하지만 무구한 생명일 뿐이라는 사실을 증명한다.[25]

그 생명이 우리가 태어나서 늙고 병들고 죽는 생의 밑바닥을 떠받치고 있으며, 외부의 공간과 타인으로의 탈존(또는 외존) 가운데 표현된다. 그 탈존은 문화의 틀을 완전히 벗어나 있지도 않지만 문화 내로 완전히 흡수되지도 않으며, 언제나 역동적 자연성을 간직하고 있다. 오이디푸스적 생명이 본래대로 드러나는 세 가지 사건은, 즉 세 가지 급진적 탈존은 앞에서 말한 고통과 죽음과 에로티시즘이다. 이 세 가지 사건은 인간 안에서 영원히 지울 수 없는 동물적 생명을, 자연적 생명을 현시한다. 죽음에 다가가는 자는 자신이 지금까지 어린아이에 불과했음을 스스로 고백하는 것이며, 연인 앞에서 옷을 벗는 자는 자신의 (사회적) 의식이 순간적으로나마 박탈당하는 위험을 감수하면서 자신이 동물임을 인정하는 것이고(그러한 인정은 사실은 얼마나 아름답고 매혹적인 것인가!), 위대한 예술작품 속에는 문화 내에서 해석의 대상으로 규정할 수 없는 생명이 현전한다. 그리고 그 현전은 어떠한 합리적 사유도, 어떠한 논리적 추론도 확보할 수 없는 명백성 가운데 직접적으로 감지된다. 생명은 스스로 증명되는 데에 있어서, 논리가 아니라 직접적 감지를 요구한다.

---

25) 임철규, 「오이디푸스 왕」, 『눈의 역사 눈의 미학』, 한길사, 2004 참조. 임철규 교수는 자신의 독창적인 사유를 담은 『눈의 역사 눈의 미학』에서 눈을 인간 이성의 상징이라고 보고, 오이디푸스가 자신의 눈을 찌른 것은 인간의 모든 이성적 사고능력(인간이 스스로를 영장으로 여기게 만든 그 능력)에 대한 과격한 부정이라고 해석한다.

고통·죽음·에로티시즘이라는 세 가지 급진적 탈존은 또한 인간이 극적으로 자신을 타인에게 드러내는 사건, 즉 외존이다. 그 세 가지가 우리에게 공동의 영역을 마련해 주지 않았다면, 우리에게 어떠한 공동에 대한 요구도, 어떠한 공동체에 대한 요구도 있을 수 없었을 것이다. 그 세 가지 사건은 인간의 존재 방식 전체가 자신에 근거해서 독립적으로 스스로 존재하는 데에 있지 않고, 언제나 타인과의 관계 내에서, 타인으로 열려서 존재한다는 필연적 사실을 예시한다. 인간은 언제나, 어느 경우에나 스스로 통제할 수 없는 자신 외부에, 외부로 돌출해 있는 영역에 놓여 있다. 어린아이와 마찬가지로, 죽어 가는 자와 마찬가지로, 연인 앞에서 나체가 되는 자와 마찬가지로, 또는 예술이 요구하는 생명의 움직임을 따라가면서 ─ 집요하게 따라갔기 때문에 ─ 영원히 "사회의 자살자"로 남을 수밖에 없었던 반 고흐와 마찬가지로 오이디푸스는 자신 안에 ─ 자신의 사회적 의식 안에 ─ 경제적으로 아무것도 쌓아 두지 못한 채, 타인을 향해 있는 외부의 영역에, 즉 '우리' 모두인 타자의 영역에 스스로를 쏟아 부을 수밖에 없었다. 그것이 오이디푸스가 지금도 우리에게 전해 주고 있는 충격이다. 인간이 문화와 사회 내에서 규정되고 스스로 규정한 자아가 아니라 근본적으로 타자라는 사실이 주는 충격, 인간이 '자기의식'이 아니라 결국 자연이고 무구한 생명 또는 하나의 동물이라는 사실이 주는 충격. 그 충격이 『오이디푸스 왕』이 공연될 당시에 관객들을 매료시켰을 뿐만 아니라, 그들로 하여금 인간 공동의 운명을 보게 했고, 그에 따라 부인할 수 없는 어떤 공동체 가운데 있게 했다. 그 충격이 그들에게 우리 모두는 '상처받은 짐승'이라는 사실을 바탕으로만 '하나'일 수 있다는 자각을 가져왔다. (우리는 '하나'다. 레비나스가 말하는 절대 타자는 있을 수 없다. 물론 레비나스는 민족·국가·정당·이데올로기와 같은 이름 아래에서 이루어지는 인간들에 대한 명사적 동일화와 그에 따르는 전체주의적 폭력과 배제에 반대하기 위해 "절대 타자"라는 용어를 썼을 것이다. 그러나 그가 팔레스타인 국가들과 대립하고 있었던——있는——이스라엘이라는 명사를 무조건적으로 옹호했다는 사실을 되돌려 본다면, 그의 명사적 동일화에 대한 거부가 얼마나 철저했었는가 라는 물음을 던져 볼 수 있다. 우리는 '하나'다. 즉 우리는 자연으로서, '상처받은 짐승'으로서 죽지 않고 살려고 하기 때문에, 타자의 동사적 탈존을 공동화하고 있기 때문에 '하나'다. 우리는 명사적으로 하나가 아니라 동사적으로 '하나'다. 그 사실이 전제되지 않는다면 우리는 명사적 동일화에, 즉 의식적·사회적 동일화에 저항할 수조차 없다——즉 우리가 의식적·사회적 자아의 타자임을 요청할 수조차 없다.)

오이디푸스적 생명은 분명 어떤 자연성 또는 동물성과 관계가 있다. 그러나 그것은 동물의 자연성 또는 동물성과, 즉 한 번도 문화적 규정을 받아본 적이 없는 자연성이나 동물성과 같지 않으며, 언제나 인간의 자연성 또는 동물성일 수밖에 없다. 오이디푸스는 문화가 무엇인지, 법과 제도와 지식이 무엇인지, 사고와 의식과 자아가 무엇인지 모르는 동물과 같은 자가 아니었으며, 반대로 스핑크스가 낸 문제를 유일하게 풀 수 있었던 현명한 자였다. 그러나 그가 진정한 의미에서 지혜로운 자였다면, 그 이유는 스핑크스의 문제를 풀 수 있는 지성을 갖추었기 때문이 아니라, 아버지를 죽이고 어머니와 침대를 함께 한 자이며 테바이에 역병을 불게 한 장본인이라는 사실이 밝혀졌을 때, 즉 모든 것이 무(無)로 돌아갔을 때, 그 무를 자각할 수 있었고 무로의 탈존을 감지하면서 자신 안에 있던 무구한 생명을 긍정할 수 있었기 때문이다. 그 이유는 특히 그가 그 생명이 문화적 이성의 힘 너머에 있다는 것을 자각할 수 있었기 때문이다. 이성의 최고의 능력은 무구한 생명의 현전 앞에서 스스로를 부정하는 데에, 문화 바깥에서 자연으로 향해 가는 무에 대한 감각에 스스로를 양도하는 데에 있다. 이를 20세기의 전체주의자들은 전혀 이해하지 못했고, 이성의 조작을 통해 이상적인 정치 프로그램을 만들고 이상적인 공동체를 구축할 수 있다고 여전히 믿는 모든 정치철학자는 이해하지 못한다. 그들은 마치 자신의 운명이 밝혀진 후에도 여전히 테바이를 지배하려고 드는, 주제를 모르는 오이디푸스와 흡사하다. 오이디푸스적 생명은 한 번도 문화를 통과해 본 적이 없는, 문화의 절대 타자인 자연의 생명이 아니라, 문화와 차이를 갖는 자연의 생명이다. 말하자면 문화의 극점에 놓여 있는 생명, 그러나 문화·의식·정신·사고가 인간의 토대가 아님을 폭로하는 생명, 결국 문화를 부정하는 생명, 문화와 세계 내에서의 지적 권력과 정치적 권력과 무관한 생명, 무구하지만 부서지기 쉽고 더할 나위 없이 연약한 생명. 따라서 그 생명이 담지하고 있는 동물성은 또한 식물성이다. 그 생명은 죽어 가는 자의 마지막 숨결 속에서, 죽음의 마지막 숨결 속에서 적나라하게 현전한다. 그것이 연약하다면 문자 그대로 '나약'하기 때문이 아니라, **자연**이기에, 침묵할 수밖에 없기에, 세계의 모든 권력에 접근할 수 없기에 그러하다.

9. '우리 사이'

문화 내에 있으면서 문화의 극점에 놓여 있고 문화를 위협하는 오이디푸스적 생명이 우리의 관계의 토대라는 사실, 우리는 자아가 아니며 그 생명의 움직임을 뒤쫓고 있는 타자라는 사실, 진정한 소통은 어떤 관념을 나누는 것이 아니라 바로 타자를 나누는 것이라는 사실, 따라서 우리는 자신 바깥으로 돌출해 있는 타자의 영역 내에서만, 오직 타자로서만 '하나'라는 사실, 문화 바깥에서 사회가 부여한 모든 동일성과 정체성을 상대화시키는 한에서만 '하나'라는 사실, 그 사실에 주목하는 윤리가 필요하다. 만물의 영장으로서의 인간을, 문화적·관념적 수준에서의 인간의 모든 위대함을 부정할 수 있는 윤리가 필요하다. '우리' 사이의 밑바닥에 놓인, 보이지 않고 제도화할 수 없는 그것에 최후의 마지노선을 설정하는 사이의 윤리가. 20세기의 전체주의가 파괴한 것은 인간 이성이 아니고, 신에 대한 신앙도 아니며, 자아나 주체에 대한 믿음도 아니고, 보이지 않고 연약한, 그러나 동시에 강하고 끈질긴 생명으로 연결되어 있는 '우리' 사이이다. 20세기의 전체주의가 살해한 것은 인간도 신도 아니며, '우리'의 근거인, 또는 '우리' 자체인 동물이다. (포로수용소의 유대인들, 피골이 상접해 이층 침대 위아래로 빽빽하게 쥐새끼들처럼 몰려서 우리를 쳐다보고 있는 그들의 퀭한 눈은 인간의 눈인가 쥐새끼의 눈인가? 구덩이에 몇 개의 더미로 켜켜이 쌓여 있는 뼈만 남은 그들의 시체들은 인간들의 시체들인가, 개들의 시체들인가? 광주 학살 당시, 1980년 5월 27일, 전남도청에서 피로 물든 다리를 아래로 하고 엎드려서 우리를 쳐다보던 자의 그 원망의 눈빛은 인간의 눈빛인가, 짐승의 눈빛인가? 그 당시 얼굴이 짓이겨져 형체를 알 수 없게 된 자들은 인간인가, 동물인가?[26])

핍박과 배제와 폭력과 죽음의 위협 앞에 놓인 타인 내부의 동물의 생명을 지키려고 애쓰는 자는, 레비나스가 말하는 타인을 책임지는 "유일한 자"(l'unique)가 아니다. 누가 누구를 책임질 수 있으며, 더욱이 '내'가 어떻게, 무슨 권리로 타인을 책임지는 "유일한 자"일 수 있단 말

---

26) 1980년 5월 25일 시민수습위원회의 대변인이었던 김성룡 신부가 계엄사 부사령관을 찾아가서 한 다음과 같은 말(그 말은 다시 한 전단에 실렸다)은 광주민주화항쟁 당시 광주시민들이 스스로를 어떻게 느꼈는가를 증명한다. "앞으로 우리는, 아니 도민은 네 발로 기어 다녀야 한다. 우리는 짐승이다. 공수부대는 우리 모두를 짐승처럼 끌고 다니면서 때리고 찌르고 쏘았다. 공수부대의 만행은 말하지 않아도 다 아는 사실이 아닌가?"(한국현대사사료연구소 편,『광주오월민중항쟁사료전집』, 풀빛, 1990, p. 106)

인가? "타인을 위해 죽어 감의 영광"이 도대체 어디에 있단 말인가? 레비나스가 내놓은 윤리에서 모든 이상적이며 고상하고 성스러운('성스러움'sainteté, 그것은 레비나스가 자주 썼던 용어이다) 측면을 제거해야 한다. 또한 레비나스의 윤리를 어떠한 형태로든 종교적으로 승화시키지 말아야 하며, 종교가 갖는 이상주의를 옹호하기 위해 이용하지 말아야 한다(한국에서 레비나스는 자주 기독교적 배경하에서 이해되지 않는가). 죽어 가는 연약한 동물의 생명을 붙들려는 자는, 다만 그 익명적 생명의 흐름에 그 자신이 타자가 되어 이끌리는 자—아니, 이끌릴 수밖에 없는 자—, 아마도 익명의 탈존을 공동화할 수밖에 없는 똑같은 동물에 불과한 자, 결국 결코 '유일하지 않은 자'일 뿐이다.

오이디푸스적 생명이, 그 동물적이고 식물적인 생명이 '우리 사이'를 주관하고 있다. 그 생명은 문화세계의 모든 권력에 편입될 수 없기에 언제나 연약하지만, 거기에 저항할 수밖에 없고 결코 포기될 수 없는 것이기에, 사실은 절대적인 것, 파괴될 수 없는 것이다. '우리 사이'를 주재하고 있는 그 생명에 모든 정치적 가능성이 놓여 있고, 어떤 관념이나 이념이나 이데올로기가 아니라 그 생명의 요구에 따를 때만 모든 혁명적 정치의 기반은 정당화된다. '우리 사이'의 가능성, 또는 '우리'의 가능성 자체는 그 연약한 생명 위에 놓여 있다. 그러나 그 생명은 어떠한 권력에도 통합될 수 없는 것이기에, 보다 정확히 말해, 결코 문화적·사회적 의식에 포섭될 수 없는 것이기에 문화와 사회(이 세계) 내에서 보이지 않는 것, 규정될 수 없는 것으로 남는다. 따라서 그 보이지 않는 생명에 근거하고 있는 '우리 사이'도 보이지 않으며, 결정될 수 없고, 우리는 원칙적으로 거기에 어떠한 고정된 형태(민족·국가·기관·정당·이데올로기)도 부여할 수 없다. '우리 사이'에 놓여 있는 그 생명은 사회적 동일성을 넘어선다. 그것은 자연적이고 나아가 야생적이다. 따라서 우리의 만남이 그 생명에 매개된 만남이라면, 그것은 설사 사회 안에서 이루어지는 것처럼 보일지라도, 늘 사회의 테두리를 넘어서는 측면이 있고, 그 테두리를 부수기조차 한다. '우리 사이'는 어떠한 법이나 제도로도 통제될 수 없기에 붙잡아 고정시킬 수도 없는 것이지만, 완전히 망각된다면, 모든 형태의 관계와 나아가 사회 자체가 왜곡되거나 와해될 수밖에 없기에, 그것은 망각되어서도 안 되는 것이다. '우리 사이'는 붙들수도 없는 것이지만 내팽개칠 수도 없는 것이다. 그 사실에 우리의 모든 윤리적·정치적 어려움이 있다. 사회가 '우리 사이'를 떠받치고 있는 것이 아니라, '우리 사이'가 사회를 떠받치고 있다. '우리 사이'는 사회 내에서 전개되는 모든 정치가 결국 되돌아가야 할 중심이지만, 제도화될수 없고 규정될 수 없으며 보이지 않기에 빈 중심이다. 그 어디로도 다시 환원될 수 없는 (빈) 중심……